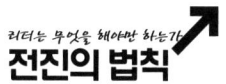

The Progress Principle by Teresa M. Amabile and Steven Kramer

Original work Copyright © 2011 Teresa M. Amabile and Steven J. Kramer All rights reserved. This Korean edition was published by Chunghye in 2013 by arrangement with Harvard Business Review Press through KCC(Korea Copyright Center Inc.), Seoul.

이 책은 (주)한국저작권센터(KCC)를 통한 저작권자와의 독점계약으로 도서출판 정혜에서 출간되었습니다. 저작권법에 의해 한국 내에서 보호를 받는 저작물이므로 무단전재와 복제를 금합니다.

The Progress Principle

테레사 에머빌 · 스티븐 크레이머 지음
오지연 감수 | 윤제원 옮김

리더는 무엇을 해야만 하는가 :
전진의 법칙

도서출판
정오헌

차례

서문 _ 9
직장생활의 내면상태 드러내기: 1만 2,000일의 사건 _ 15
직장생활의 내면상태 발견하기 _ 18
현장의 이야기: 구성원이 겪고 있는 직장생활의 내면상태 _ 20
새로운 규칙 _ 23
Notes _ 25

1. 조직 내부의 모습 _ 27
재앙으로 가는 길 _ 31
조직이라는 거대한 빙산에서 숨겨진 부분 _ 37
직장생활의 내면상태란? _ 43
무너지는 직장생활의 내면상태 _ 45
Notes _ 50

2. 직장생활의 내면상태에 존재하는 역학관계 _ 51
직장생활의 내면상태를 구성하는 3대 요소 _ 56
직장생활의 내면상태에 존재하는 역학관계 _ 66
직장생활의 내면상태와 인간의 존엄성 _ 71
Notes _ 74

3. 직장생활의 내면상태가 미치는 효과 _ 77
스트레스와 즐거움: 뛰어난 성과를 만드는 요인은 무엇일까? _ 82
성격을 탓하지 말라 _ 85
무엇을 기준으로 성과를 평가할까? _ 88
직장생활의 내면상태가 창의성에 영향을 미치다 _ 89
직장생활의 내면상태는 어떻게 성과로 이어지는가 _ 99
직장생활의 내면상태가 주는 교훈 _ 107
Notes _ 110

4. 전진의 법칙을 발견하다 _ 117
빅딜 프로젝트 _ 122
좌절: 피할 수 없다면 제거해라 _ 129
전진과 작은 성공 _ 133
직장생활의 내면상태에 영향을 미치는 3대 핵심 요인 _ 141
Notes _ 147

5. 전진의 법칙 _ 149
전진과 좌절의 강력한 위력 _ 155
의미 있는 일에서 전진하기 _ 161
전진 순환고리 _ 168
Notes _ 171

6. 촉진 요인 _ 175

전진을 지원하는 7개 촉진제 _ 181

일상적인 사건들은 기업문화에 의해 결정된다 _ 187

두 팀 이야기: 촉진제와 억제제가 직장생활의 내면상태에 어떻게 영향을 주는가 _ 189

계획적인 촉진제, 우연한 억제제 _ 213

Notes _ 216

7. 영양 요인 _ 221

까칠한 영양요인 _ 225

산산조각 난 신뢰: 에드겔의 포커스 팀 _ 232

인간관계: 드림스위트의 인포스위트 팀 _ 245

영양 요인에 기반해서 부하직원 이끌기 _ 258

Notes _ 261

8. 일과를 마친 후에 _ 267

방법을 제대로 알고 있는 리더 _ 272

일일 전진 체크리스트 _ 284

체크리스트 활용하기 _ 288

선순환 유지와 악순환 중지 _ 293

Notes _ 302

9. 자신의 직장생활의 내면상태 돌보기 _ 303
일일 점검을 위한 지침 _ 313
Notes _ 319

부록 : 연구 개요 _ 321
연구 목적, 참여자, 그리고 익명성 보장 _ 323
데이터 _ 329
분석 _ 337
주요 조사 내용 _ 342
결론 _ 358
Notes _ 359

서문

Introduction
서문

2008년, 구글은 모든 산업을 통틀어서 기업이 달성하기 힘든 위업을 이루어 냈다. 《포춘Fortune》지(誌) 선정 '미국에서 가장 선망받는 기업'과 '일하기 가장 좋은 기업'에서 동시에 5위권 안에 든 것이다. 전 세계 수백만 인구가 구글의 검색 엔진을 매일같이 사용하고 있으며 어마어마한 광고 수익이 구글로 흘러 들어간다. 캘리포니아 마운틴뷰에 위치하고 있는 구글 본사는 신비로운 존재가 되었고, 많은 비즈니스 분석가들은 구글 구성원들의 성과performance가 뛰어난 이유를 구글이 구성원들에게 주는 다양한 혜택 때문이라고 지레짐작했다.

창립 10년차에 접어든 우량 인터넷 기업인 구글은 엄청난 자금력을 기반으로 구성원들에게 천국과 같은 근무 환경을 제공한다고 언론에 비춰졌다. 회사 부지 내에 있는 스무 개가 넘는 건물 안에 있는 식당에서는 세계적인 수준의 주방장들이 요리한 무료 식사가 식사때마다 제공된다. 와이파이가 연결된 무료 셔틀은 마운틴뷰와 샌프란시스코 사이를 매시간 오가며 구성원을 실어 나른다. 탁구 시설은 하루 일과에 활력을 주고, 회사 내에서 애완견을 데리고 다닐 수도 있으며, 무료로 이용할 수 있는 최신식 체육관은 연중 24시간 운영된다. 구글처럼 사업 성공과 구성원의 행복이라는 두 마리 토끼를 잡으려면 기업들은 어떻게 해야 할까?

우리 연구 결과에 그 해답이 있다. 무료 식사와 최신식 체육관 시설이 구글의 성공 비결은 아니다. 비결은 구성원들이 긍정적인 감정을 갖고 업무 추진을 위한 강력한 동기를 가지며 동료를 우호적으로 인식하는 환경, 즉 **직장생활의 내면상태**inner work life를 만족스럽게 유지할 수 있는 환경을 만들었기 때문이다. 직장생활의 내면상태는 말로만 중요하다고 언급되는 공허한 개념이 아니라 실제 일을 하는 데 있어서 중요한 개념이다. 바람직한 직장생활의 내면상태를 유지하기 위해서는 우선 구글의 사명인 "전 세계의 정보를 조직화시켜 누구나 유용하게 사용할 수 있게 하자"처럼 의미 있는 목적이 있어야만 한다. 구성원이 일상적인 업무 추진 과정에서 실질적으로 진척을 보일 수 있도록 분명한 목표를 제시하고, 자율성을 보장하며, 필요한 자원을 제공해야 한다. 구성원이 경험하는 직장생활의 내면상태는 각자가 낸 아이디어가 존중받는 지 여부에 따라서 달라진다.

구글의 설립자 래리 페이지Larry Page와 세르게이 브린Sergey Brin이 창업 초기에 이렇게 말했다. "뛰어난 인재가 구글에 매력을 느끼고 입사하는 이유는 우리가 그들에게 세상을 바꿀 힘을 주기 때문입니다. 구글은 개인이 세상에 차이를 만들 수 있도록 구성원들에게 컴퓨팅 자원을 충분히 제공합니다. 구성원이 회사에 기여하고 스스로 성장할 수 있는 중대한 프로젝트가 추진되는 일터라는 것이 구글의 주된 장점입니다."[1] 즉 뛰어난 인재가 의미 있는 일에서 성공을 거둘 수 있도록 이끈 것이 놀라운 기업 성과를 달성한 비법이다.

이 책은 구글의 사례가 다른 기업에게 시사하는 바를 알려준다. 우리는 직장생활의 내면상태가 무엇인지와 몰입과 창의력을 발휘하면서 즐겁게 일할 수 있는 직장생활의 내면상태를 조성함으로써 탁월한 성과를 이끌어내기 위해 매일 어떤 일을 해야 하는지에 대해 알고 싶어 하는 기업의 리더들을 위해 이 책을 썼다. 이 책은 《하버드 비즈니스 리뷰Harvard Business Review》에 기고했던 논문 "Creativity Under the Gun", "Inner Work Life", "Breakthrough Ideas for 2010: What Really Motivates Workers"의 내용을 한층 확장시킨 것이다.[2]

연구를 진행한 지는 30년쯤 됐지만 이 책은 최근에 일곱 개 회사의 구성원들을 대상으로 직장생활의 내면상태에 영향을 준 일상에서 일어난 사건을 추적한 연구 결과를 다루고 있다. 연구 대상에 구글은 없지만 대신에 수년간 업계 선두를 지키고 구성원들에게 일에 대한 자부심과 회사에 대한 열정을 심어주고 구글만큼 성공한 기업 한 곳이 포함되어 있다. 그리고 구성원들이 일에서 지속적으로 좌절을 겪고 조직에 염증을 느꼈음에도 불구하고 회사가 타이타닉호처럼 침몰하자 절망에 빠진 기업 한 곳을 실패 사례로 다루었다.

이 책은 회사를 망하게 할 수 있는 잘못된 경영 사례를 여러 개 포함하고 있다. 회사가 망하는 이유는 관리자가 사악하거나 무능력해서가 아니다. 차라리 경영이라는 것 자체가 엄청나게 힘든 일이며 치명적일만큼 중요하기 때문이다. 우리는 훌륭한 관리자가 수행하는 일에 가치를 부여하기 때문에 표면에 드러나 있지 않은 숨겨진 문제들을 밝혀 관리자들이 자신의 역할을 더 잘 수행할 수 있게 도우려 한다. 경영이 잘되면 구성원들의 삶이 나아지고 조직을 성공으로 이끌 수 있다. 이 두 가지 목표를 모두 달성한다면 그들 자신의 직장생활의 내면상태도 향상될 것이다.

미국에서는 관리자와 부하직원을 대립 관계로 보는 경우가 상당히 많다. 2000년대에 선풍적인 인기를 끈 TV 드라마 《오피스The Office》와 만화 《딜버트Dilbert》만 봐도 그렇다. 하지만 이런 통념은 위험한 고정관념이라는 사실을 발견했다. 이 책에서 고정관념을 탈피한 훌륭한 관리자의 사례를 볼 수 있다. 훌륭한 리더는 구성원이 직장생활의 내면상태를 긍정적으로 경험하는데 강력한 영향을 미치기 때문에 효과적인 조직을 만드는 데 중요한 역할을 한다.

구성원들이 느끼는 직장생활의 내면상태가 만족스러우면 기업 성과도 좋아진다. 우리는 구성원들이 일에 완전히 몰입하고 행복감을 느끼며 자신이 참여하는 프로젝트와 동료, 상사, 회사를 높이 평가할 때 창의성과 생산성이 높아진다는 사실을 발견했다. 그뿐만이 아니다. 구성원들이 내면상태를 계속해서 긍정적으로 경험하면 일에 헌신하고 동료와 보다 효과적으로 협업할 수 있게 된다. 다시 말해, 업무와 관련된 구성원들의 긍정적인 심리가 기업의 성과로 이어지게 된다.

구성원 심리에 대한 일반적인 경영 지식은 크게 왜곡되어 있다. 우리는 CEO에서 프로젝트 리더에 이르기까지 전 세계 관리자 수백 명에게 구성원을 동기부여시키는 요소가 무엇인지를 묻는 조사를 수행했는데 결과는 충격적이었다. 조사 대상의 95퍼센트가 부하들을 동기부여시키는 가장 중요한 요소에 대해서 완전히 잘못 이해하고 있었다. 우리의 연구 결과에 따르면 일상에서 구성원에게 동기를 부여시키는 가장 좋은 방법은 작은 성공small win을 통해서 전진

progress을 도모하는 것이다. 하지만 이 조사에서 '전진을 지원한다'는 항목은 최하위를 기록했다.[3]

우리는 이 책을 통해 우리가 수행했던 놀라운 연구 결과를 공개하고, 구성원과 회사 모두가 가장 큰 기대효과를 달성할 수 있도록 모든 리더에게 올바른 길을 제시하고자 한다.

직장생활의 내면상태 드러내기: 1만 2,000일의 사건

사실 맨 처음에는 직장생활의 내면상태를 연구할 생각이 아니었다. 테레사는 스탠퍼드와 브랜다이스, 하버드 대학교에서 업무 환경을 포함한 사회적 환경이 창의성 발휘에 미치는 영향을 중심으로 지난 35년 동안 창의성을 연구해 왔다. 하버드 경영대학원에서 학생들을 가르치면서 그녀의 관심사는 긍정적이거나 부정적인 업무 환경이 어떻게 만들어지고 구성원의 창의적인 문제 해결 능력에 어떻게 영향을 주는지로 확대되었다. 심리학 교수인 스티븐은 버지니아 주립대학과 밴더빌트, 브랜다이스 대학에서 문제 해결에 대해 연구하고 있었는데 어느 날 테레사와 긴 시간 대화를 나누던 과정에서 그녀와 똑같은 궁금증을 갖게 되었다.

연구를 진행하는 과정에서 우리는 회사에서 발생한 복잡한 문제를 해결하는 과정에서 겪는 인식과 감정, 동기부여의 변화 등과 같은 구성원들이 경험하는 직장생활의 내면상태에 숨겨져 있는 진짜 이야기를 이해함으로써 직장에서의 창의성에 영향을 미치는 실질적인 요인이 무엇인지를 알아낼 수 있다는 사실을 깨달았다. 우리 두 사람의 궁금증과 부부로서 함께했던 삶이 합쳐져 이 연구 프로그램과 책이 탄생했다.

우리가 결혼한 지도 20년이 지났다. 작은 기업이지만 성공적으로 운영하는 우리의 양가 부모님이 구성원들에게 많은 즐거움과 자부심을 느끼게 만드는 회사를 어떻게 만드셨고, 경제가 좋을 때나 나쁠 때 어떻게 사업을 이끄셨는 지에 대해서 종종 이야기한다. 하지만 이와 달리 탁월한 창의성과 성과, 높은 구성원 만족도를 장기적으로 유지하는 조직이 거의 없다는 사실은 우리를 당황스럽게 했다. 우리는 직장생활의 내면상태를 연구한다면 이 모든 것을 달성하는 기업과 그렇지 못하는 기업 간의 진정한 차이점이 무엇인지를 밝혀낼 수 있을 것이라고 생각했다.

우리는 해답을 얻고자 구성원들이 매일 일을 하면서 경험하는 생각과 감정, 동기부여를 드러낼 수 있도록 하나의 창을 열었다. 그리고 수년 동안 그 창을 들여다보며 풍부하면서도 복잡한 직장생활의 내면상태 모습과 직장생활의 내면상태가 직장 내에서 벌어지는 사건에 따라 어떻게 변하고 하루하루 업무 성과에 어떻게 영향을 미치는지 분석했다. 여러분도 우리와 함께 그 창을 통해서 창의적으로 일을 하길 원하는 구성원들이 실제로 경험하고 있는 직장생활의 내면상태를 살펴보길 바란다. 그러면 구성원들이 상사나 동료, 조직, 심지어는 업무 자체에 대해 어떻게 인식하고 반응하는지를 볼 수 있다. 우리는 관리자가 아니라 '부하직원'이 느끼는 직장생활의 내면상태에 초점을 맞추어 연구를 설계함으로써 일상적으로는 절대로 볼 수 없는 어떤 것을 가시화시켰다. 그리고 마지막 장에서는 관리자가 느끼는 직장생활의 내면상태로 시선을 돌려 전체 그림을 완성했다.

이 책은 심리학적 탐구의 결과물이다. 우리는 함께 탐구할 동반자로 3개 산업의 7개 회사에서 26개 프로젝트 팀의 구성원 238명을 모집했다. 참여 기업 중에는 작은 신생업체도 있었고 이름만 들으면 누구나 다 아는 유명 회사도 있었다. 하지만 대상 팀 모두 복잡한 문제를 창의적으로 해결하길 요구받는 전문적인 지식 근로자들로 구성되어 있다는 공통점이 있었다. 참석팀 대부분은 프로젝트 기간 내내(평균 약 4개월) 우리 연구에 참여했다. 매 근무일마다 우리는 여러 질문이 포함된 일기 형식의 설문지를 대상자 모두에게 이메일로 보냈다. 질문 대부분은 그날의 생각과 감정, 동기부여에 대해서 직장생활의 내면상태 수준을 수치로 기록해 달라는 내용이었다.

그리고 가장 중요한 질문은 "오늘 있었던 일들 중에서 가장 기억에 남는 사건을 간단하게 설명하라"는 서술형 문항이었다. 어떤 식으로든 업무와 관련이 있다면 상사나 동료의 행동으로부터 자기 자신의 행동, 직장 밖에서 일어난 일 등 긍정적 또는 부정적이거나 중립적인 사건을 모두 적을 수 있었다. 우리는 참여자들이 최대한 솔직하게 응답할 수 있도록 완전한 익명성을 보장했으며, 이 책 속에 등장하는 회사명과 팀명, 구성원의 이름은 모두 실제와 다르게 기재됐다(이메일로 받은 일기와 더불어 상당량의 다른 데이터도 수집했다. 세부 내용은 부록에서 확인할 수 있다.).

놀랍게도 응답자의 75퍼센트가 24시간 내에 설문지를 제출해 주었으며 그래서 1만 2,000여 건에 가까운 일기를 확보할 수 있었다. 서로 다른 환경에 속한 다양한 사람들이 직장에서 경험한 것을 실시간으로 제공해 준 일기는 연구자들이 과거에는 접해 본 적이 없는, 정보로 가득 찬 금광 역할을 했다. 그리고 몇 개의 성과지표를 추가로 파악해 보았다.

직장생활의 내면상태 발견하기

우리는 성과performance 차이를 발생시키는 이유를 연구 참여자의 일기를 통해서 알 수 있었다. 즉 '타이타닉' 같은 거대한 회사의 선장들이 그랬던 것처럼 많은 관리자가 보지 못하고 지나쳤던 것들을 우리는 파악할 수 있었다.

- 직장생활의 내면상태는 창의성과 생산성, 업무 헌신, 유대감 측면에서 구성원의 성과에 영향을 미친다. 우리는 이를 '직장생활의 내면상태 효과inner work life effect'라 부른다.
- 기업의 전략이 아무리 뛰어나도 실행 여부는 구성원의 업무 성과에 달려 있기 때문에 직장생활의 내면상태는 기업을 운영할 때 매우 중요한 개념이다.
- 직장생활의 내면상태는 매일 직장에서 발생하는 사건으로부터 큰 영향을 받는다.
- 직장생활의 내면상태는 구성원들에게 매우 중요하다. 우리 연구에 참여한 자원자들은 자기 자신과 자신이 하는 일, 팀이 하는 일에 대한 통찰력을 얻는 것 외에는 아무 대가가 없었음에도 매일 일기를 제출하며 적극적으로 조사에 응해준 것이 바로 그 증거다.

우리는 직장생활의 내면상태가 구성원 개인에게 얼마나 중요한지

(따라서 회사에도 얼마나 중요한지)뿐만 아니라 '매일 일과 중에 벌어지는 여러 사건'의 의미까지도 심도 있게 해석했다.

- 직장생활의 내면상태를 향상시키는 데 특히 강력하게 작용을 하는 세 종류의 사건(우리는 이를 '3대 핵심요인'이라 부른다)은 의미 있는 일에서 거둔 **전진**progress과 **촉진제**(catalysts, 업무에 직접적으로 도움이 되는 사건), 그리고 **영양분**(nourishers, 각자가 그 일을 하도록 고취시키는 대인관계에서 일어난 사건)으로 언급된 순서가 영향력이 큰 순이다.
- 3대 핵심 요인 중에서 직장생활의 내면상태에 가장 큰 영향을 미치는 전진과 관련된 요인을 우리는 **전진의 법칙**progress principle이라 이름 붙였다. 즉 구성원 각자가 담당하고 있는 일에서 꾸준히 전진하는 것이 가장 중요하다.
- 3대 핵심 요인과 관련된 사건이 부정적인 형태로 나타나거나 결핍되어 있으면 직장생활의 내면상태에 커다란 악영향을 미친다. 여기에는 일에서 겪는 **좌절**setback과 **억제제**(inhibitors, 업무를 직접적으로 방해하는 사건), **독극물**(toxins, 구성원의 일에 대한 의욕을 떨어뜨리는 대인관계에서 일어난 사건)이 있다.
- 다른 조건이 모두 같을 경우, 부정적인 사건이 긍정적인 사건보다 강력하게 작용한다.
- 작은 성공small win이나 작은 실패small loss처럼 겉으로 보기에는 사소해 보이는 일이 직장생활의 내면상태에 중대한 영향을 미친다.

최고경영진의 사무실과 회의실부터 말단 구성원들의 사무실과 실험실에 이르기까지 모든 기업에서 발생하는 이러한 사건들이 매일같

이 직장생활의 내면상태를 형성하고 성과에 영향을 미치며 조직의 방향을 결정하고 있다.[4]

현장의 이야기: 구성원이 겪고 있는 직장생활의 내면상태

우리의 통계 분석을 위해 도착한 1만 2,000건의 일기에는 흥미진진한 이야기가 담겨 있었다. 매우 중요한 의미를 갖는 통계수치로도 이런 생생한 이야기를 보여주지는 못한다. 우리는 각 장에서 통계수치 뒤에 숨겨져 있는 사람들과 팀, 회사의 이야기를 소개할 것이다.

1장에서는 한 선도 기업의 쇠락하는 과정을 통해서 구성원들이 경험하고 있는 직장생활의 내면상태를 엿볼 것이다. 이 장에서는 세계적으로 유명한 소비재 회사의 새로운 경영진이 제품 개발을 통제하기 시작한 후 혁신에 어려움을 겪는 팀원들의 이야기를 소개한다.

2장에서는 이런 잘못된 경영이 팀원들의 인식과 감정, 동기부여에 부정적인 영향을 미친 파괴적인 힘을 볼 수 있다. 이를 통해 직장생활의 내면상태가 무엇이며 어떻게 작동되는지를 알려 준다. 또한 일터에서 발생하는 작은 사건이 구성원이 일상적으로 경험하는 직장생활의 내면상태에 어떻게 영향을 끼치는지를 살펴볼 것이다.

3장에서는 거대한 제국을 이룬 호텔 기업의 소프트웨어 엔지니어 팀 이야기를 소개한다. 자신들의 고객인 타 부서로부터 받은 칭찬에 기뻐했지만 그로부터 얼마 후 회사 매각이 알려졌을 때 의욕을 잃었고 회사가 인수된 후 경영진에게 증오감을 느끼는 과정을 통해 직장생활의 내면상태가 업무 성과의 모든 면에 영향을 미친다는 **직장생**

활의 **내면상태 효과**를 확인할 수 있다.

4장에서는 이 소프트웨어 엔지니어들이 경험하고 있었던 우울한 직장생활의 내면상태를 급격하게 변화시켰던 사건을 다룬다. 이 이야기를 통해 구성원의 인식과 감정, 동기부여에 가장 큰 영향을 미치는 **전진의 법칙** 개념을 파악할 수 있다. 나쁜 소식으로 가득 찬 구렁텅이에 빠져 있었던 엔지니어들의 내면상태를 회복시키는 데 긍정적인 프로젝트가 얼마나 큰 역할을 했는지 볼 것이다. 모든 팀의 일기를 분석해 본 결과, 의미 있는 일에서 전진을 이루는 것이 직장생활의 내면상태에 영향을 미치는 3대 핵심 요인 중 가장 중요하다는 사실을 알 수 있었다.

5장에서는 전진의 법칙이 어떻게 작동되는지를 설명한다. 이 장을 통해 작은 전진이 왜 그렇게 큰 영향력을 갖는지와 더불어 좌절이 왜 그렇게 강력한 영향력을 미치는지 알게 될 것이다. 일반적으로 부정적인 일이 긍정적인 일보다 직장생활의 내면상태에 더 큰 영향을 미친다. 5장에서는 전진의 법칙을 활용하는 데 가장 중요한 도구가 무엇인지 소개하고 전진과 직장생활의 내면상태가 서로 상호작용을 이루어 시너지 효과를 만드는 법을 설명한다.

6장에서는 3대 핵심 요인 중 두 번째인 **촉진 요인**을 다룰 것이다. 명확한 목표 정립과 자율성 허용, 충분한 자원 제공 등과 같이 관리자가 프로젝트를 지원하기 위해 활용할 수 있는 다양한 방법도 제시한다. 이 장에서는 프로젝트 기간 동안 회사에서 받은 지원에서 큰 차이가 나는 두 팀을 비교할 것이다. 한 팀은 거대 소비재 기업에서 혁신적인 주방기기 개발을 맡고 있었는데 우유부단한 최고경영진과 소통이 되지 않는 지원부서로부터 자원을 할당받기 위해서 고군분투

하느라 업무에 차질을 겪고 있었다. 이 팀의 직장생활의 내면상태는 우리가 본 것 중 최악의 수준이었다. 반면 다른 한 팀은 존경받는 화학 회사에 소속되어 있었고 방수섬유를 만드는 데 사용될 새로운 코팅재를 개발하고 있었으며 이들은 수시로 회사의 지원을 받고 있었다. 최고경영진은 해당팀의 자원 요청이 있을 때마다 즉각적으로 대응했고, 팀이 제시한 아이디어에 솔직한 피드백을 주었으며, 전사 모든 부서가 개발팀을 지원했다. 뜻하지 않은 심각한 기술 문제가 발생하기도 했지만 이 팀은 두 가지 혁신을 성공적으로 달성했고 팀원들은 프로젝트 기간 내내 직장생활의 내면상태가 최고 수준이었다. 이 화학 회사는 계속해서 번성했지만 소비재 회사는 그러지 못했다.

7장에서는 모욕과 불신이 가득찬 하드웨어 업체에서 일하는 기계 엔지니어 팀을 소개하고 다시 앞서 나온 호텔 기업의 소프트웨어 팀 리더들이 팀 내 유대감을 어떻게 형성했는지를 설명할 것이다. 이 이야기들을 통해 직장생활의 내면상태에 영향을 미치는 세 번째 핵심 요인인 '영양분'의 개념과 격려, 존중, 동료애 형성 등을 비롯해 다른 구성원에게 지지를 표명할 수 있는 방법들을 소개한다.

8장에서는 구성원들이 업무에서 지속적으로 전진하는 데 필요한 촉진 요인과 영양 요인을 제공하기 위해 관리자가 쓸 수 있는 도구와 지침을 제시한다. 촉진제와 영양분은 직장생활의 내면상태를 바람직하게 유지할 수 있게 하는 근간이며, 구성원들이 경험하는 직장생활의 내면상태가 원만하다면 장기적으로 탁월한 기업 성과를 누릴 수 있다. 이 장에서는 높아지는 고객의 요구와 회사 내부에 불안을 조장하는 여러 소문에도 굴하지 않고 팀원들이 창의성을 발휘하고, 즐겁게 생산적으로 일할 수 있도록 이끈 또 다른 화학회사의 팀장을 소개한다. 놀랍게도 이 팀장은 직관적으로 우리가 8장에서 제시했던 행동양식을 따르고 있었다.

9장에서는 위 지침을 구성원 경영뿐 아니라 팀 리더 자기 자신이 경험하는 직장생활의 내면상태를 드높이는 데 적용하는 방법을 설명한다.

새로운 규칙

우리가 살고있는 정보화 시대의 일반적인 경영 법칙에 따르면 리더는 구성원을 관리해야 한다. 리더들은 최고의 인재를 채용해서 적절한 인센티브를 제공하고, 역량을 개발할 수 있도록 어려운 업무를 부여하며, 구성원들과 공감하기 위해 EQ를 사용한다. 그리고 업무 성과를 상세하게 검토하여 기준을 충족시킨 구성원만을 남긴다. 그런데 기업이 이런 활동에 전적으로 의지한다는 것은 개인들의 성과가 각자의 타고난 역량에 달려 있다는 잘못된 전제에 지배당하고 있다는 것을 의미한다. 경영의 대가 짐 콜린스Jim Collins는 "적합한 사람을 버스에 태워야 한다"[5]고 조언했다. 그리고 많은 관리자가 자신이 해야 하는 가장 중요한 역할이 뛰어난 인재를 선발하는 것이라고 지나치게 단순하게 결론을 내린다.

하지만 불행하게도 이런 통상적인 경영 법칙에는 훌륭한 경영의 근본인 **전진을 위한 경영**managing for progress이 빠져 있다.

우리가 연구를 통해 밝혀낸 새로운 규칙에 따르면 진정한 경영 효과는 구성원의 개인적인 성향보다 업무와 더 직접적으로 관련돼 있는 전진에 집중할 때 나타난다. 구성원이 중요시하는 일에서 전진할 수 있도록 지원하면 구성원뿐 아니라 조직을 경영하는 일이 훨씬 간단해진다. 구성원이 변화를 만들어내도록 도우면 원만한 직장생활의 내면상태와 높은 업무 성과가 모두 보장되므로 구성원의 심리를 분석하거나 인센티브를 섣불리 조정할 필요도 없다. 전진을 위한 경영은 막대한 인센티브에 의존하는 방법보다 비용면에서도 효과적이다. 전진을 위한 경영을 하지 않는다면 아무리 EQ를 쓰고 인센티브를 많이 줘도 기업을 존속시킬 수 없다. 우리 연구에 참여한 팀들이 이를 확실하게 입증하고 있다.

첫 번째 이야기는 한 기업에서 시행되었던 경매 사건으로부터 시작된다.

Notes

01 Larry Page & Sergey Brin, "설립자의 IPO 레터"(2004)에서 발췌됨. http://investor.google.com/corporate/2004/ipo-founders-letter.html.

02 T. M. Amabile, C. N. Hadley, and S. J. Kramer, "Creativity Under the Gun", 《Harvard Business Review》, August 2002, 52~61.
T. M. Amabile and S. J. Kramer, "Inner Work Life: The Hidden Subtext of Business Performance", 《Harvard Business Review》, May 2007, 72~83.
T. M. Amabile and S. J. Kramer, "Breakthrough Ideas for 2010: What Really Motivates Workers", 《Harvard Business Review》, January 2010, 44~45.

03 이 서베이와 관련된 자세한 내용은 5장과 부록에서 다뤘다.

04 T. M. Amabile and S. J. Kramer의 "Inner Work Life"에서 최초로 언급했다.

05 짐 콜린스, 《좋은 기업을 넘어 위대한 기업으로》, 이무열 옮김, 김영사, 2002. 그러나 가장 중요한 경영 과업이라고 제안하지는 않았다.

조직 내부의 모습

Scenes from the Organizational Trenches
조직 내부의 모습

    7월의 따가운 햇살을 받으며 경매인이 마이크 앞에 섰다. 경매인 앞쪽에 있는 널찍한 주차장에는 천막으로 만든 전시실이 빼곡히 들어서 있었다. 그 안에는 세련된 조립식 책상, 고급 사무용 의자, 컴퓨터, CAD 장비, 공구, 작은 제조부품들이 하나 가득 놓여 있었다. 최대한 높은 가격을 받을 수 있도록 물건들을 깨끗이 닦아서 보기 좋게 가격표를 붙여 종류별로 모아두었다. 경매에 참여하고 있는 사람들은 필요한 물건을 싸게 구입하려고 줄을 서서 기다리고 있었다. 그 중에는 이곳 미시간 주의 지방 도시까지 먼 길을 달려온 이들도 있었다. 경매인 뒤로는 카펜터 주식회사 본사의 3층짜리 공장과 우뚝 솟은 10층 벽돌 건물이 보였다. 불과 4년 전만 해도 카펜터는 미국에서 10위 안에 드는 성공한 혁신적인 소비재 제조기업이었다. 그런데 이제 사무실은 텅 비었고, 제조공장은 가동을 멈췄으며, 회사 정문 옆에는 잡초가 자라고 있었다.

    주차장 뒤편에 한 무리의 사람들이 숨을 죽인 채 이 광경을 지켜보며 우두커니 서 있었다. 50명 남짓 되는 이들은 카펜터사가 망하기 전까지 근무했던 구성원으로 이중에는 30년 이상 근무한 사람들도 있었다. 한때 그들은 스스로를 '카펜티어karpenteers'라고 불렀다. 엔지니어이자 아마추어 사진작가인 브루스는 그의 충직한 캐논 카메라를 목에 걸고 앞쪽에 서 있었다. 디트로이트 타이거즈(detroit tigers, 미시간 주 디트로이트가 연고지인 프로야구 구단—옮긴이) 모자를 써서 벗겨진 머리를 감추고 있는 재무 분석가인 카스가 그 옆에 있었다. 두 사람과 같은 팀에서 근무했던 젊은 제품 디자이너 리사는 그들과 함께 눈앞의 광경을 노려보면서 음료수 병을 움켜쥐고 있었다. 이 자리에 모인 카펜티어들은 한때, 많은 사람의 인생에 영향을 주는 혁신적인 제품을 제조하는 세계적인 유명 기업에서 일하고 있다는 것을 자랑으로 여겼다. 이들이 만들었던 소형 전력공구, 주방기기, 수동 또는 전기 청소기기, 가정용 기기는 옛날에는 멋진 신기술로 여겨졌지만 이제는 거의 필수품이 되었다. 미국 성인의 90퍼센트가 카펜터 제품을 알 만큼 브랜드 인지도는 높았으며, 아직도 미국 가정의 약 80퍼센트가 이들의 제품을 보유하고 있고 북미 대부분의 가정은 브루스와 루카스, 리사가 도메인 팀에 있을 때 디자인한 청소기구를 가지고 있다.

경매가 시작되자 그들 중 일부는 믿을 수 없다는 듯 고개를 젓거나 불쾌감에 얼굴을 찡그렸으며, 일부는 화를 내며 욕을 내뱉었다. 흐느끼는 사람도 있었다. 디자이너, 프로덕트 매니저, 엔지니어, 기능직 기사, 공장 근로자에 이르기까지 카펜터가 몰락했다는 사실을 아직도 실감하지 못하는 사람이 많았다. 카펜터는 그들에게 제2의 가정이자 소중한 일터였다. 카펜티어들은 대가족 같은 분위기 속에서 서로를 아끼고 서로의 일을 존중했었다. 카펜터는 본사가 있는 지역뿐 아니라 공장시설이 있는 여러 타 지역의 경제를 책임지고 있었다. 하지만 이제 모두 지난 일이었다. 대부분 근처 도시에서 새 직장을 구했지만 이 자리에 모인 카펜티어들은 상실감에 슬퍼하며 이 경매를 장례식으로 간주했다.

불과 4년 전만 해도 이 주차장에는 자동차가 가득했고 조경은 흠잡을 데가 없었으며, 정문은 고객과 공급업체 직원은 물론 기자, 연구원들이 50년간 지속돼온 카펜터의 성공 비결을 배우기 위해 끊임없이 드나드는 탓에 닫혀 있을 새가 없었다.[1] 하지만 조직 내부에서는 무언가가 서서히 잘못되어 가고 있었다. 외부인들은 아직 눈치를 못 챘지만 브루스, 루카스, 리사를 비롯한 구성원들은 카펜터가 끔찍한 직장으로 변했다는 사실을 체감하고 있었다. 그들의 직장생활은 견디기 힘들 정도로 끔찍했고, 실적도 현격하게 떨어지기 시작했다. 그 결과 동종업계와 국가 경제가 살아나고 있음에도 불구하고 카펜터는 몰락했다.

재앙으로 가는 길

무엇이 이러한 극적인 종말을 이끌었는가? 4년전 카펜터가 새로운 경영진을 선출했는데 이들은 회사의 조직구조를 각 팀이 제품계열을 관리하는 다기능팀을 보유하는 사업본부제로 바꿨다. 기자들이 회사의 성공 비결을 물으면 경영진은 매우 설득력 있게 이 모델의 우수성에 대해 설명했다. 각 팀이 마치 하나의 기업처럼 자율적으로 신제품 개발부터 재고, 수익성 관리에 이르기까지 모든 것을 책임지며 그리고 무엇보다도 팀에 대한 회사의 개입을 최소화시켰고 반면 든든한 재정적 지원을 받고 있다는 장점을 경영진들은 강조했다.

하지만 실상은 그렇지 않았다. 회사가 아직 시장에서 사랑 받고 있었던 경매가 열리기 4년 전 분기 제품 리뷰 회의가 열린 어느 6월 말로 돌아가보자. 실내 생활 및 가정용품 사업본부 대표였던 잭 히긴스는 분기별로 자신의 본부에 소속된 팀장들을 소집해 회의를 열었다. 스포츠 관련 비유를 들기 좋아하고 골프 마니아인 48세의 히긴스는 신제품 개발에 대한 건설적인 피드백을 주고받는 이 회의를 바탕으로 팀의 '작전 수정'을 도울 수 있다고 주장했다. 그날은 가정용 수동 청소기기를 개발하고 있던 도메인 팀에 대한 중간점검 회의가 열렸다.

그러나 회의 진행은 순탄치 않았다.

창문이 하나도 없는 1층 회의실은 환기시설이 고장 나 숨이 막힐 정도로 답답했다. 밖에서 들려오는 계속 울려대는 전화벨 소리, 안내원 8명의 목소리, 메인 로비 근처에서 20명도 넘는 방문객들이 웃고 떠드는 소리 때문에 자꾸만 집중력이 흐트러졌다. 히긴스가 신호를 보내자 도메인팀의 팀장 크리스토퍼와 제품 개발 책임자인 폴, 그리고 회의에 참석한 도메인 팀원들은 그동안 팀원 전체가 열심히 준비한 자료를 발표하기 시작했다. CAD 도면과 견본을 보며 한동안 가만히 발표를 듣고 있던 사업본부 경영진이 드디어 입을 열었다. 그들은 도메인 팀의 아이디어가 아닌 자신들의 아이디어를 제품으로 개발할 것을 팀에게 요구했다. 잭 히긴스는 도메인 팀이 이제 '새로운 작전'을 세워야 한다는 말과 함께 입을 열었다. 하지만 실제로 작전을 세운 사람은 도메인 팀이 아닌 연구개발, 생산, 재무, 마케팅, 인사 부문의 팀장들로 구성된 '사업본부 경영팀'이었다. 지시를 내린 사람은 연구개발 팀장인 딘 피셔였다(여기에 언급된 사람들의 성과 이름을 모두 가명이다).

도메인 팀의 제품 디자이너인 리사, 시니어 프로덕트 엔지니어인 브루스를 비롯한 몇몇 팀원은 지난 분기 경영회의에서 아이디어가 채택되어 자금 지원까지 받은 혁신적인 바닥용 대걸레를 만드는 데 모든 열정을 쏟아 왔고, 작업은 이미 상당히 진척된 상태였다. 그외에도 몇 개월 동안 작업해 왔던 신제품이 세 가지나 더 있었다. 그런데 갑자기 피셔를 비롯한 경영 팀이 현재 추진되는 것과 전혀 다른 네 가지 아이디어를 제시하면서 별다른 설명도 없이 무조건 따를 것을 지시했다. 그중에서도 창문닦이 시장에 새 바람을 몰고 올 제품을 만들라는 지시는 팀원들의 호응을 전혀 얻지 못했다. 하지만 어찌 됐든 명령이 내려진 이상 따라야만 했다.

회의에 참석했던 팀원들은 반발하지 않았다. 어차피 지금의 경영진에게는 반항해 봐야 소용없다는 사실을 잘 알고 있었기 때문이다. 하지만 속마음은 달랐다. 경영진의 끔찍한 결정에 팀원들은 분노하고, 좌절했으며, 낙담하고, 슬퍼했다. 당시 26살이던 리사는 대학에서 디자인을 전공한 후 부푼 꿈을 안고 카펜터에 입사했다. 하지만 그날 회의 이후 단번에 일에 대한 모든 의욕을 잃어버렸다. 리사는 나중에 컴퓨터 일기장에 신제품 디자인에 쏟은 모든 노력이 수포로 돌아갔다고 기록했다. "오늘 아침 [⋯] 제품 리뷰 회의가 끝난 후, 랄프(공정 디자인 매니저)가 다가와 스프레이 제트 대걸레 개발이 취소됐다고 말해 주었다. 몇 주나 매달린 프로젝트가 한순간에 엎어졌고, 우리는 아예 다른 제품을 개발해야 한다고 했다."[2]

다른 여러 카펜티어처럼 도메인 팀의 재무분석가 루카스도 경영 팀이 지나치게 통제한다고 생각했다. 그날 그는 일기장에 이렇게 썼다.

그들이 신제품 리뷰 미팅에서 우리 팀의 제품 개발 우선순위를 결정해 주었다. […] 우리가 직접 의사결정할 기회를 늘려주지는 못할망정 팀의 방향과 우선순위를 선택할 '자유'를 빼앗고 명령을 해대니 일할 의욕이 없어져 버렸다. [루카스, 6/30]

도메인팀의 공급망 매니저supply chain manager 마이클은 3년 전 새 경영진이 취임한 후 회사의 목표가 수 차례나 임의로 바뀌었다고 생각하고 있었다. 그는 리뷰 회의에 대해서 자신이 느낀 아이러니를 일기에 생생하게 묘사했다.

바늘이 계속 북쪽을 가리키고 있는데도 우리는 나침반을 다시 돌렸다. [마이클, 6/30]

그리고 카펜터에서 오랫동안 일해 온 시니어 프로덕트 엔지니어인 브루스는 이번 일을 비롯해 회사의 핵심 강점을 갉아먹은 다른 사건들을 떠올리며 크게 상심했다.

그 동안 작업해 왔던 스프레이 제트 대걸레 개발을 중단한다고 한다. 말로는 한시적인 조치라고 하지만 완전히 취소된 것이 뻔하다. 우리 회사가 제품 혁신에서 추종자가 아닌 리더의 위치로 다시 돌아갔으면 좋겠다. [브루스, 7/1]

이 제품 리뷰 회의는 도메인 팀 사람들에게 심각하게 악영향을 미친 것으로 나타났다. 수개월 동안 작업한 것이 리뷰 회의 결과 단칼에 잘려나갔다. 그 과정에서 경영진에 대한 인식이 악화되었고, 구성원들은 불만과 좌절감을 느꼈으며 업무에 대한 사기가 떨어졌다.

단칼로 베는 정도는 아니지만 살짝 찌르는 정도의 작은 사건 또한 구성원의 생각과 감정, 동기부여에 비슷한 악영향을 줄 수 있다. 몇 주 후, 경영진이 사내 원가절감 프로그램에 대한 결과를 보고할 것을 각 팀에 요구하자 도메인 팀은 자신들이 담당하고 있는 제품 계열에 대한 리뷰 회의를 했다. 마이클은 이미 시행 중인 원가절감 방식 외에 다른 아이디어를 브레인스토밍해 보자고 제안했지만 팀장인 크리스토퍼는 좀 부풀리더라도 지금까지 낸 성과를 돋보이게 보여주는 방법을 중점적으로 논의하자고 고집을 부렸다. 회의 시간 동안 대부분의 팀원들은 의견을 거의 내지 않았지만 마음속에서는 크리스토퍼에 대한 부정적인 인식과 회의 시작부터 자신들의 의견이 무시당했다는 데서 온 좌절감, 원가절감 목표를 달성하지 못할 것이라는 절망감과 같은 감정이 폭발했다.

프로덕트 엔지니어인 닐은 쉽게 동요하는 사람이 아니다. 나이는 스물아홉에 불과했지만 팀원들은 닐을 '안정적인 섬' 같은 존재로 여겼고 스트레스 상황에서 두려움을 잠재우는 유쾌하고 외향적인 사람이라고 생각했다. 그런 닐이 당시 회의를 이렇게 묘사했다.

> 오늘 우리 제품 계열에 대한 원가절감 현황을 논의하기 위해 팀 전체가 회의를 했다. 원가를 줄이라는 고위 관리자들의 압력이 그 동안 상당했다. […] 크리스토퍼가 구성원들을 대하는 태도 때문에 회의 시간 내내 분위기가 좋지 않았다(껄끄러운 긴장감이 팽팽했다!!). 그는 우리 팀의 성과를 포장하기 위해(자기 자신을 포장하기 위

해!) 편법을 쓸 궁리만 하는 것 같았다. 그리고 자기 지위를 내세워 우리 모두에게 명령을 했다. 나는 크리스토퍼의 지시를 따르고 싶지 않았다. 오히려 정반대로 하고 싶었다! 나는 용기 있는 상사가 좋다. 하지만 오늘 크리스토퍼에게 용기라고는 눈곱만큼도 없었다! [닐, 7/27]

이 두 회의는 카펜터의 조직생활 속에서 일어난 여러 사건 중 두 가지 예(큰 사건 하나와 작은 사건 하나)에 불과하다. 하지만 이 두 사건은 당시 최고경영진이 고심한 끝에 의사결정을 내렸지만 결과적으로 회사의 쇠락에 일조하도록 이끈 전략적 결정이 무엇이었는지를 잘 보여준다. 그리고 이것은 시장의 변화로 인해 생겨난 여러 가지 난제가 최고경영진에서 팀 리더에 이르기까지 어떻게 영향을 미치는지 볼 수 있게 한다. 하지만 주차장에서 일어난 경매, 다시 말해 우량 기업이 4년 만에 무너진 것이 단지 어려운 시장 상황에 대응하는 데 실패한 전략 때문일까?

결코 아니다. 우리 연구 결과는 진짜 이유를 설명해 주고 있다. 카펜터의 성공과 실패에는 조직의 심장, 즉 구성원과 관련된 보다 심오한 이야기가 있다. 잭 히긴스의 제품 리뷰 회의와 크리스토퍼의 원가절감 회의는 카펜터가 몰락하기 직전 몇 년 동안 구성원들과 그들의 업무에 상당한 영향을 미쳤던 매일같이 펼쳐진 드라마의 일부에 불과했다.

나쁜 의도가 있었던 것은 아니겠지만 카펜터 관리자들은 구성원이 회사에서 일어나는 사건에 반응하고 생각하면서 경험하는 인식과 감정, 동기부여를 일컫는 직장생활의 내면상태inner work life의 중요성을 전혀 이해하지 못했다. 그들은 비록 사소해 보일지라도 자신들의 행동이 구성원들에게 심각한 영향을 미칠 수 있다는 사실 역시 이해하지 못했다. 직장생활의 내면상태는 대부분의 경우 겉으로 드러내지 않고 드러나지도 않는다. 통상 인간은 대체로 모든 일에 문제가 없다고 믿고 싶어한다. 카펜터의 경영진은 구성원들이 경험하고 있는 직장생활의 내면상태가 얼마나 악화되었는지를 볼 수 없었기 때문에 문제가 없다고 믿었다. 뿐만 아니라 그들은 직장생활의 내면상태가 악화되면 업무 성과가 상당히 큰 타격을 받을 수 있다는 것도 몰랐다. 그리고 직장생활의 내면상태로 인해 조직의 운명이 갈릴 수 있다는 사실도 미처 몰랐다.

조직이라는 거대한 빙산에서 숨겨진 부분

카펜터와 같은 선도 기업이 경제 호황기에 무너지면 타이타닉호의 침몰이 떠오른다. 하지만 카펜터는 거대한 단 한 번의 사건으로 몰락한 것이 아니다. 얼마 전까지만 해도 상상조차 하지 못했던 이러한 재앙이 일어난 원인은 심각한 회계 비리나 시장 붕괴, 설계 결함이 아니었다. 소비재 산업 분석가들은 카펜터가 망한 이유를 찾으려 애썼고 뻔한 답을 제시했다. 일부는 진정한 혁신에 등을 돌리고 소비자가 원하는 기존의 '캐시카우cash cow' 제품을 조금씩 수정하는 제품 전략이 잘못되었기 때문이라고 말했다. 또 다른 사람들은 카펜터가 휘청거리는 것이 가시화되었던 3년 전에 구성된 새 경영진이 주요 고객인 대형 소매점과 거래하는 전문적인 능력이 부족했기 때문이라고 지적하는 사람도 있었다. 물론 잘못된 전략과 전문성 부족도 원인이었다. 하지만 일부 분석가가 역량있는 중간 관리자와 전문가들의 이직률을 급증시키고 회사에 남은 구성원의 업무 성과를 떨어뜨린 사기 저하 문제를 주된 원인으로 꼽았다.

사기 저하라는 애매한 표현은 피하고 싶지만 연구결과로 봤을때 우리는 사기 문제를 지적한 그 분석가의 주장이 옳았음을 깨달았다. 카펜터를 비롯한 여러 기업을 대상으로 수행되었던 지난 10년 간의 연구를 통해서 우리는 구성원의 마음속에 숨겨진 인식과 감정, 동기부여가 직장생활의 내면상태를 구성하는 3대 요소이며 이늘이 상당한 영향력을 갖고 있다는 사실을 밝혀냈다. 직장생활의 내면상태가 나쁘면 단기적으로는 개인의 업무 성과가 낮아지고 장기적으로는 카펜터 같이 잘나가는 거대 기업도 침몰시킬 수 있다.[3]

조직 내에서 눈에 보이는 활동은 단지 빙산의 일각일 뿐이다. 직장생활의 내면상태는 수면 아래에 숨겨진 거대한 얼음덩이다. 회사에서 복도를 걷다 보면 구성원들이 상사에게 프레젠테이션을 하거나 동료와 대화를 나누고, 인터넷 검색을 하며, 고객과 이야기하고, 회의에 참석하거나 실험하는 모습을 보거나 소리를 들을 수 있다. 그것이 바로 구성원들의 **표면적 직장생활 모습**으로 구성원 개개인이 직장에서 일상적으로 업무와 관련된 활동을 할 때 눈으로 관찰할 수 있는 부분을 일컫는 말이다. 반면 프레젠테이션을 하는 동안 경영진이 보인 무관심에 대한 해석, 고객과 대화하며 느낀 성취감, 실험과정에서 드러난 골치 아픈 문제를 해결하려는 열정적인 의욕은 회사 복도를 걸으면서 볼 수 없다. **직장생활의 내면상태**는 근무 시간에 발생한 사건으로 인해 생겨난 인식과 감정, 동기부여와 같이 일반적으로 눈에 보이지 않는 개인의 경험을 가리킨다.

　사람마다 경험하는 직장생활의 내면상태는 다르지만 같은 사건을 동시에 겪은 사람들은 매우 유사한 내적 경험을 갖게 된다. 각 사건 하나씩을 보면 사소해 보일지라도 비슷한 사건들이 수일, 수주, 아니면 수개월에 걸쳐 팀이나 조직에 반복해서 일어나게 되면 구성원들이 경험한 유사한 내적 경험이 뭉쳐져 엄청난 힘을 발휘한다. 다음의 〈작은 성공(그리고 실패)의 위력〉을 통해 사소해 보이는 사건이 만든 커다란 영향력을 살펴보자.[4]

생각할 거리
작은 성공(그리고 실패)의 위력

사소한 사건이 직장생활의 내면상태에 큰 영향을 미칠 수 있다. 객관적으로 봤을 때는 사소해 보일 수 있지만 자신이 경험하는 직장생활의 내면상태에 중요한 자리를 차지하고 있는 사건이 누구나 하나쯤은 있을 것이다. 우리가 수집한 일기에는 기분이나 생각, 동기부여에 막대한 영향을 미친 근무 시간 중에 발생한 사소한 사건이 수없이 많이 기록되어 있었다. 어떤 과학자는 단지 몇 분이었지만 CTO(Chief Technology Executive)가 자신의 최근 실험에 대해 함께 얘기할 수 있었다는 것에 벅찬 기쁨을 느꼈다. 어느 프로덕트 매니저는 상사가 가격 결정에 지나치게 뜸을 들이는 것을 보면서 그를 무능력하다고 인식하게 되었다. 한 프로그래머는 해결하지 못했던 에러를 가까스로 잡아냈는데 이것이 전체 프로젝트 관점에서 보았을 때 매우 강력한 역할을 하는 작은 성공이었다는 사실를 인지했을 때 업무 집중도가 급상승했다.[a]

일기 내용을 분석하면서 사건에 대한 사람들의 감정적 반응 정도가 스스로 '평가한' 사건의 객관적인 중요도보다 큰 경우가 많다는 사실을 발견했다. 당연하겠지만 발생한 사건의 대부분은(3분의 2가량) 사소했고 이들에 대한 반응도 대부분(3분의 2가량) 미미했다. 또한 큰 사건에 대한 반응은 대체로 컸고, 작은 사건에 대한 반응은 대개 작았다. 하지만 놀라운 점이 있었다. 작은 사건의 28% 정도는 커다란 반향을 일으켰다는 것이다.[b] 다시 말하면 사소하게 여겨지는 사건이 직장생활의 내면상태에 강력한 영향을 미칠 수 있다는 것이다.

작은 사건이 갖는 힘을 다룬 연구가 늘어나고 있다.[c] 2008년 연구 결과에 따르면 예배 참석이나 운동과 같이 작지만 규칙적인 일들이 누적되면 행복을 증진시킬 수 있다고 한다. 실제로 이 실험에 참여한 사람들은 교회나 헬스장에 가는 빈도가 높아질수록 행복지수도 높아졌다.[d] 작은 사건 하나가 미치는 영향력은 미미하겠지만 비슷한 사건이 계속 일어나게 된다면 영향력은 사라지지 않는다. 규칙적으로 운동하는 사람은 운동을 할 때마다 행복지수가 높아지고 운동을 하고 나면 운동을 하기 전보다 조금 더 행복해짐을 느낀다. 그렇기 때문에 반복해서 상사의 우유부단한 모습을 목격한 프로덕트 매니저는 과거 다른 팀에서 일할 때에 비해 상사에 대한 인식이 나빠질 것이다. 그렇기 때문에 긍정적이거나 부정적인 작은 사건은 심리적 각성제나 진정제의 추가접종과 같은 역할을 한다.[e] 결국 사람을 관리한다는 것은 이렇게 작은 일들과 씨름해야 한다는 것을 의미한다.

---

a. Kalr Weick의 논문에 실린 작은 성공이라는 단어를 사용함. "Small Wins: Redefining the Scale of Social Problems", 《American Psychologist》 39 (1981):40~49.
b. 자세한 내용은 부록에서 확인할 수 있음.
c. 보편적으로 학자들은 작은 것들이 문제가 된다고 말함. Kalr Weick의 1981년 논문을 보면 사회적 문제들이 작은 규모로 시작할 지라도 성공적으로 접근될 수 있다면, 보다 혁신적인 방법에 의해서 해결될 수 있다고 했다. 엄청나게 커다랗게 보이는 대부분의 사회적 문제들은 우리의 감정을 마비시키고 제압시키지만, 관리가 가능한 작은 조각들로 나누어서 각각에서 성공을 거둔다면 이러한 작은 성공은 엄청난 위력을 발휘할 것이라고 그는 제안했다.
d. 이 논문은 사람들이 어떻게 "좋다" 그리고 "만족한다"를 느끼는 지와 관련된 연구를 보고하고 있다. 사람들의 감정 상태와 웰빙에 대한 인지(D. Mochon, M. I. Norton and D. Ariely, "Getting Off the Hedonic Treadmill, One Step at a Time: The Impact of Regular Religious Practice and Exercise on Well-Being", 《Journal of Economic Psychology》 29 (2008): 632~642). 또한 작은 사건이 미치는 영향이 어떤 것인지를 보여주고 있다(I. Senay, D. Albarracin, and K. Noguchi, "Motivating Goal Directed Behavior Through Introspective Self-Talk: The Role of the Interrogative Form of Simple Future Tense", 《Psychological Science》 21 (2010): 499~504.).
e. D. Mochon, M. I. Norton, and D. Ariely, "Getting Off the Hedonic Treadmill, One Step at a Time".

카펜터의 분기별 제품 리뷰 회의에서 사업본부 경영팀이 도메인 팀의 프로젝트 우선순위를 모조리 바꾸는 동안 팀원들은 그저 가만히 앉아서 내용을 기록하는 일 외에는 아무것도 할 수 없었던 상황은 거대한 조직이라는 빙산에서 눈에 보이는 일각일 뿐이다. 한 달 후, 원가절감에 대한 팀 회의에서 회사를 상대로 눈속임할 계획만 세우는 팀장의 발언에 대해서 팀원들이 조용히 듣고만 있었던 것 역시 빙산의 일각일 뿐이었다. 하지만 경영진이 독단적이고 무심하며 나약하고 비윤리적이라고 생각한 팀원들의 인식은? 분노와 슬픔, 반감 같은 감정은? 매일 미친 듯이 일에 매달리고 싶었던 의욕이 한풀 꺾인 것은? 이 세 가지가 수면 아래 숨겨진 빙산의 육중한 실체였다. 결국 빙산은 점점 커지고 위협적으로 변해 조직이라는 배를 침몰시켰다.

카펜터의 최고경영진처럼 대부분의 경영자들은 눈앞의 재앙을 피하고 회사가 순탄하게 항해할 수 있게 할만큼 구성원이 경험하는 직장생활의 내면상태를 충분히 이해하고 있지 못하다. 많은 경영자가 구성원들이 경험하는 직장생활의 내면상태에 크게 신경 쓰지 않는 이유는 천성이 못돼서가 아니라 구성원에게 직장생활의 내면상태가 얼만큼 중요한지 모르고 있기 때문이다. 그들은 한 번도 이와 관련된 내용을 교육 받은 적도 없었으며, 우연히 이런 훌륭한 통찰력을 갖고 있는 뛰어난 상사 밑에서 일할 수 있는 행운을 가져보지도 못했기 때문이다. 1993년, 아메리칸 항공American Airlines 승무원들이 회사 정책에 반대하며 파업을 했다. 그들은 급여나 복지가 아니라 구성원에 대한 회사의 존중이 부족하다는 점을 문제 삼았다. 한 승무원은 이렇게 말했다. "회사는 우리를 한 번 쓰고 버리는 일회용품처럼 취급합니다." 또 한 사람은 이렇게 말했다. "저는 일보다 자존감이 더 중요합니다."[5] 4년 후에도 상황은 크게 달라지지 않았다. 이번에는 조종사들이 시위를 하며 이렇게 외쳤다. "비행이 끝날 때마다 내다버리는 휴대용 컵처럼 구성원을 '단가'에 따라서 대우한다면 근무 의욕은 계속 바닥칠 것입니다."[6] 기업들은 아직도 똑같은 실수를 반복해서 저지르고 있다. 과거 15년에 걸쳐 진행된 한 글로벌 조사 결과에 따르면 직장인의 업무 몰입도와 의욕은 해가 지날수록 떨어져 2010년에 가장 많이 떨어진 것으로 나타났다.[7]

이 책에서는 직장생활의 내면상태가 어떠한지에 대한 실상과 조직 성과에 미치는 영향을 밝히려 한다. 직급과 상관없이 모든 관리자는 구성원이 경험하는 직장생활의 내면상태에 영향을 미치며, 전 구성원의 창의성과 생산성에도 영향을 준다는 사실을 이 책을 통해 알게 될 것이다. 그리고 높은 성과와 인간의 존엄성을 유지하면서 직장생활의 내면상태가 나아지게 만드는 가장 중요한 방법도 습득할 수 있을 것이다.

직장생활의 내면상태란?

직장생활의 내면상태는 구성원들이 근무 중 일어난 사건에 대해 반응하고 생각하면서 겪는 인식과 감정, 동기부여요인과 관련해서 일어난 변화를 통틀어 일컫는 말이다. 최근 직장에서 겪었던 주요 사건 한 가지를 떠올려 보자. 그리고 그 사건을 어떻게 해석했고, 어떤 감정을 느꼈으며, 그 사건이 근무 의욕에 어떤 영향을 주었는지 생각해 보라. 그것이 바로 그 사건이 일어났던 시점에 느낀 직장생활의 내면상태다. 당신이 직장생활의 내면상태를 표현하기 위해서 사용한 단어 하나하나가 그 현상과 관련된 주요 측면을 드러낸다.

직장생활의 내면상태가 **내적**인 이유는 개인의 내면에서 벌어지기 때문이다. 개인에게 직장생활의 내면상태는 하루 동안 일터에서 겪은 경험에서 핵심을 차지하지만 다른 사람들은 대개 알아차리지 못한다. 때론 당사자조차 모르고 지나갈 수 있다. 하지만 직장생활의 내면상태가 눈에 보이지 않는 또 다른 이유는 당사자가 의도적으로 숨기기 때문이다. 대부분 조직에는 감정을 격하게 내보이거나 의견을 강하게 주장하면 안 된다는 암묵적인 규칙이 있다. 일반적인 견해와 상충되거나 부정적인 경우는 특히 더 그렇다. 또한 동료에게는 서슴없이 털어놓아도 상사에게는 솔직하게 표현하길 꺼려하는 사람도 많다. 가령, 당신이 철저하게 분석한 내용을 이사회의 의장에게 발표했다가 퇴짜를 맞았다. 속에서는 피가 부글부글 끓어도 겉으로는 웃어 보이며 추가 데이터로 무엇이 필요한지 친절하게 물을 가능성이 높다. 왜냐하면 '프로'는 분노를 삭일 수 있어야 한다는 통념 때문이다.[8]

직장생활의 내면상태에 '직장'이란 단어가 들어간 이유는 이것이 직장에서 일을 하면서 형성되기 때문이다. 일정 수준에서는 직장생활의 내면상태가 존재하는 지의 여부를 신경 쓰지 않더라도 누구나 어느 정도는 알고 있다. 사생활에서 겪는 사건이 일에 대한 개인의 인식과 감정, 동기부여에 미약하더라도 파문을 만들었다면 직장생활의 내면상태에 영향을 미쳤다고 할 수도 있다. 예를 들어, 배우자와 아침에 말다툼을 한 것이 그날 업무 의욕과 몰입도를 떨어뜨릴 수 있다. 반대로 직장에서 일이 꼬이면 퇴근 후 친구들과의 모임까지 망쳐버릴 수 있다. 직장생활의 내면상태가 직장 밖에서 느끼는 기분에까지 영향을 미칠 수 있기 때문이다. 하지만 그런 여파와 상관없이 기본적으로 직장생활의 내면상태란 근무 중에 일어난 사건으로 인해 발생한 개인의 변화를 가리킨다.

    직장생활의 내면상태가 **생활**인 이유는 우리가 일할 때마다 늘 겪어야만 하는 피할 수 없는 경험이기 때문이다. 직장에서 일어나는 모든 일에 우리는 끊임없이 반응한다. 지금 하는 일이 중요한지, 어느 정도 노력해야 하는지에 대해 결정을 내리고, 상사를 비롯해 함께 일하는 동료에 대한 평가도 한다. 사람들은 늘 상대가 능력이 있는 사람인지, 그들이 낸 의견이 존중할 만한지 판단한다. 그리고 직장생활의 내면상태가 생활과 밀접하게 관련된 또 다른 이유가 있다. 대부분 사람들은 직장에서 가장 많은 시간을 보내며 일에 열정을 쏟아붓기 때문에 각자가 일을 통해서 느끼는 성취감은 직장생활의 내면상태와 밀접하게 연관되어 있다. 자신이 하는 일이 중요하고 스스로 성공했다는 생각이 든다면 삶의 핵심적인 부분에 대해 만족감을 느끼게 된다. 반면 자신이 하는 일이 중요하지 않으며 실패했다고 여기면 삶도 그만큼 보잘 것 없게 된다.

무너지는 직장생활의 내면상태

    잭 히긴스를 비롯해 경영팀과의 분기 제품 리뷰 회의를 준비할 때 루카스와 리사, 마이클, 브루스를 비롯한 도메인 팀원들이 경험한 직장생활의 내면상태가 어땠는지 생각해 보자. 그들은 자신들이 담당하는 제품라인을 직접 관리하고 있었으며 신제품, 특히 스프레이 제트 대걸레 개발에 진전을 이루고 있었기 때문에 자부심을 느꼈다. 해결해야 할 문제들도 있지만 사업을 지속하는 데 효과적인 계획이 마련되었다고 생각했다. 회의 전까지만 해도 팀원 대부분이 경험하는 직장생활의 내면상태는 만족스러웠다. 그리고 경영진이 현재 제품라인에 대한 프레젠테이션을 듣고 신제품 프로토타입과 프로젝트 추진 진척도를 검토한 회의 초반부까지만 해도 괜찮았다.

하지만 잠시 후, 루카스의 내면상태는 큰 충격을 받았으며 다른 팀원들도 역시 마찬가지였다. 잭 히긴스는 도메인 팀이 방향을 바꿔야 한다고 말했고 R&D 팀장인 딘 피셔는 새로운 우선순위가 적힌 리스트를 내놓았다. 경영진은 도메인 팀에게 자율성을 줄 생각이 없음이 명백하게 드러났다. 경영 팀은 도메인 팀이 기존의 창문닦이 제품을 수정하는 데 집중하길 요구했다. 루카스와 다른 팀원들은 겉으로는 드러내지 않았지만 머릿속으로는 재빠르게 상황을 분석하고 있었다. 내가 제대로 들은 건가? 스프레이 제트 대걸레 개발을 당장 중단한다고? 다른 신제품 개발도 중단되는 건가? 정말로 완전히 다른 프로젝트를 새로 시작해야 하는 건가? 지금도 잘 팔리고 있는 창문닦이를 다시 개발해야 하나?

이런 식의 상황 판단은 직장생활의 내면상태에서 지속적으로 일어난다. 어떤 사건이 발생하면 사람들은 상황을 이해하기 위해서 애쓰고 그 사건을 바탕으로 자신의 일과 동료, 조직에 대해 생각을 재정립한다. 그리고 이러한 불유쾌한 상황이 종료된 후에도 구성원과 그들의 직장생활에 오랫동안 계속해서 영향을 미친다.

도메인 팀원 중 몇몇은 경영진을 '아는 것이 별로 없는 독재자'로 인식하고 있었는데 리뷰 회의 이후 이러한 부정적인 견해는 더욱 깊어졌다. 신입 직원들은 자신들을 악독한 왕밑에서 꼼짝도 못하는 힘없는 신하에 불과하다고 여겼다. 그들은 팀이 혁신이 아니라 점진적인 개선을 해야만 한다고 생각하기 시작했다. **직장생활의 내면상태는 이처럼 경영진과 조직, 팀, 업무, 심지어는 자기 자신에 대한 긍정적이거나 부정적인(그리고 때로는 꽤 미묘한) 인식과 관련된다.**

계속 진행된 리뷰 회의의 후반부에서 도메인 팀원들은 감정적(계속 표정 관리를 하면서)으로 반응하기 시작했다. 감정적인 반응은 즉각적으로 나타나며 부정적인 인식을 심화시킨다(부정적인 인식으로 인해 감정이 심화되는 면도 있다). 자신들이 열심히 일한 결과가 신제품 개발에 대해서 그들보다 아는 것이 훨씬 적어 보이는 사람들로부터 퇴짜를 맞자 좌절감을 느꼈다. 그리고 자율성을 억압받은 것에 낙담했다. 그들은 혁신적이기로 유명한 기업이 신제품 개발을 주저하는 모습을 보면서 안타까워했다. 이렇게 직장생활의 내면상태는 근무 중에 일어난 사건으로 인해서 유발된 긍정적이거나 부정적인 감정과 연동되어 요동친다.

이런 감정과 인식은 도메인 팀원들의 의욕에 영향을 미쳤다. 그들은 디자인과 비용과 관련된 여러 가지 문제를 자발적으로 해결하면서 스프레이 제트 대걸레 개발에 확실한 진전을 만들고 있었기 때문에 팀원 모두 프로젝트 완수 의지가 높은 상태에서 리뷰 회의에 참가했었다. 동시에 진행하고 있었던 다른 프로젝트도 실현 가능성이 있을 뿐 아니라 매력적이라고 생각하고 있었다. 하지만 회의 중 경영진으로 인해 생긴 매우 부정적인 인식과 감정 때문에 도메인 팀은 사기가 꺾여 버렸다. 팀이 진행해 오던 일이 갑자기 중단되자 리사는 "[…] 스프레이 제트 대걸레 프로젝트가 살해당했다. 몇 주 동안 공들였는데 프로젝트가 이렇게 허무하게 죽었다 […]"라고 말하며 죽음이라는 단어를 일기에 썼다." **직장생활의 내면상태는 무언가를 시도 하거나 하지 않도록 이끄는 의욕과 관련이 있다.**[9]

회의가 끝난 후 도메인 팀은 지시에 따라 스프레이 제트 대걸레와 다른 프로젝트와 관련된 개발활동을 모두 중단하고 새로 정해진 우선순위로 눈을 돌렸다. 그리고 몇 주 동안 애를 썼음에도 창문닦이 리뉴얼 프로젝트의 결과는 형편없었다. 디자인부터 마케팅, 가격 책정, 포장까지 번뜩이는 혁신은 커녕 성과가 초라하기 그지없었고 고객, 경영진은 물론 팀원들조차 실망했다.

도메인 팀 구성원이 경험한 직장생활의 내면상태가 타격을 받은 후에 도메인 팀의 업무 성과가 낮아진 것은 단순히 우연이 아니다. 개인 성과는 직장생활의 내면상태와 밀접하게 연관되어 있다. 자기 자신과 자신이 하는 일의 가치를 조직으로부터 인정받지 못하게 되면, 일에서 자부심이나 행복감을 느끼지 못하고 프로젝트를 추진할 의욕도 대부분 사라진다. 프로젝트 과정에서 발생하는 문제를 적극적으로 해결하고 기회를 십분 활용하려는 의욕이 충만하지 않는다면 사람들은 최선을 다하지 않게 된다.

―――――――

회사의 잔재가 경매로 팔려 나가는 모습을 보면서 루카스와 브루스, 리사 등 카펜티어들은 지난 몇 년 동안 업무에서 조금일지라도 전진하는 것이 얼마나 힘겨웠는지를 회상했다. 그들은 당시 매일같이 경험했던 고통도 카펜터의 몰락도 굳이 경험할 필요가 없는 일이라고 생각했다. 하지만 경영진은 부정적인 직장생활의 내면상태가 업무 성과에 어떤 영향을 주는지에 대해 전혀 알지 못했다.

성과에 지대한 영향을 미치는 직장생활의 내면상태는 대부분 눈에 보이지 않기 때문에 이러한 개념을 알고 있는 경영자라 할지라도 딜레마에 빠진다. 측정도 하지 못하는 개념을 갖고 뭘 할 수 있단 말인가? 이 책에 실린 연구 결과와 의미는 인간 심리학을 기초로 하고 있다. 하지만 직장생활의 내면상태를 향상시키기 위해 심리학 학위를 받거나 구성원의 사생활을 침해할 필요는 전혀 없다. 그렇다고 해서 인사부서에 전권을 맡겨서도 안 된다. 직책이나 직급에 상관없이 누구나 직장생활의 내면상태를 풍요롭게 만들 수 있다. 직장생활의 내면상태를 개선시키는 방법은 성공을 위한 조건을 조성하는 것보다는 간단하지만 그러나 까다롭다.

이 책은 카펜터의 경영진이 미처 몰랐던 지식을 알려주는 길잡이 역할을 할 것이며 카펜터와 같은 운명에 처하지 않도록 도와주고, 무엇보다 성공적인 조직을 만들 수 있게 이끌어줄 것이다. 이 책은 가치 있는 일을 할 기회가 매일같이 주어지는 일하고 싶은 직장을 만들 수 있게 할 것이다.

우선 직장생활의 내면상태를 간단히 살펴보자.

Notes

01 이 책에 나오는 회사명, 팀명, 사람들의 이름은 모두 익명처리 되었다. 부록에서 어떻게 익명화시켰는지에 대해서 소개하고 있다.
02 연구 참가자들이 제출한 일기로부터 각 따옴표 안의 글들을 인용했다. [ ] 표시는 독자들의 이해를 돕기 위해 관련된 배경 정보를 우리가 추가한 것이다. 개인을 보호하기 위해서 날짜, 개인 정보 등은 모두 변경했다. 그러나 일기에 포함되지 않은 느낌표와 같은 감정적인 구두점들은 임의로 추가하지 않았다. 일기 중에서 우리의 연구와 직접적으로 관련이 없는 부분은 […]로 표시했다.
03 Jeffrey Pfeffer는 고성과 조직에서 강조되는 '인재 중심 경영'의 중요성에 관해서 많은 저서를 썼다. 포괄적으로 보았을 때, 그가 발견한 내용들은 우리의 연구결과와 일관성을 갖는다. 제프리 페퍼, 《휴먼 이퀘이션》, 옮긴이 윤석준외, 외지샘출판, 2001.
J. Pfeffer, "Building Sustainable Organizations: The Human Factor", 《Academy of Management Perspectives》 24, 2010, 34~45.
데이비드 시로타, 루이스 미쉬킨드, 마이클 멜처, 《열광의 조건》, 이진원 옮김, 북스넛, 2007.
04 Robert Sutton은 일상의 관리 활동은 구성원의 웰빙과 동기부여에 심대한 영향을 미친다고 그의 저서들에서 언급하고 있으며, 우리 역시 그의 결론을 이 연구에 반영했다.
로버트 I. 서튼, 《굿보스 배드보스: 가슴으로 따르게 하라》, 옮긴이 배현, 모멘텀, 2011.
05 P. T. Kilborn, "Strikes at American Airlines Say the Objective Is Respect", 《New York Times》, November 21, 2010.
06 데이비드 시로타, 루이스 미쉬킨드, 마이클 멜처, 《열광의 조건》에서 인용됨.
07 The Aon Hewitt Company에서 수행된 서베이로 G. A. Kohlriser가 언급함, "Engaging Employees Crucial for Their Morale", 《The Nation(Thailand)》, November 29, 2010.
08 J. E. Bono, H. J. Foldes, G. Vinson, and J. P. Muros, "Workplace Emotions: The Role of Supervision and Leadership", 《Journal of Applied Psychology》 92 (2007): 1357~1367.
J. J. Kish-Gephart, J. R. Detert, L. K. Trevino, and A. E. Edmondson, "Silenced by Fear: The Nature, Sources, and Consequences of Fear at Work", 《Research in Organizational Behavior》 29 (2009): 163~193.
09 공식적인 심리학 정의에 따르면 Motivation과 Drive 단어에는 차이가 존재하지만, 본 서에서는 2개의 단어를 동의어로서 사용한다. Daniel H. Pink 역시 그의 저서인 《드라이브》에서 우리처럼 2개의 단어를 동의어로 사용하고 있다. 또한 우리는 Feeling과 Emotion을 동의어로 그리고 Thoughts, Cognitions 그리고 Perception을 동의어로 사용한다.

2

직장생활의 내면상태에 존재하는 역학관계

The Dynamics of Inner Work Life
직장생활의 내면상태에 존재하는 역학관계

구성원들이 경험하는 직장생활의 내면상태는 눈으로 관찰하긴 어렵지만 우리는 연구를 통해 이를 '있는 그대로' 담아낼 수 있었다. 1장에서 소개한 카펜터사의 도메인팀 프로덕트 엔지니어인 닐이 프로덕트 개발 관리자와 함께 수행했던 연례 성과 평가에 대해 쓴 일기는 간단하지만 그것을 잘 보여주는 분명한 예이다. 통상적으로 닐은 침착하고 차분한 편이지만 늦은 봄의 '평가 시즌'에는 다른 동료와 마찬가지로 조금 불안해했다. 다행히도 그날 닐의 평가를 위한 면담은 순조롭게 끝났다.

'보스' 폴이 오늘 성과 평가 결과를 알려주면서 격려와 칭찬을 많이 해줬다. 폴은 카펜터의 경영진 중에서 새 바람과 같은 인물이다. 폴 덕분에 기분이 정말 좋아졌고 동기부여됐다. 폴과 우리 팀의 성공을 돕고 싶다는 의욕이 마구 샘솟는다. [닐, 6/15]

닐의 일기는 1만 2,000건의 일기 중에서 감정과 인식, 그리고 동기부여라는 직장생활의 내면상태를 구성하고 있는 세 가지 요인을 명확하게 언급한 일기 중 하나다. 닐은 **기분**이 좋아졌으며 폴을 긍정적으로 **인지**했고 폴과 팀의 성공을 돕고 싶다는 **의욕**을 느꼈다. 그러나 폴은 면담을 하는 동안 닐이 현재 경험하고 있는 내면상태가 어떤 상태인지 어렴풋이 짐작 정도만 할 수 있었을 것이다. 닐의 미소를 보면서 혹은 감사 인사를 받았을 때 닐의 기분이 좋다고 생각했을 수는 있다. 하지만 닐이 자신을 다른 관리자에 비해 높게 평가하거나 자신의 말이 닐을 동기부여시켜 줬다는 사실은 알지 못했을 것이다. 카펜터 경영진의 행동들은 구성원들이 경험하는 직장생활의 내면상태에 대체로 부정적인 영향을 미쳤기 때문에 폴의 경우는 예외에 속했다. 그는 적어도 닐이 경험하는 직장생활의 내면상태를 긍정적으로 만들어 주었다. 우리가 연구한 기업 중에서 카펜터는 거의 모든 면에서 최악이었지만 카펜터의 연구 참여자 대부분은 닐처럼 연구기간 동안 긍정적인 내면상태를 경험한 적이 있었다. 우리가 제시한 카펜터의 다른 이야기에 비추어보면 닐의 일기를 통해서 직장생활의 내면상태가 매우 복잡하며 이에 영향을 미치는 여러 요인이 있다는 사실을 알 수 있다.

닐의 일기는 **직장생활의 내면상태가 성격과 동일하지 않다**는 중요한 사실도 보여주고 있다. 1장에서 설명된 도메인 팀의 원가절감 회의에서 닐은 브레인스토밍을 반대하고 팀의 성과를 과대포장하려는 크리스토퍼의 비겁한 리더십을 보며 일할 의욕을 잃어버렸다. 이때의 닐과, 폴과의 면담에서 의욕이 충만해진 닐은 같은 사람이다. 닐은 '늘' 동기부여된 상태의 사람이 아니며 반대로 '늘' 동기부여되어 있지 못한 사람도 아니다. 기분이 '늘' 좋은 사람도 또는 '늘' 나쁜 사람도 아니다.

인생을 유쾌하게 사는 사람과 그렇지 않은 사람이 있는 것처럼 일도 마찬가지여서 인생을 바꿀 만한 획기적인 사건이 있지 않고서는 성향을 변화시킬 수 없다는 것이 지금까지의 통념이었다. 실제로 유쾌하거나 불유쾌한 개인의 성향은 시간이 지나도 비교적 그대로 유지되며 일에 대한 의욕도 특정 부분은 변하지 않는다는 연구 결과도 있다.[1] 하지만 우리의 연구를 통해서 직장생활의 내면상태는 개인의 성격이 아니라 개인이 겪는 사건으로 인해 크게 변한다는 사실이 밝혀졌다. 불미스러운 사건이 생기면 아무리 낙관적인 사람이라도 기분이 나빠진다. 우리 연구에 참여한 사람 거의 모두가 직장생활의 내면상태가 매우 좋은 날과 매우 나쁜 날을 모두 겪고 있었고 이러한 직장생활의 내면상태에는 변화가 빠르고 그리고 수시로 일어나는 것으로 조사됐다.

　역으로, 같은 사건에 대해 사람마다 반응이 다를 수 있지만 이런 반응의 차이가 성격 때문인 경우는 일부에 불과했다. 우리는 특정 사건에 대해서 개인이 경험하는 내면상태의 반응을 결정하는 주된 요인은 성격이 아니라는 사실을 발견했다.[2] 오히려 자신의 직책과 업무, 계획, 이력, 기대에 비추어 사건을 어떻게 이해하고 해석했는지가 더 큰 영향을 미친다. 닐과 다른 팀원들은 크리스토퍼가 주관하는 원가절감 회의에 참석했을 때 기대와 계획, 직책이 서로 비슷했기 때문에 직장생활의 내면상태에서도 비슷한 부정적인 영향을 받았다.

직장생활의 내면상태를 구성하는 3대 요소

직장생활의 내면상태에 대해 완벽하게 이해하기 위해서 〈그림 2-1〉에 있는 세 가지 구성요소를 자세히 살펴보도록 하자. 참고로 우리가 말하는 직장생활의 내면상태에는 사람이 하루 중 겪을 수 있는 모든 심리적 요소가 들어가 있지는 않다. 우리는 기존 심리 연구를 통해 성과에 영향을 미치는 요인인 인식('생각' 또는 '인지'라고도 함)과 감정('기분'이라고도 함), 동기부여('추진력'이라고도 함), 이 세 가지 요소

〈그림 2-1〉 직장생활의 내면상태를 구성하는 요소

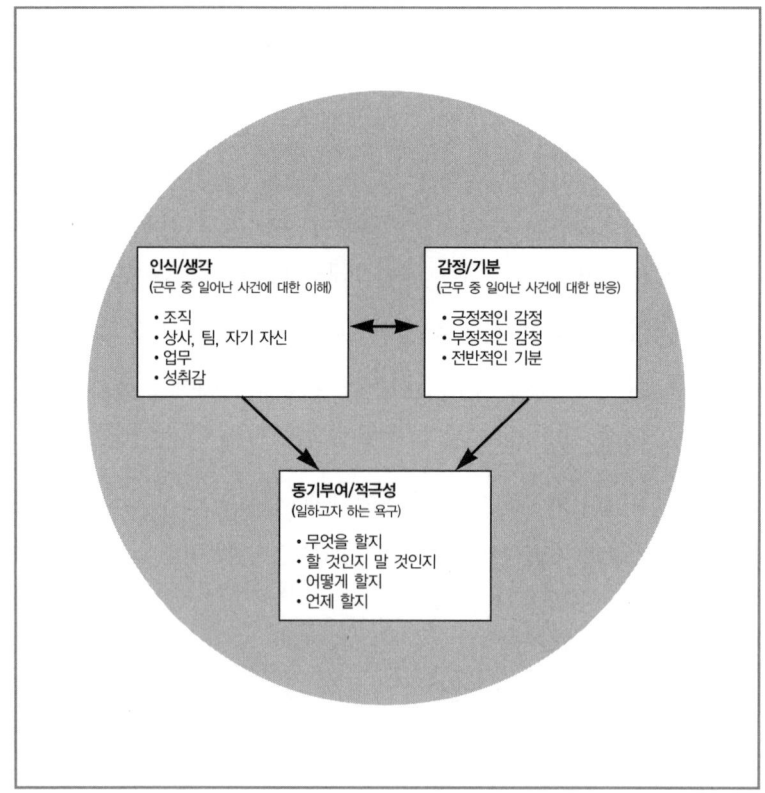

만을 중점적으로 다루었다.³ 우리가 수행했던 연구에 따르면 참가자들이 하루 동안 처리했던 기본적인 업무와 '그날의 사건'을 제외하면 이 세 가지가 일기에서 대부분을 차지했다. 물론 직장생활의 내면상태에 다른 여러 가지 정신적인 활동이 포함되기는 하지만 이 책에서 모든 것을 다루지는 않겠다. 예를 들어, 공상하기는 창의성에 분명히 도움이 되지만 1만 2,000건의 일기에 공상에 대한 이야기는 거의 없었기 때문에 논의하지 않는다.

먼저 참가자들의 일기에 가장 많이 등장했던 감정에 대해서 알아보자.

1) 감정

감정은 분명하게 드러나는 특정 반응을 가리키기도 하고 좋고 나쁨과 같은 일반적인 기분 상태를 가리키기도 한다.⁴ 감정은 어려운 문제를 마침내 풀었을 때 느끼는 기쁨이나 자신이 찾은 해결책이 효과가 없을 때 겪는 좌절감, 이사회에서 새로 수립한 전략이 퇴짜 맞았을 때 드는 실망감과 같은 것이다. 또는 임원 회의에서 동료 임원들로부터 창의성을 인정받았을 때 느끼는 뿌듯함, 부하 구성원이 중요한 정보를 찾는 일을 도와주었을 때 드는 고마운 마음, 다른 팀의 실수로 인해 자신의 팀이 일정에 차질을 겪을 때 느끼는 분노이기도 하다. 그리고 감정은 일이 잘 풀리는 날 기분이 전반적으로 좋은 상태나, 일진이 사나운 날 기분이 저조한 상태를 가리키기도 한다.

감정은 2개의 주요 차원인 상황의 유쾌한 정도와 감정의 강도에 따라 다양하게 나타난다.⁵ 사내 인트라넷이 잠깐 다운되어 조금 짜증이 날 수도 있으며, 임원회의에서 당신이 제시한 새로운 아이디어에 대해서 다른 임원이 한 경솔한 반응으로 인해 화가 치밀어 오를 수도 있다. 두 가지 모두 불쾌한 감정이지만 두 번째 경우가 불쾌한 정도와 감정의 세기가 훨씬 크다.

도메인 팀의 재무 담당인 루카스는 감정 표현을 자주 했기 때문에 숫자를 다루는 직업을 가진 사람은 감정적이지 않다는 고정관념이 틀렸다는 사실을 입증했다. 도메인 팀이 기대 이상으로 높은 월 판매 실적을 달성했을 때 루카스는 이렇게 감정을 표현했다.

> 4월 매출총이익 데이터를 받았다. 우리 팀 매출이 목표치보다 3퍼센트, 작년보다 11퍼센트 높았다. 실적이 목표치와 전년 수치보다 좋아졌다니 **'놀랍고도 기뻤다.'** 판매를 증가시키고 신규 고객을 유치하기 위해서 애썼던 지난 몇 달간의 노력이 드디어 결실을 맺었다. [루카스, 5/18]

당시 루카스는 2명의 팀원 덕분에 기쁨을 느꼈지만 두 달 후에, 촉박한 일정을 맞추어 보고서 작성을 위해 애를 쓸 때는 바로 그 두 명 때문에 큰 실망감을 느꼈다.

> 아침에 팀원들과 모여 분기 [보고서] 자료를 검토하기로 했었다. 나는 재무 관련 자료를 취합해 놓았는데 마이클과 크리스는 보고서에 실을 자료를 전혀 준비하지 않았다. 재무 자료를 만드느라 지난 이틀 동안 야근까지 하며 공들여 일했는데 일이 이렇게 돼서 크게 **'실망했다.'** [루카스, 7/20]

루카스가 특이한 것은 아니다. 우리가 요구하지 않았지만 연구에 참여한 238명 중 거의 모두가 자신이 작성한 일기에 감정을 표현했다. 우리가 전송한 일기 양식에는 "오늘 있었던 일 중 가장 기억에 남는 사건을 간단하게 설명하라"고만 되어 있었고 해당 사건에 대해서 본인이 어떻게 반응했는지 서술하라는 지시를 하지 않았음에도 불구하고 전체 일기 중에서 80퍼센트 이상에는 단어나 문장부호('!!!' 와 '???' 가 많았고 "*!$@*#!' 도 간혹 있었다)로 감정이 표현되어 있었다. 이는 직장생활의 내면상태에서 감정을 배제할 수 없다는 것을 잘 보여준다. 많은 관리자와 구성원이 '감상' 따위는 직장과 어울리지 않는 것이라고 치부하며 감정을 무시하고 싶어 하지만 그러한 의도적인 무시는 오히려 위험한 도박이다.

최근 여러 경영 관련 서적들이 오랫동안 등한시되어 왔던, 직장에서 감정이 하는 역할을 조망하기 시작했다. 지식이 풍부한 관리자라면 자기 자신과 타인의 감정을 이해하고 이것을 관리적 사고와 행동에 활용하는 정서적 지능의 필요성을 언급한 책들을 읽어보았을 것이다.[6] 감정이 창의성과 의사결정, 협상 등 다양한 근무 행동에 긍정적이거나 부정적인 영향을 미칠 수 있다는 연구 결과도 나왔다. 긍정적인 감정은 문제 해결이나 협상 시에 융통성을 높여줄 수 있다.[7] 결국 감정이 결정적인 역할을 한다는 것은 매우 분명하다.

물론 감정이 경영 분야에서 관심의 대상이 됐다고는 하지만 직장생활의 내면상태 현상을 모두 감정으로 분류해 버리지 않도록 주의해야 한다. 그러나 직장생활의 내면상태가 표면으로 드러났을 때 가장 먼저 보이는 것이 감정이란 사실은 염두에 둬야 한다. 2008년 9월, 리먼 브라더스Lehman Brothers가 파산 신청을 했을 때 회사 건물을 떠나던 구성원들의 얼굴에 역력하게 드러났던 상실감을 기억할 것이다. 2010년, 3D 영화 《아바타Avatar》가 박스오피스 기록을 전부 갈아치웠을 때 20세기폭스사의 전 구성원이 열광했으리라는 것은 안 봐도 뻔하다.

하지만 직장생활의 내면상태를 감정과 동일시할 수는 없다. 감정은 직장생활의 내면상태라는 퍼즐의 한 조각에 불과하기 때문이다. 조직의 성과를 높이기 위해서 정서 지능에만 의존하는 관리자는 직장생활의 내면상태 중에서 일부만을 활용하고 있는 것이다. 우리가 제시하는 직장생활의 내면상태 이론은 정서 지능 이론을 근간으로 하고 감정에 인식과 동기부여라는 두 가지 요소를 더했다. 이 두 요소도 감정만큼 필수적이기 때문이다.

2) 인식

인식은 어떤 일에 대한 즉각적인 인상으로부터 생겨날 수도 있고, 어떤 사건과 그 의미에 대해 생각이 완전히 정립됐을 때 나타날 수도 있다. 근무 중에 일어난 사건에 대한 간단한 의견이나 조직과 구성원, 일 자체에 대한 판단도 인식에 속한다. 직장에서 주의를 끄는 일이 생기면 사건의 의미를 해석하기 위해 **상황 판단**을 시작한다. 특히 애매모호하거나 예상 밖의 사건인 경우에는 머릿속에서 여러 가지 질문을 해보고 그에 대한 답을 떠올릴 텐데, 이것 역시 인식을 형성한다.[8] 이런 과정은 흥미롭게도 대부분 은연중에 일어난다. 경영진이 사전에 언급하거나 이유를 설명하지도 않은 상태에서 팀의 프로젝트를 일방적으로 취소시키면 무의식적으로 자문하게 된다. 경영진이 지금 무슨 짓을 하고 있는지 알고 저러는 걸까? 우리 팀이 무능력한 걸까? 내가 무능력한가? 내 업무는 가치가 없는 걸까?

도메인 팀의 시니어 프로덕트 엔지니어인 브루스는 6월 30일 제품 리뷰 회의가 끝났을 때 비슷한 상황에 놓였다. 그는 스프레이 제트 대걸레 프로젝트 중단이 프로젝트 취소나 마찬가지라고 생각했다. 그래서 일기에 "우리 회사가 제품 혁신에서 팔로워가 아닌 리더의 위치로 다시 돌아갔으면 좋겠다"며 씁쓸하게 비꼬았다. 브루스는 프로젝트가 폐기됨으로 인해서 그가 이제까지 고군분투했던 노력은 헛수고가 됐으며 회사는 무너진 거물이라고 판단하게 되었다. 브루스가 프로젝트가 취소됐다고 그토록 확신한 이유는 무엇때문일까? 카펜터가 업계 혁신을 이끌 수 없을 것이라고 생각한 이유는 무엇때문일까?

영화와 연극에서는 배우가 맡은 배역을 어떻게 연기해야 할지 이해할 수 있도록 등장인물마다 배경 혹은 **뒷이야기**를 설정한다. 가령, 《바람과 함께 사라지다》의 스칼렛 오하라는 남북전쟁이 일어나기 전에 미국 남부의 보수적인 환경에서 응석받이로 자랐고 《스타워즈》의 루크 스카이워커는 삼촌의 농장에서 순진무구한 어린 시절을 보냈다. 뒷이야기는 특정 기간 동안 특정 환경에서 그 인물이 겪은 경험으로 구성된다. 우리가 뒷이야기라는 용어를 언급한 이유는 직장생활의 내면상태에서 인식 부분이 어떻게 작동되는지 설명하는 데 도움이 되기 때문이다. 사람들이 일하다 보면 뒷이야기가 생기고 이를 바탕으로 인식을 형성한다.

스프레이 제트 대걸레 프로젝트가 팀의 우선순위 목록에서 빠진다는 소식을 들었을 때 브루스의 인식에는 오래된 뒷이야기가 작용했다. 카펜터에서 20년 가까이 일한 그는 새 경영진이 부임한 후 무언가가 심하게 변했다는 사실을 느끼고 있었다. 브루스는 경영진의 의사 결정 패턴을 쭉 지켜보아 왔다. 그는 잭 히긴스와 상사인 COO(Chief Operating Officer)인 배리 토머스는 과감하고 색다른 제품을 개발하기를 두려워하는 것 같다는 생각을 하고 있었다. 브루스는 회사를 해외에서도 정상의 자리를 차지하게 할 정도의 수준으로 성장시킨 이전 경영진의 끈질긴 혁신 정신과 새 경영진의 스타일을 비교하곤 했다. 그래서 제품 리뷰 회의에서 자신이 아끼는 프로젝트에 일어난 일을 뒷이야기를 바탕으로 해석함으로써 비관적이고 단정적인 결론을 내린 셋이나.

우리 모두는 직장에서 생겨난 뒷이야기를 바탕으로 하루 일을 해석한다.

3) 동기부여

동기부여란 바로 이 순간 자신이 해야만 하는 것에 집중하면서 그 일을 수행하는 추진력을 가리킨다. 좀 더 정확하게 말한다면, 동기부여는 일을 하겠다는 개인의 선택과 그 일을 하기 위해 노력하겠다는 의지, 그리고 노력을 지속하겠다는 추진력이 결합된 개념이다.[9] 의욕을 유발하는 요인에는 여러 가지가 있을 수 있겠지만 직장생활과 관련이 깊은 요인은 대표적으로 세 가지가 있다.[10] 첫째로, 무언가를 얻기 위해 어떤 일을 하도록 이끄는 상태를 가리키는 **외재적 동기부여** extrinsic motivation로 사람들이 일하게 만드는 원동력 중에 하나이다. 급여와 복리후생이나 특전을 좇아 승진하기 위해서, 독단적으로 결정된 마감시한을 맞추기 위해 일주일 내내 열네 시간씩 일하고, 업계 최고상을 받기 위해 물불을 가리지 않거나, 성과 평가에 도움이 될 만한 회사의 주요 성명서를 작성하는 경우도 외재적 동기부여 때문이다. 루카스가 재무 자료를 만들기 위해 이틀 동안 일에 매달린 이유는 촉박한 일정 때문일 것이다.

내재적 동기부여intrinsic motivation는 일이 흥미롭거나 즐겁거나 만족스러워서, 또는 일이 매력적이거나 자신의 승부근성을 자극하는 등의 일 자체가 좋아서 생긴다. 내재적 동기부여가 작동되는 사람은 일에 푹 빠져 있기 때문에 아무런 대가가 없어도 놀라울 정도로 많은 노력을 기울인다. 프로그래머 수천 명이 가시적인 보상이 없음에도 불구하고 온라인에서 협업해 컴퓨팅 플랫폼을 새로 만들고 개선하는 오픈 소스 프로그램 혁신open-source programming innovation이 좋은 예다.[11]

우리가 카펜터를 연구하던 당시 도메인 팀은 숨 막히게 경직된 조직 분위기로 인해 내재적 동기부여가 고갈되어 있었다. 하지만 그 와중에도 일부 팀원에게는 내재적 동기부여가 남아 있었다. 앨빈은 고등학교를 졸업하자마자 카펜터에 입사한 47세의 시니어 프로덕트 엔지니어였다. 근면하고 심지가 굳은 그는 회사에서 제품 개발을 직접 배우며 대학 학위까지 땄다. 앨빈은 자신의 멘토를 우상처럼 여겼고 그가 개발을 도왔던 제품의 이름을 지으면서 뿌듯함에 함박웃음을 짓곤 했다. 유별나게 일진이 사나웠던 5월의 어느 날, 도메인 팀의 프로덕트 관리자는 원가절감을 위해 제품 모델의 크기를 재조정하라는 세 번째 지시를 내렸다. 앨빈은 제품 크기를 더 줄이면 작동 자체가 되지 않을 것이기 때문에 재조정해 봤자 소용이 없다는 사실을 알고 있었다. 하지만 제품 개발이 연이어 장애물을 맞닥뜨린 이런 상황에서도 그는 내재적 동기를 잃지 않았다.

상상할 수 없을 정도로 장애물도, 반복 작업도 많다. 그래도 참으로 다행인 것은 나는 제품을 개발하는 일이 좋다. [앨빈, 5/26]

마지막으로 **관계적 또는 이타적 동기부여**relational or altruistic motivation는 타인과 공감하고 타인을 도우려는 욕구에서 생겨난다.[12] 뜻이 맞는 동료와 함께 일하면서 느끼는 동지애는 일에 활력을 줄 수 있으며, 자신이 하는 일이 사람이나 단체 또는 사회 전체에 진정으로 가치 있는 일이라는 믿음도 활력소가 될 수 있다. 이타적 동기는 일반적("내가 하는 일은 제1형 당뇨병 환자에게 도움이 된다")이거나 구체적("이 연구를 통해 당뇨에 걸린 우리 아이의 치료책을 개발할 것이다")일 수 있다. 이타적 동기가 생기는 이유는 질병을 치료하겠다는 것만큼 대단하지 못한 경우가 대부분이지만 사소한 이유라도 큰 효과를 발휘할 수 있다("내가 함께 일한다면 애쓰는 후배 디자이너에게 도움이 된다"). 사람들은 자신이 좋아하거나 존경하는 사람이나 집단을 위해 일을 잘하고 싶다는 욕구를 느낀다. 폴과의 성과 평가 면담에서 칭찬을 받고 난 후 "폴과 우리 팀의 성공을 돕고 싶은 의욕이 마구 샘솟는다"고 일기를 쓴 닐이 바로 그런 경우다.

한 사람이 같은 시점에 같은 일에 대해 여러 가지 의욕을 한꺼번에 느낄 수도 있다. 그리고 거의 대부분의 내재적 동기부여는 일련의 외재적 동기부여와 결합되어 있다. 예를 들어, 신규 서비스를 위한 마케팅 전략을 발표하기 위해서는 새로운 전략을 짠다는 도전에 내적으로 동기부여되어 있으면서 동시에 임원회의에서 전략을 발표하기 위해서는 다음 주까지의 마감시한을 달성해야 한다는 외재적 동기부여 요인이 함께 작동한다.

하지만 외재적 동기부여에는 많은 관리자가 간과하고 있는 문제점이 한 가지 있다. 외재적 동기부여가 강하게 두드러지면 내재적 동기부여가 약해지고, 이런 경우 창의성이 줄어들 수 있다는 것이다.[13] CEO가 마케팅 전략 작성 마감일에 대해서 하루에 두 번씩 당신에게 언급한다고 가정해 보자. 그럴 경우 시한을 맞추기 위해 일해야 한다는 압박감 때문에 훌륭한 전략을 만드는 데서 오는 희열을 느끼지 못할 수 있다. 따라서 뭔가 새로운 '특별한' 전략을 찾기보다는 일을 끝내는 데에만 급급할 수 있다.

대부분의 사람들은 사회생활을 처음으로 시작했을 무렵에는 일에 대해 강한 내재적 동기부여를 갖는다. 내재적 동기부여는 방해물이 생기기 전까지는 없어지지 않는다. 즉 의미가 있는 일을 구성원들이 하고 있다면 관리자는 그들에게 그 일을 하도록 동기를 부여시킬 방법을 찾느라 구태여 시간을 낭비할 필요가 없다는 뜻이다. 차라리 구성원들이 성취를 통해 내재적인 만족감을 얻을 수 있도록 장애물을 제거해 주는 편이 훨씬 도움이 된다.[14]

구성원들이 매우 창의적으로 일을 해내게 하기 위해서는 내재적 동기가 필수적이므로 우리는 내재적 동기에 초점을 맞추어 연구 참가자들이 제출한 일기를 분석했다.

직장생활의 내면상태에 존재하는 역학관계

직장생활의 내면상태는 항상 변한다. 직장생활의 내면상태는 근무 중 개인이 겪은 인식과 감정, 동기부여가 역동적으로 상호작용하면서 수시로 바뀐다. 이 세 가지 구성요소가 서로 영향을 미쳐 전체 주관적인 경험을 만들어내기 때문에 직장생활의 내면상태는 상호의존적인 요소가 계속해서 상호작용을 하는 시스템이라 할 수 있다.

1) 직장생활의 내면상태에 존재하는 역학관계

간단하게 이해하기 위해 자동차 에어컨 시스템을 생각해 보자. 자동차 에어컨 시스템은 기본적으로 자동 온도 조절 장치, 덥고 습한 공기를 시원하고 건조한 공기로 전환해주는 압축 장치, 압축 장치에서 생겨난 공기를 차내로 들여보내는 송풍기 그리고 차내 공기로 이루어진다. 중요한 사실은 어느 시스템이든 한두 가지 구성요소만 살펴봐서는 작동 원리를 이해할 수 없다는 것이다. 자동 온도조절 장치는 송풍기와 압축 장치로 인해 생겨난 온도 변화에 지속적으로 반응하고 압축 장치는 자동 온도 조절 장치로부터 신호를 받아야 하며, 송풍기는 압축 장치 없이는 시원하고 건조한 바람을 불어넣지 못한다. 자동차 내부의 온도를 적절하게 유지하려면 이 모든 요소가 조화롭게 작동해야 한다.

자동차 에어컨 시스템의 구성요소와 구성요소 간의 역학관계를 파악하고 나면 시스템 전체를 이해할 수 있다. 직장생활의 내면상태도 이와 마찬가지로 전체를 기준으로 구성요소를 모두 살펴보면 이해할 수 있는 시스템이다. 만일 CEO가 하루에 두 번이나 당신 사무실로 찾아와 다음 주 월요일 이사회에서 발표할 마케팅 전략 수립에 진척이 있냐고 물어본다면 그 순간 짜증을 느끼고 내재적 동기부여 수준이 떨어질 것이다. 또한 CEO가 간섭을 심하게 하는 것인지 마케팅 전략이 그만큼 중요해서 그러는 것인지도 구별하기가 어려워진다. 직장생활의 내면상태를 구성하는 세 가지 요소 간의 상호작용을 고려하지 않고서는 그 순간에 경험하는 내면상태가 어떤지 파악할 수 없다.

〈그림 2-2〉는 직장생활의 내면상태 시스템을 도식화하고 있다.

그림 2-2 직장생활의 내면상태 시스템

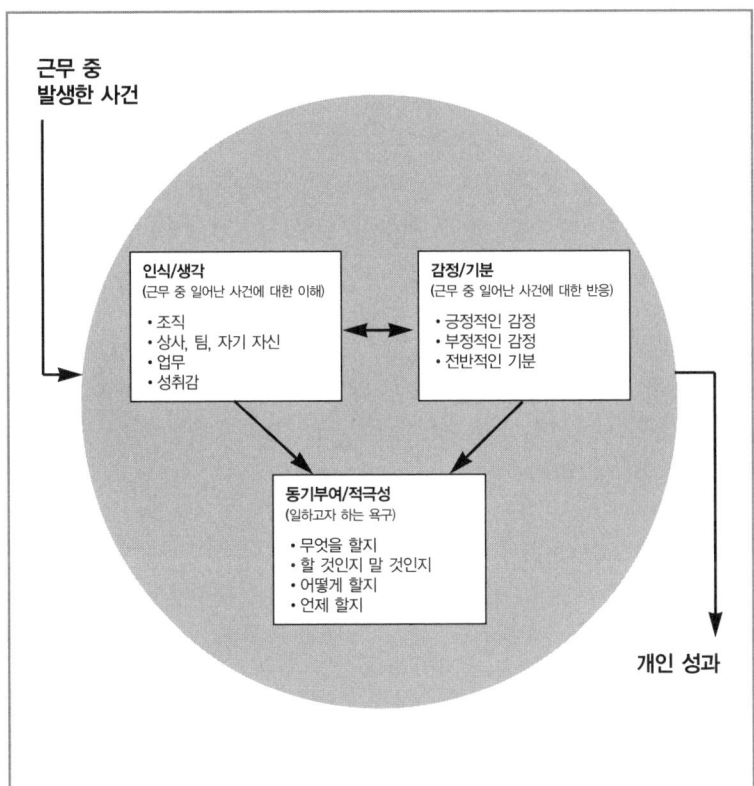

직장에서 어떤 일이 발생하면(근무 중 일어난 사건) 시스템이 바로 작동해 인식과 감정, 동기부여를 유발하는 과정이 시작된다.[15] 도메인 팀의 원가절감 회의에서 일어났던 일을 다시 한번 떠올려 보자. 경영진은 도메인 팀이 담당한 제품군의 원가를 한층 더 낮추기 위해 새로운 아이디어를 낼 것을 요구했다. 하지만 팀장인 크리스토퍼는 팀원들이 아이디어를 구상하기 위해 브레인스토밍을 하려는 것을 막고, 대신 그동안의 성과를 포장할 수 있는 방법을 찾기를 원했다. 크리스토퍼는 도메인 팀에는 문제가 없고 더 이상의 원가절감이 필요 없다는 사실을 경영진에게 보여주고 싶어했다.

도메인 팀원들은 이 사건을 겪고 상황을 파악하면서 많은 생각을 떠올렸다. 바로 얼마 전에 타부서의 몇몇 관리자들이 부하직원을 곤란하게 만들 수 있는 경영진으로부터 받은 명령으로부터 벗어나기 위해서 애쓴 사건을 알고 있었기 때문에 이런 뒷이야기와 비교해 본다면 크리스토퍼의 행동은 불쾌하기 짝이 없었다. 닐은 크리스토퍼가 '편법'을 쓰려 한다고 일기에 적었고, 크리스토퍼를 경영진의 압력에 대응할 용기가 없는 이기적인 겁쟁이로 인식했다. 크리스토퍼는 팀원의 이런 생각을 알고 싶지 않았을 테고 알게 되었을 확률도 거의 없다. 그는 아마 원가절감 회의에서 자신이 한 행동 때문에 자신에 대한 부정적인 시선이 늘었다는 사실조차 몰랐을 것이다.

사람들은 인식(또는 생각)을 형성하는 동시에 사건에 감정적으로 반응한다.[16] 사건이 특정한 시간에 한정되어 구체적인 형태로 일어나면 행복감이나 좌절감처럼 상반된 감정을 동시에 느낄 수 있다. 반면 일이 계속 잘 풀리거나 계속 꼬이는 등 여러 가지 사건이 지속되면 기분이 전반적으로 좋아지거나 나빠질 것이다. 원가절감 회의를 한 날, 닐이 쓴 일기에는 부정적인 어감의 느낌표가 가득했다. 그는 크리스토퍼가 구성원들을 대하는 태도 때문에 회의 시간 내내 분위기가 좋지 않았다며 "껄끄러운 긴장감이 팽팽했다!!"라고 기록했다.

특정 사건으로 인해 생겨난 인식은 감정에 영향을 주고, 감정은 다시 인식에 영향을 준다. 회의에서 긴장감을 심하게 느낄수록 크리스토퍼에 대한 닐의 인식도 나빠졌다. 그리고 크리스토퍼가 비겁하고 이기적이라는 생각이 커질수록 닐의 기분은 점점 더 나빠졌다. 즉 인식이 부정적이면 실망감도 커지고, 실망감이 커지면 인식도 나빠진다. 반대로 행복감을 느끼면 사건을 긍정적으로 해석하게 되고, 사건을 긍정적으로 보면 행복감이 커진다. 인지적 그리고 감정적 과정이 어떻게 이루어지느냐에 따라 근무 의욕이 하늘로 치솟을 수도 땅으로 곤두박질칠 수도 있다(또는 전혀 변화가 없을 수도 있다). 닐의 경우에는 동기부여의 변화가 가장 컸다. 크리스토퍼 밑에서 일하는 것에 대해 그는 이렇게 적었다. "크리스토퍼의 지시를 따르고 싶지 않았다. 오히려 정반대로 하고 싶었다!"

구성요소가 서로 밀접하게 연관되어 있기 때문에 직장생활의 내면상태 시스템은 성과에 영향을 미치며 파장이 가장 큰 요소는 동기부여다. 동기부여는 어떤 일을 언제 어떻게 할 것인지를 결정할 뿐만 아니라 일을 할 것인지 말 것인지도 결정한다. 어느 정도의 동기부여 없이는 업무 수행 자체가 되지 않는다. 도메인 팀은 경영진의 요구에 따라 원가를 줄여야 하는 외재적 동기부여가 있었지만 내재적 동기부여는 거의 없었다. 팀의 원가절감 결과를 포장하려 했던 크리스토퍼의 수법은 경영진에게 당연히 통하지 않았다. 그래서 팀원들은 원가절감 업무를 억지로 수행하긴 했지만 별로 효과를 거두지는 못했다. 경영진은 도메인 팀의 성과에 대해서 계속 불만족스러워했다.

2) 직장생활의 내면상태와 뇌과학

인식과 감정, 동기부여는 서로 밀접하게 연결되어 있기 때문에 어느 한 요소가 변화를 겪으면 나머지 요소도 더불어서 영향을 받을 가능성이 높다. 뇌 과학은 이 세 가지 요소가 상호작용해서 성과를 결정짓는 과정을 이해하는 데 도움을 준다. 직장생활의 내면상태 시스템은 뇌가 작동하는 것과 동일한 방식으로 작동한다. 뇌에서 감정을 관장하는 부분은 인식을 담당하는 부분과 복잡하게 연결되어 있다. 뇌의 이미지를 연구한 결과에 따르면 감정이 이입된 그림을 보았을 때는 감정 표현이 없는 그림을 보았을 때보다 시각피질이 더 활성화되었다.[17] 이는 대상에 대한 **생각**이 대상에 대해 느끼는 **감정**에 따라 달라진다는 것을 의미한다. 뇌가 사건에 집중하는 정도도 사건과 관련된 감정으로부터 영향을 받는다.

감정이 제대로 작동하지 않으면 이성적 사고나 의사결정 능력도 제대로 기능하지 못한다. 영화《스타트렉》의 스팍은 항상 감정 없이 온전히 이성적으로 생각해서 올바른 의사결정을 하지만 적어도 인간의 경우는 정반대이다. 뇌의 감정 영역이 손상된 환자를 연구한 결과에 따르면 그들의 인지 능력이 정상이었음에도 불구하고 의사결정 능력은 떨어진다고 한다. 이 환자들은 복잡한 계산을 하고 언어를 이해하며 읽고 쓸 줄은 알아도 약속장소에 가기위해 택시를 탈지 버스를 탈지와 같은 간단한 문제를 결정하는 데 애를 먹는다.[18] 선택안이 전부 똑같은 정도로 좋아 보이기 때문에 어떤 것이 나은지 결정하지 못하는 것이다. 그리고 두려움을 느끼지 못하는 경우에는 여러 대안

중 무엇이 가장 안전한지 판단하지 못한다고 한다. 이와 비슷하게 성취감을 느끼지 못하는 경우에는 일을 하려는 내재적 동기가 거의 없어지기 때문에 행동을 취하려는 의욕이 현저히 줄어든다.

감정은 가치를 결정하게 하고, 가치는 의사결정에 영향을 준다. 비행기를 타고 여행을 한다고 가정해보자. 비행 도중에 비상 상황이 닥쳤을 때 항공기의 가격과 승객들 목숨의 가격을 침착하게 비교하는 감정이 없는 조종사를 원할 사람은 없다. 조종사라면 생명을 보호하는 데 집중하고 항공기 가격 따위는 따지지 말아야 한다.[19]

이처럼 신경이 서로 연결되어 있기 때문에 개인의 성과(선택한 업무, 성실도, 창의성, 대인관계)는 인식과 감정, 동기부여의 복잡한 상호작용에 따라 달라진다. 그리고 직장생활의 내면상태는 뇌 구조와 밀접하게 연관되어 있기 때문에 인간이라면 누구나 겪을 수밖에 없다는 것이 현실이다.

직장생활의 내면상태와 인간의 존엄성

매일매일 컴퓨터로 전송되는 일기들을 읽으면서 우리는 직장생활의 내면상태가 상상이상으로 역동적이고, 매우 중요한 주제임을 알게 되었다. 앞서 언급했듯이 설문지에는 직장에서 하루 동안 있었던 일 중 가장 기억에 남는 사건 한 가지를 설명하도록 되어 있었지만 참여자 대부분은 사건으로 인해 자신의 감정과 생각, 동기부여가 어떤 영향을 받았는지를 기록했고 종종 이 세 가지 요소는 서로 연결되어 있었다. 사건만 설명하면 뉴스에 특종 기사가 없는 것과 비슷하다고 생각했는지 그들은 의무적으로 우리에게 자신들이 경험한 직장생활의 내면상태를 털어놓았다.

우리는 연구를 통해 직장생활의 내면상태가 개인의 성과에 영향을 미친다는 사실을 파악했다. 그리고 직장생활의 내면상태로 인해 사람 자체도 영향을 받는다는 사실도 알게 되었다. 주차장에서 벌어진 자산 처분 경매에 모습을 드러낸 카펜터의 과거 구성원들은 단순한 구경꾼이 아니었다. 그들의 찡그린 표정과 눈물, 그리고 욕설을 통해 우리는 경매에 나온 물건들이 그들의 일부였음을 알 수 있었다. 대부분의 카펜티어는 직장생활의 내면상태가 원만한 훌륭한 회사에서 일하고 있다는 데 수년 동안 자부심을 느꼈다. 하지만 회사가 기울면서 자부심은 산산조각이 났다. 경영진이 업무를 방해하고 자신들을 모자란 사람 취급하자 조직과 상사, 동료, 업무, 그리고 자기 자신에 대한 인식까지 나빠졌다. 그러다 보니 자신이 한때 좋아했던 일에 대해서 동기부여를 만들었던 내면의 불꽃이 사라졌다. 직장생활의 내면상태가 불만스러워지자 업무 성과 역시 낮아졌다. 마음속에서 카펜터의 구성원이라는 정체성이 사라져버린 것이다. 다시 말해, 인간의 존엄성이 타격을 받았다.

직장생활의 내면상태는 삶의 중요한 부분으로 일상의 질에 큰 영향을 미친다. 구성원은 조직의 성과에 기여하는 데서 느끼는 가치도 중요하지만 인간으로서 느끼는 가치도 중요하다. 사람들은 직장에서 보내는 시간이 상당히 길기 때문에 직장에서 긍정적인 생활을 하며 존엄성을 누릴 자격이 있다. 우리는 참가자들의 일기를 읽으면서 목표를 달성하지 못할 수도 있다는 리스크를 매일 감수하며 일에 시간과 노력을 투자하는 사람들에게 직장생활이 개인적으로 얼마나 큰 의미가 있는지 알 수 있었다. 경영진의 지지를 받는 의미 있는 일을 하면 삶의 질이 바로 높아질 수 있다. 반면 의미도 관심도 즐거움도 없는 일을 하면 삶이 허무해진다.

이 사실은 관리자에게 좋은 기회를 준다. 부하들이 경험하는 직장생활의 내면상태를 지원함으로써 관리자는 구성원들에게 영웅이 될 수 있고, 동시에 조직의 장기적인 성공을 이끌 관리자로서 자신의 일에 의미를 더하면서 내면상태의 수준까지 높일 수 있다. 이 세 가지 목표를 달성하기 위해 지금부터 직장생활의 내면상태가 구성원과 그들의 성과에 어떻게 영향을 미치는지 자세히 알아보자.

Notes

01 D. Watson and L. A. Clark, "Negative Affectivity: The Disposition to Experience Negative Emotional States", 《Psychological Bulletin》 96 (1984): 465~490.
T. M. Amabile, K. G. Hill, B. A. Hennessey, and E. M. Tighe, "The Work Preference Inventory: Assessing Intrinsic and Extrinsic Motivational Orientation", 《Journal of Personality and Social Psychology》 66 (1994), 950~967.
02 보편적으로 개성은 중요한 예측변수가 아니며, 설령 예측변수라고 할 지라도 직장생활의 내면상태에 존재하는 커다란 변동을 설명해 주지는 못한다.
03 T. M. Amabile and S. J. Kramer, "Inner Work Life: The Hidden Subtext of Business Performance", 《Harvard Business Review》, May 2007, 72~83.
04 본 서에서 감정이라는 단어를 사용할 때, Mood가 아닌 Emotion을 사용하고 있는데, 이것은 특정 사건에 대해서 정의된 반응과 연결되어 있기 때문이다. 반면에 기분Mood는 포괄적인 느낌과 관련되어 있다. A. P. Brief and H. M. Weiss, "Organizational Behavior: Affect in the Workplace", 《Annual Review of Psychology》 53 (2002): 279~307.
05 S. G. Barsade and D. E. Gibson, "Why Does Affect Matter in Organizations?", 《Academy of Management Perspectives》 21 (2007): 36~59.
06 대니얼 골맨, 《EQ 감성지능》, 한창호 옮김, 웅진지식하우스, 2008.
대니얼 골맨, 《감성의 리더십》, 장석훈 옮김, 청림출판, 2003.
P. Salovey and J. D. Mayer, "Emotional Intelligence", 《Imagination, Cognition, and Personality》 9 (1990): 185~211.
07 M. Lewis and J. Habiland-Jones, eds., 《Handbook of Emotions, 2nd ed.》, New York: Guilford, 2000, 417~435에서 인용된 A. M. Isen, "Positive Affect and Decision-Making"
08 E. Goffman, 《Frame Anlysis》, Harvard University Press, 1974.
K. E. Weick, 《Sensemaking in Organizations》, Sage Publications, 1995.
G. Klein, B. Moon, and R. F. Hoffman, "Making Sense of Sensemaking Ⅰ: Alternative Perspectives", 《IEEE Intelligent Systems》 21 (2006): 70~73.
G. Klein, B. Moon, and R. F. Hoffman, "Making Sense of Sensemaking Ⅱ: A Macrocognitive Model", 《IEEE Intelligent Systems》 21 (2006): 88~92.
A. Wrzesniewski, J. E. Dutton, and G. Debebe, "Interpersonal Sensemaking and the Meaning of Work", 《Research in Organizational Behavior》 25 (2003): 83~135.

09 M. D. Dunnette의 《Handbook of Industrial and Organizational Psychology》에서 인용된 D. J. Campbell and R. Pritchard, "Motivation Theory in Industrial and Organizational Psychology"와 J. P. Campbell, "Modeling the Performance Prediction Problem in Industrial and Organizational Psychology".

10. S. E. Cross, P. L. Bacon, and M. L. Morris, "The Relational Interdependent Self-Construal and Relationships", 《Journal of Personality and Social Psychology》 78 (2000): 191~208.

E. L. Deci and R. M. Ryan, "The 'What' and 'Why' of Goal Pursuits: Human Needs and the Self-Determinations of Behavior", 《Psychological Inquiry》 11 (2000): 227~268.

M. J. Gelfand, V. S. Major, J., Raver, H. Nishii, and K. O'Brien, "Negotiating Relationally: The Dynamics of the Relational Self in Negotiations", 《Academy of Management Review》 31 (2006): 427~451.

F. Herzberg, 《The Motivation to Work》, Wiley, 1959.

A. M. Grant, "Does Intrinsic Motivation Fuel the Prosocial Fire? Motivational Synergy in Predicting Persistence, Performance, and Productivity", 《Journal of Applied Psychology》 83 (2008): 48~58.

11 K. R. Lakhani and E. von Hippel, "How Open Source Software Works: 'Free' User-to-User Assistance", Research Policy 32 (2003): 923~943.

12 학자들은 동기부여를 관계 동기부여 그리고 이타적 또는 개인적 동기부여로 나누어 구분하기도 한다. 관계 동기부여는 타인과 연결되고자 하는 욕구로서 정의된다. 후자는 타인의 웰빙을 보호하거나 증진시키려는 욕구와 관련된다고 정의된다. 그러나 2개 모두 타인과의 관계에 초점을 두고 있기 때문에 본 서에서는 이 둘을 결합해서 사용한다.

13 테레사 에머빌, 《심리학의 눈으로 본 창조의 조건》, 옮긴이 고빛샘, 21세기북스, 2010

14 F. Herzberg의 논문에 따르면, 구성원들은 부적절한 급여와 복리혜택 때문에 불만족을 느낄 수 있지만, 이러한 요인 때문에 일을 훌륭하게 수행하는 것에 대해서 동기부여 되지는 않는다고 했다. 차라리 그들이 성취할 수 있는 흥미롭고 도전적인 업무에 의해서 동기부여 된다고 했다. F. Herzberg, "One More Time: How do You Motivate Employees?", 《Harvard Business Review》, Jan.-Feb. 1968, 53~62.

15 사건event이란 무엇인가? 최근의 심리학 분야에서는 각각의 독립된 사건에 대해서 사람들이 이것을 어떻게 감지하는 가에 관한 매력적인 연구들이 이루어지고 있다. 특히 이러한 연구들은 사건은 다음에 무엇이 발생할 지를 예측하는 인지와 능력을 향상시키기 때문에 인간 두뇌의 '작동 기억'은 다양한 사건들의 표현으로 구성되어 있다고 제안하고 있다. M. Zacks, N. K. Speer, K. M. Swallow, T. S. Braver, and J. R. Reynolds, "Event Perception: A Mind/Brain Perspective", 《Psychological Bulletin》 133

(2007): 273~293.
16 감정과 인식이 서로 밀접하게 관련되어 있다는 증거가 심리학과 뇌과학 분야의 연구에서 속속 들어나고 있다. E. A. Phelps, "Emotions and Cognition: Insights are from Studies of the Human Amygdala", 《Annual Review of Psychology》 57 (2006): 27~53.
17 P. J. Lang, M. M. Bradley, J. R. Fitzsimmons, B. N. Cuthbert, J. D. Scott, B. Moulder, and V. Nangia, "Emotional Arousal and Activation of the Visual Cortex", 《Psychophysiology》 35 (1998): 199~210.
18 안토니오 다마지오, 《데카르트의 오류》, 옮긴이 김린, 중앙문화사, 1999.
조셉 르두, 《느끼는 뇌》, 옮긴이 최준식, 학지사, 2006.
A. Damasio, 《The Feeling of What Happens: Body and Emotion in the Making of Consciousness》, Harcourt, Inc., 1999.
19 안토니오 다마지오의 《데카르트의 오류》로부터 노출뇌었다.

직장생활의 내면상태가 미치는 효과

직장생활의 내면상태는 어떻게 성과를 이끄는가?

The Inner Work Life Effect
How Inner Work Life Drives Performance
직장생활의 내면상태가 미치는 효과

헬렌은 바쁜 하루를 마치며 일기를 다 쓰고 난 후, 미소를 지으며 짧은 금발머리를 손으로 빗어 넘겼다. 남편이 어린이집에서 아이들을 데리고 가는 중이라는 전화를 받았다. 41세의 소프트웨어 엔지니어인 헬렌은 피곤하긴 했지만 지난 열 시간을 떠올리고 깊은 만족감을 느꼈다. 그녀는 15년 전에 드림스위트 호텔에 입사해 현재는 호텔의 계열사에서 일하고 있다. 헬렌은 오후에 2학년인 딸이 주인공을 맡은 학교 연극을 보러 갈 수 있게 허락해 준 팀장에게 고마운 마음을 안고 오늘 하루를 시작했었다.

이렇게 개인적으로 중요한 일이나 가족 행사에 참여할 수 있도록 근무 중에 시간을 빼주는 프로젝트 매니저 밑에서 일한다는 사실에 매우 감사하다. 하루를 버틸 수 있는 힘이 되었다. [헬렌, 3/3]

상사의 작은 배려 덕분에 헬렌이 경험한 내면상태는 출근하기 전부터 활기로 가득했다. 그 활기가 미친 긍정적인 영향은 감정(감사함)

과 인식(상사가 합리적이고 사려 깊다는 생각), 동기부여(계획한 업무를 모두 마치겠다는 의욕)에서 뚜렷하게 드러났다. 실제로 헬렌은 그날 하루에 대한 느낌을 이렇게 요약했다. "오늘은 좋은 하루였다! 그리고 많은 일을 해냈다."

그날 그녀의 주요 업무 중 하나는 자신이 소속된 인포스위트 팀이 최근에 완성한 복잡한 프로그램을 사용부서 직원들에게 교육시키는 것이었다. 그녀가 요사이 담당했던 업무는 기업고객을 대상으로 드림스위트 할인 프로그램에 사용될 새로운 전자 빌링 시스템을 개발하는 것이었다. 헬렌은 강의도 잘 끝냈고 고객의 요청에 훌륭하게 응대했으며 점심식사 초대까지 받았다.

> 고객이 […] 감사의 표시로 점심을 사겠다고 했다! 고객의 마음 씀씀이에 깊은 감동을 받았다. 앞으로 일을 더 열심히 해야겠다는 생각도 들고 […] 평소보다 […] 일을 많이 했다는 느낌도 든다. [헬렌, 3/3]

헬렌에게 직장생활의 내면상태는 '좋은 하루'를 만들 만큼 개인적으로 중요한 것이었다. 관리자의 관점에서 본다면, 직장생활의 내면상태가 헬렌의 성과에 긍정적인 영향을 미쳤다는 점을 더 눈여겨보아야 한다. 헬렌은 팀장을 긍정적으로 인식했고 업무에 대한 의지를 한껏 끌어올려 하루를 기분 좋게 시작했기 때문에 평소보다 일을 더 많이 할 수 있었다. 헬렌은 상사의 배려가 "하루를 버틸 수 있는 힘"이 되어줬다고 일기에 썼다. 그리고 고객의 "마음씨에 깊은 감동"을 받아 일을 더 열심히 해야겠다는 생각이 든다고 적었다.

하지만 그 당시 헬렌이 경험하고 있던 직장생활의 표면모습은 장밋빛이 아니었다. 숙련된 전문가들로 이루어진 헬렌의 팀은 여러 호텔 체인 브랜드를 보유하고 있는 글로벌 기업인 드림스위트 호텔의 현업부서를 지원하는 역할을 하며 뛰어난 두 팀장 밑에서 협업을 하고 있었다. 아홉 명으로 구성된 인포스위트 팀은 최고 수준의 프로그래머들과 재무부서를 위해서 정보 수집과 검색, 저장, 통계 분석을 모두 처리하는 통계 분석가들로 이루어져 있었다. 이렇게 중요한 업무를 담당하고 있음에도 불구하고 인포스위트 팀은 댈러스 교외에 있는 창고를 개조한 허름한 건물의 초라하기 짝이 없는 사무실에서 일하고 있었다. 그들은 드림스위트의 타부서 구성원들뿐만 아니라 그들이 소속된 조직의 관리자한테도 무시당하고 있었다. 그래서 헬렌이 3월 3일에 타부서 직원으로부터 감사하다는 인사를 들었다는 사실은 특히 주목할 만하다. 헬렌의 업무 처리가 진정 뛰어났다는 것을 의미이기 때문이다.

헬렌은 자신이 그날 기분이 매우 좋았기 때문에 업무 성과도 평소보다 좋았다고 생각했다. 원만한 직장생활의 내면상태가 정말로 개인의 성과를 높여주는 것일까? 직장생활의 내면상태가 나쁘면 성과에 부정적인 영향을 줄까? 과학자들은 감정과 동기부여가 성과에 주는 영향에 대해 수년간(두 가지를 따로) 논의해 왔는데 우리가 연구한 결과 명백한 결론이 나왔다.

그렇다. 직장생활의 내면상태에 따라 업무 성과가 달라진다.

스트레스와 즐거움: 뛰어난 성과를 만드는 요인은 무엇일까?

　구성원들은 일을 할 때마다 지속적으로 직장생활의 내면상태로부터 '영향'을 받는다. 하지만 이 영향의 본질은 무엇일까? 이에 대한 통념과 학술 연구를 보면 상반된 견해가 존재한다. 19세기 수필가이자 철학자인 토마스 칼라일Thomas Carlyle은 "No pressure, no diamonds – 고통없이는 결실을 이룰 수 없다"는 유명한 말을 남겼다. 요즘 흔히 쓰는 말인 "힘들 때일수록 강한 자가 살아남는다When the going gets tough, the tough get going"를 우아하게 표현한 말이다.[1] 서구 문화에 뿌리 깊게 박혀 있는 이 관념에 따르면 높은 성과를 내려면 시련이 필요하다는 것이다. 많은 조직심리학자가 이 의견에 동조한다. 그들은 불만족과 불편함 그리고 불안이 성과를 높인다고 주장한다. 즉 부정적인 감정이나 압박감 또는 성과에 대한 포상, 평가, 동료와의 경쟁 등 외재적 동기부여 요인으로부터 영향을 받을 때 최고의 성과를 낸다는 것이다.[2] 예를 들어, 제니퍼 조지Jennifer George와 징 쩌우Jing Zhou는 일시적으로 부정적인 기분을 겪을 경우 창의성이 높아진다는 사실을 입증했다. 즉 사람들이 부정적인 기분을 느끼게 되면 그것을 꼭 해결해야만 하는 신호로 받아들인다고 주장했다.[3]

　하지만 일을 즐길 때 성공을 거둘 수 있다는 이들도 있다. 아카디아 그룹Arcadia Group을 보유하고 있는 영국의 억만장자 사업가 필립 그린Philip Green은 "무언가를 정말로 해내려면 자신이 하는 일을 좋아해야 한다"고 말했다.[4] 헬렌처럼 많은 사람들이 하루를 기분 좋게 시작할 때 창의성이나 생산성이 특히 높아지는 것을 경험한다. 그리고 연구 참여자 대부분이 스트레스를 받거나 기분이 나빠지면 일을 제대로 혹은 전혀 하지 못했다. 뿐만 아니라 다른 여러 연구에서도 사람들은 자신의 일에 만족하고 행복해하며, 자신의 일을 좋아한다는 내재적 동기부여 요인이 작동되었을 때 성과가 좋아졌고 그렇지 못할 때 성과가 나빠졌다.[5] 2008년에 마이클 리케타Michael Riketta는 직무 만족도와 성과에 대한 수십 가지 연구 결과를 분석한 결과 직무 만족도가 높으면 성과도 전반적으로 좋아진다는 사실을 발견했다.[6] 배리 스토Barry Staw와 그의 동료들은 감정을 집중적으로 분석한 결과, 근무 중에 긍정적인 감정 표현을 많이 한 구성원의 성과 평가 결과와 급여 인상률이 다른 구성원에 비해 높다는 사실을 발견했다. 이 유형에 속하는 연구자들이 내린 결론은 무엇일까?[7] 바로 행복하고 만족스러워하는 구성원이 성과도 좋다는 것이다.

학자들은 증거를 취합하는 데 일가견이 있기 때문에 양쪽 주장 모두 어느 정도 일리가 있다고 생각되며 어느 입장이든 관련 연구를 찾을 수 있다.[8] 하지만 우리가 강조하고 싶은 것은 이전 연구들이 우리의 연구만큼 종합적이지 않다는 것이다. 이전 연구에는 학생들이 연구자가 설계한 간단한 일회성 업무를 수행한 실험인 경우도 있다. 현실 조직에서 실제 업무를 하는 구성원들을 중점적으로 다룬 연구도 있지만 몇 가지 일회성 통계 수치에 의존하거나 직장생활의 내면상태의 한 가지 부분(주로 감정)만 분석했다는 단점이 있다. 우리 연구처럼 참여자가 많고 장기간에 걸쳐 구성원들의 일상생활을 들여다보며 시간의 흐름에 따라 성과의 여러 가지 측면을 분석한 연구는 없었다. 이전 연구는 데이터가 부족했기 때문에 직장생활의 내면상태가 성과에 어떻게 영향을 미치는지에 대해 명쾌한 답을 제시하지 못했다. 그래서 직장생활의 내면상태와 성과와의 진짜 연결 고리를 명확하게 제시하지는 못했다.

긍정적인 직장생활의 내면상태가 좋은 성과로 이어진다는 것을 보여주는 우리의 **일기 연구 결과**는 두 주장 중 한쪽에 확실하게 무게를 실어준다. 구성원들이 행복감을 느끼며 조직과 동료를 긍정적으로 인식하고 업무 자체로부터 동기부여 받을 때 성과가 좋아지는 현상을 가리켜 **직장생활의 내면상태 효과**inner work life effect라 한다. 단기적으로 보았을 때 극도의 스트레스 속에서도 매우 수준 높은 성과가 나올 수 있지만 이는 뒤에서 논의할 특수한 상황에서만 존재한다. 일반적인 상황에 대해 장기적으로 볼 때는 직장생활의 내면상태가 긍정적일 때 성과가 높아진다. 3월 3일에 쓴 헬렌의 일기가 직장생활의 내면상태 효과를 보여주는 좋은 예이다.

그렇다고 직장생활의 내면상태가 긍정적이면 업무가 쉬워지거나 좌절할 일이 없어진다는 뜻은 아니다. 요즘 조직에서 처리되는 업무들에는 사소한 일이 거의 없기 때문에 어려움은 피할 수 없다. 헬렌이 드림스위트 내부 고객에게 설명해야 했던 신규 전자 빌링 프로그램은 굉장히 복잡했다. 아마존Amazon의 킨들Kindle 제품에 쓰인 전자잉크는 완성하는 데 거의 10년이 걸렸다. 맞춤 암 치료제는 고무적인 연구 결과가 나온 지 여러 해가 흘렀지만 아직도 완벽하게 개발되지 못했다. 앞으로도 넘어야 할 큰 장애물이 계속 있을 것이다. 하지만 직장생활의 내면상태가 좋을수록 장애물을 넘는 능력은 강해지고, 정말 어려운 목표를 달성하기 위해 노력하는 일이 매우 흥미진진하게 느껴질 수 있다. 반면, 주변에서 일어나는 사건으로 직장생활의 내면상태가 망가지면 성과도 낮아질 것이다.

성격을 탓하지 말라

성격만 가지고 직장생활의 내면상태를 완전히 설명할 수 없듯이 직장생활의 내면상태와 성과의 관계도 성격으로 완전히 설명할 수 없다. 하지만 성격이 성과에 큰 영향을 미친다고 설명하고픈 유혹은 존재한다. 그래서 부하직원의 내면상태가 나빠져서 자신이 불행하다고 느낄 때는 관리자를 적으로 보고, 일 자체보다는 각자가 느끼는 두려움 또는 분노에 의해서 동기부여될 때 훨씬 높은 성과를 보이는 유형의 사람들도 있지 않냐고 나에게 질문하는 관리자도 있다.

그럴 가능성도 배제할 수 없기 때문에 우리는 연구에 앞서 교육 수준과 성별, 재직 기간과 함께 참가자들의 성격과 인구통계학적 특성을 파악하는 작업을 함께했다. 그 결과 이런 요인으로 인해 가끔 차이가 발생하기는 해도 개인적인 특성이 우리가 연구를 통해 밝혀낸 사실을 설명하지는 못했다.[9] 하지만 직장생활의 내면상태에서 무슨 일이 일어나느냐에 따라서 **같은 일을 하는 같은 특성의 사람들 사이**에서도 성과 차이가 크게 나타났다. 개인들의 성과가 일정하지 않고 요동치는 것은 개인의 성격적 특성이나 다른 특징과 상관없이 직장에서 겪은 사건으로 인해 생겨난 내면상태의 변동에 달려 있었다.

헬렌을 예로 들어보자. 헬렌은 항상 활기차며 근면하고 기분이 좋으며 언제나 최고의 성과를 내는 구성원이었는가? 부정적인 반응을 할 줄 모르는 사람이었는가? 그렇지 않다. 이해를 돕기 위해 우선 드림스위트 호텔에 대해 좀 더 알아보자.

　드림스위트와 콜랜더 데이터 시스템즈Collander Data Systems가 합작해서 설립한 지 18개월 된 호텔데이터HotelData사는 드림스위트의 계열사로 인포스위트 팀은 호텔데이터의 한 사업부이다. 호텔데이터는 드림스위트의 엄청난 정보 수요에 대한 대응력을 개선하기 위해서 콜랜더의 정보기술 관리 역량을 활용하기 위해 만들어졌다. 호텔데이터의 구성원들은 과거 콜랜더에서 최고경영진으로 근무했던 소수의 콜랜더 직원과 드림스위트의 전 직원이었던 현재의 인포스위트 팀으로 구성되었다.

　그러나 합작회사를 만든 지 18개월 만에 콜랜더는 자사의 지분을 전부 드림스위트에게 매각했다. 헬렌의 '좋은 하루'가 채 한 달도 지나지 않은 3월 29일, 호텔데이터는 드림스위트의 완전한 자회사가 되었다. 인포스위트 팀원들은 콜랜더의 지분 매각 조치가 발표되기 몇 주 전에 관련 사실을 통보받았다. 그들은 매우 씁쓸해 하며 이 사건을 드림스위트가 호텔데이터를 '인수'했다라는 표현을 썼다.

　그들이 씁쓸해 한 주된 이유는 호텔데이터가 설립되었을 때, 인포스위트 팀원들은 일자리를 계속 유지하기 위해서 드림스위트의 구성원이라는 자격과 복지혜택을 모두 포기해야만 했다. 다른 많은 팀원처럼 헬렌 역시 당시 상황을 드림스위트 측이 자신을 해고한 것으로 받아들였다. 그들은 콜랜더가 지분을 매각한 탓에 다시 드림스위트의 구성원이 되었지만 과거에 포기했던 복지혜택은 다시 복원되지 않는다는 이야기를 서면으로 일방적으로 통보받았다. 팀원들은 드림스위트가 자신들의 가치를 무시한다고 느꼈고 드림스위트의 '인수'를 유감스럽게 생각했다. 이 소식을 들은 헬렌은 이렇게 반응했다.

오늘 호텔데이터 사장이 사임을 하고 자신의 전 동료였던 경영진만을 데리고 나갔고 현재 호텔데이터에서 고위직을 맡고 있는 멍청한 예전 드림스위트 관리자의 손에 우리를 맡겼다는 소문을 회사 외부 소식통으로부터 들었다. 이 상황을 통제할 힘을 전혀 갖고 있지 못한다는 사실을 잘 알고 있으면서도, 내가 여전히 드림스위트의 손아귀에 있다는 사실 때문에 괴롭다. 나는 지난 12년 동안 드림스위트에서 일했었는데 그때는 드림스위트를 좋아했던 것 같다. 하지만 드림스위트에서 '잘린' 것에 대해 나쁜 감정이 아직도 남아 있는 게 틀림없다. 오늘 소문을 듣고 마음이 불편했으며 일하는 데 지장이 있을 정도였다. [헬렌, 3/12]

위 일기에는 두 가지 중요한 특징이 있다. 첫째, 불쾌한 상황에 대한 헬렌의 반응을 보면 그녀의 기분 스위치가 언제나 **행복** 쪽에 맞춰져 있지 않다는 사실을 분명하게 알 수 있다. 상황이 변하면서 그녀의 직장생활의 내면상태도 변하고 업무 성과도 변했다. 둘째로, 마지막 줄에서 직장생활의 내면상태가 성과에 영향을 준다는 추가 증거를 확인할 수 있다. 이 것은 부정적인 직장생활의 내면상태가 효율적인 업무 수행 능력을 저해한다는 사실을 보여준다.

무엇을 기준으로 성과를 평가할까?

현대 조직에서 어떤 프로젝트에 팀원으로 참여한다는 것은 지속적인 문제 해결과 고도의 몰입을 필요로 하며 과업은 대부분 협업을 해야한다는 것을 의미한다. 특히 우리 연구 참여자들이 하는 일이 그랬다. 어려운 문제를 해결하기 위해 함께 일을 할 때 높은 성과를 내려면 창의성과 생산성, 헌신, 유대감이 필요하다. 이는 최근 여러 조직에서 성과 평가 시 고려하는 사항이기도 하다.

참신하고 유용한 아이디어를 내는 능력을 가리키는 **창의성**creativity은 오늘날 비즈니스 세계에서 성과의 가장 중요한 부분을 차지하고 있다. 하지만 창의성만으로는 부족하다. **생산성**productivity은 꾸준히 업무를 완수하며 높은 완성도를 유지하고 프로젝트를 성공적으로 완료하는 것을 의미한다. 일과 프로젝트, 팀, 그리고/또는 조직에 대한 **헌신**commitment은 어려움을 극복하고 동료가 성공할 수 있도록 도우며 임무를 완수하기 위해 필요한 일을 할 때 나타난다. **유대감**collegiality은 팀원들이 서로를 돕고 같은 팀에서 함께 일하는 일원으로서 협력하며 팀의 성과에 관심을 보이는 등 팀 내 단결에 도움이 되는 행동을 할 때 드러난다.

직장생활의 내면상태는 **내적**inner이기 때문에 본인이 작성한 보고서에 의해서만 평가될 수 있다. 이번 연구의 경우, 일기에 나타난 생각과 감정 그리고 의욕을 다양하게 측정해 직장생활의 내면상태를 평가했다. 그리고 팀장들과 팀원들이 작성한 월별 평가서를 통해 성과의 4대 항목인 창의성과 생산성, 헌신, 유대감을 측정했다. 특히 창의성과 생산성은 기업의 실적에 기여하는 핵심 요인으로 여겨지는 경우가 많기 때문에 이 두 가지는 매일 측정했다.

직장생활의 내면상태가 창의성에 영향을 미치다

우리는 연구 참여자 전원으로부터 입수한 수많은 데이터를 분석하면서 직장생활의 내면상태 각 요소 간의 상관관계와 성과의 4대 항목 등 내면상태에 대한 세부 사항을 파악할 수 있었다. 우리가 측정하고 분석한 결과는 〈부록〉을 통해 확인할 수 있으며 이 장에서는 주요 결과를 중심으로 소개하겠다.

우리는 성과의 각 차원이 직장생활의 내면상태를 구성하는 인식과 감정, 동기부여 요인과 연동되어 증감된다는 사실을 발견했다. 두 가지 이유로 **창의성**을 집중적으로 다루려고 한다. 첫째, 창의성은 21세기 조직에 혁신이 필요하다는 점 때문에 성과에서 가장 중요한 차원이다. 둘째, 창의성과 기타 성과 항목은 측정 결과가 크게 차이 나지 않았다. 직장생활의 내면상태를 구성하는 3대 요소가 모두 긍정적일 때는 창의성과 생산성, 헌신, 유대감이 모두 높다. 인용된 일기는 몇 건에 불과하지만 연구 결과는 참가자 전원의 데이터를 통계적으로 분석해 도출했다.

1) 감정

일기 연구는 긍정적인 감정과 창의성의 상관관계를 분명하게 드러냈다.[10] 우리는 전반적인 기분(하루 중 개인의 긍정적이거나 부정적인 감정의 총합)과 특정 감정을 살펴보았다. 분석 결과 전체적으로 기분이 좋을수록 창의성도 높아지는 것으로 나타났다. 기분이 나쁜 날에 비해 기분이 좋은 날에는 연구 참여자들이 창의적인 아이디어를 떠올릴 가능성이 50퍼센트 높았다.

우리는 창의성과 관련된 내용을 찾기 위해서 1만 2,000건의 일기를 샅샅이 뒤져 참여자들이 실제로 창의적인 사고를 했는지 여부를 파악했다. 이를 위해 우리는 '창의적인 사고'를 새로운 아이디어를 내거나 문제를 해결하는 일, 또는 문제 해결 과정에 참여하거나 아이디어를 물색하는 일로 정의했다. 명백하게 일상적이고 반복해서 진행되는 일은 포함시키지 않았다. 예를 들어, 한 화학 기업에서 일하는 R&D(연구개발) 과학자는 다음과 같은 창의적 사고를 했다.

> 합성수지를 만들기 위해 해당 [설비]에 대해서 내가 알고 있었던 모든 조치를 취했지만 아무런 효과가 없었다. 그래서 이전에는 시도된 적이 없었던 방법을 새롭게 써보았는데 아직까지 완벽하게 작동되고 있다.

우리는 연구 참여자들에게 창의적인 사고를 한 내용을 기록할 것을 부탁하지 않았고 창의성에 관심이 있다는 사실을 밝히지 않았다. 그래서 참여자들이 창의성과 관련된 내용을 일기에 즉흥적으로 써넣었을 때만 그들이 창의적인 사고를 했다는 사실을 알 수 있었다. 그런데 흥미로운 것은 이런 창의성은 일기 작성자가 기분이 좋은 날에 훨씬 많이 나타났다는 것이다(〈행복이 창의성을 고양시키다〉 참조).

생각할 거리
행복이 창의성을 고양시키다

감정이 정말로 창의성에 변화를 유발시키는지 궁금할 것이다. 감정과 창의성 연구의 선두주자인 앨리스 아이센Alice Isen 코넬 대학교 심리학 교수는 감정이 창의성을 변화시킨다고 주장한다. 아이센은 메릴랜드 대학에 재직 중이던 1980년대에 동료들과 함께 감정이 창의적인 문제 해결에 미치는 영향을 알아내기 위해 독창적인 일련의 실험을 설계했다. 이중 한 실험에서 참가자들이 개별적으로 실험실에 도착하면 이들에게 무작위로 특정 감정에 놓이게 만들었다.[a] 일부 참가자에게는 코미디 영화를 5분 동안 보여줌으로써 긍정적인 감정을, 또 다른 일부에는 나치 수용소에 대한 다큐멘터리를 5분 동안 보여줌으로써 부정적인 감정을 유발했다. 중립적인 감정을 유지시키기 위해서는 수학에 대한 영상을 5분 동안 보여주거나 2분 동안 운동(시멘트 벽돌 위를 올라갔다 내려가기를 반복하기)을 하게 하거나 아무런 조치를 취하지 않았다.[b]

그러고 난 뒤, 실험에 참가한 남성 33명과 여성 83명 전원에게 동일한 문제를 풀게 했다. 압정, 양초, 성냥이 들어 있는 상자를 주고, 촛농이 바닥에 떨어지지 않도록 벽에 있는 코르크판에 양초를 고정시키는 것이 문제였다.[c] 실험 결과, 코미디 영화를 본 참가자들이 문제를 해결한 비율이 월등히 높았다. 무작위 배정과 세심한 실험 통제 하에 이루어진 이 실험은 아이센의 다른 연구와 마찬가지로 '긍정적인 감정이 창의적인 문제 해결로 이어진다'는 인과 관계를 정확하게 보여주었다.

---

a. A. M. Isen, K. A. Daubman, and G. P. Nowicki, "Positive Affect Facilitates Creative Problem Solving", 《Journal of Personality and Social Psychology》 52 (1987): 1122~1131.
b. 코미디 영화는 좀 더 긍정적인 감정을 그리고 나치 영화는 좀 더 부정적인 감정을 유발시켰다.
c. 이것은 가장 고전적이고 창의적인 문제 해결 테스트이다.
d. Isen의 다른 실험에서 연구 대상은 개인적으로 참여하고 있던 의사들이었다(C. A. Estrade, A. M. Isen, and M. J. Young, "Positive Affect Improves Creative Problem Solving and Influences Reported Source of Practics Satisfaction in Physicians", 《Motivation and Emotion》 18 (1994): 285~299. A. Isen, "On the Relationship Between Affect and Creative Problem Solving", in 《Affect, Creative Experience and Psychologiocal Adjustment》, ed. S. W. Russ, Brunner/Mazel, 1999), 3~18.
A. Isen, "Positive Affect", in 《Habdbook of Cognition and Emotion》, eds. T. Dagleish and M. Power, Wiley, 1999, 512~539.

우리는 긍정적인 감정을 겪은 후 창의성이 '뒤이어' 나타나는 놀라운 이월효과carryover effect를 발견했다. 기분이 좀 더 좋아지면 다음날(가끔은 이틀 후)에도 창의적인 사고를 하는 확률이 높았다. 창의적인 사고를 하는 당일의 기분까지 고려해도 결과는 변함이 없었다. 이는 심리학자들이 '부화효과incubation effect'라 부르는 현상 때문일 것이다.[11] 기분이 좋으면 사고의 범위가 넓어져 인지적 변이cognitive variation가 생기는데, 이 상태는 하루 이상 지속되면서 효과를 발휘한다.[12] 이러한 인지적 변이는 일에 대한 새로운 통찰력으로 이어질 수 있다. 즉 긍정적인 감정을 경험하자마자 새로운 아이디어가 떠오를 수도 있지만 시간이 한참 흐른 뒤에 생각날 수도 있다는 의미다.

헬렌과 같은 팀에서 일하는 마샤의 일기에는 이월효과가 반복해 나타났다. 30여 년 전에 드림스위트에 입사한 작은 체구의 활동적인 소프트웨어 엔지니어인 마샤는 다른 팀원들처럼 성실한 구성원이었다. 그리고 새로운 아이디어도 많이 생각해 냈다. 마샤가 제출한 일기를 보면 4분의 1 이상에서 창의적 사고와 관련된 내용이 쓰여 있었다. 이러한 **창의적 성과**creative performance 중 80퍼센트는 전날 겪은 긍정적인 감정이 촉진 역할을 한 것으로 보였다.[13]

3월 9일에 마샤는 헬렌과 함께 신규 프로젝트에 배치되었다. 마샤는 새로운 시스템을 배우고 새로운 코드를 작성하는 일에 도전하게 되어 들떠 있었다. 게다가 헬렌과 함께 일할 기회도 얻었다("헬렌에게는 항상 배울 점이 많고 같이 일하는 것이 매우 즐겁기 때문에 헬렌과 일하게 되어 정말 기쁘다!"). 이날 마샤는 자신의 기분에 평균 이상의 점수를 주었다.[14] 다음날 마샤는 문제를 창의적으로 해결하고 새로운 아이디어까지 냈다.

> 오늘은 새 프로젝트와 관련해서 해리(팀장)와 헬렌과 함께 회의를 했다. 나는 시스템에 있는 오래된 코드 몇 가지를 복제하는 방법을 발견했고, 이를 통해 프로젝트 기간을 크게 단축할 수 있을 것이라고 보고했다. 또 프로젝트 기획과 관련해서 좋은 제안을 여러 개 냈다. […] 오늘 나는 엄청나게 창의적이었던 것 같다!
>
> [마샤, 3/10]

마샤의 일기에 나타난 패턴은 다른 사람들에게서도 유사하게 나타났다. 마샤는 기분이 좋았던 다음 날 창의성을 발휘하곤 했다. 그녀는 새로운 업무와 헬렌과의 협업에 들떠 있었고, 이런 감정이 창의성을 촉진시켰다.

2) 인식

연구 참여자들은 최고경영진과 조직 전체, 자신의 업무에 이르기까지 근무환경에 대해 긍정적으로 인식하고 있을 때 창의성이 높은 것으로 나타났다. 구성원들은 자신의 조직과 리더들을 긍정적인 시각으로 볼 때(협조적, 협동적, 새로운 아이디어를 포용할 줄 앎, 새로운 아이디어를 개발하고 공정하게 평가함, 혁신적인 비전에 집중함, 창의적인 성과에 대해 기꺼이 보상함) 창의력을 발휘할 가능성이 높아졌다. 새 아이디어가 실현 불가능한 것으로 판명 나도 귀중한 자산으로 여겨진다면 구성원들이 아이디어를 제안하는 비율이 높아졌다. 반면, 조직과 리더들이 정치적인 싸움이나 내부 경쟁에 휘둘리고 새로운 아이디어를 과도하게 비판하며 리스크를 회피하면 창의성이 낮아졌다.[15]

팀과 팀장에 대한 인식도 중요하게 작용했다. 팀장과 다른 팀원으로부터 지지를 받는다고 느낄 때 구성원의 창의성은 높아졌다. 예를 들어, 인포스위트 팀의 소프트웨어 엔지니어인 톰은 드림스위트에서 20년 넘게 근무했고 퇴직이 가까워지고 있었지만 자신보다 한참 어린 30대의 프로젝트 책임자 루스와 해리를 깊이 존경하고 아꼈다. 루스와 해리는 뛰어난 역량과 팀원 모두를 배려하는 모습을 보여 존경받는 리더였다. 톰은 루스나 해리와의 상호작용을 긍정적으로 인식한 날 업무 성과가 특히 좋았다.

업무 자체에 대한 인식도 창의성에 영향을 미친다. 3월 12일, 마샤는 추가로 새로운 업무를 받았다. 드림스위트 호텔 체인 중 한 곳에서 데이터 일부가 사라졌는데 마샤가 맡은 업무는 손실된 데이터로 인해 나머지 데이터에 문제가 발생되지 않고 처리될 수 있도록 데이터를 복구하고 표시해 놓는 것이었다. 이에 대해 마샤는 이렇게 밝혔다. "이런 문제를 해결하기 위해 급조하는 프로그램을 애드 혹 프로그램이라고 한다…. 빨리 만들어야 하지만 완벽하지 않으면 데이터베이스를 완전히 망가뜨릴 수 있기 때문에 어려운 작업이다. 나는 이런 도전이 좋다." 마샤는 그날 업무를 완수했다. 마샤처럼 다른 사람들도 업무에 도전의식을 느끼고 자율적으로 수행할 때 창의성이 대체로 높게 나타났다.[16]

업무 수행에 필요한 자원과 시간이 충분할 때도 창의성이 높아진다. 시간 압박의 효과에 대한 연구 결과를 비롯해 근무환경 효과에 대한 자세한 내용은 6장에서 다루기로 한다(힌트: 업무 수행에 충분한 시간이 주어져야 하지만 마샤가 긴급하게 '애드 혹 프로그램'을 작성할 때 창의성을 발휘한 것을 완전히 예외적인 상황이라고만 할 수는 없다.).

3) 동기부여

직장생활의 내면상태를 구성하는 세 번째 요소인 동기부여도 창의성에 영향을 미친다. 지난 30년 동안 우리 두 저자와 동료들은 성과 보상과 평가에 대한 압박감, 경쟁에 대한 부담, 촉박한 일정과 같은 외재적 동기부여가 아니라 흥미와 즐거움, 만족감, 업무 자체에 대한 도전의식 등 내재적 동기부여의 영향을 많이 받을 때 창의성이 높아진다는 사실을 입증하는 연구를 여러 차례 진행했다. 실험을 통해 수집된 증거 자료를 바탕으로 내재적 동기부여가 작아지거나 외재적 동기부여가 커지면 창의성도 낮아진다는 인과관계를 확인할 수 있었다.[17]

그중 한 실험은 작가 72명을 대상으로 했다.[18] 실험 참가자들이 실험실에(각자) 도착하면, '눈雪'을 주제로 짧은 시를 하나씩 쓰게 했다(당시 실험을 했던 보스턴은 겨울이었다). 우리는 이 시를 통해 창의성을 먼저 측정한 뒤에 참가자들의 동기부여 요인을 다르게 제공했다. 작가 중 3분의 1을 무작위로 추출해 외재적 동기부여를 부여했다. '글을 쓰는 이유'라는 제목의 설문지를 주고 작가가 된 일곱 가지 이유를 순서대로 나열하게 했다. 일곱 가지 항목은 모두 "베스트셀러 소설이나 시집 한 권으로 금전적인 여유를 누리게 된 다른 작가의 이야기를 들은 적이 있기 때문"처럼 이전 연구에서 밝혀낸 외재적인 동기부여에 대한 내용이었다. 순서를 어떻게 하냐는 상관없었다. 설문을 한 목적은 작가들이 몇 분 동안 설문지를 작성하면서 외재적인 동기부여 요인을 느끼게 하기 위해서였다. 다른 3분의 1에게는 "자신을 표현하는 일을 즐기기 때문"과 같이 내재적인 동기부여만 적혀 있는 설문지를 작성하게 했다. 나머지 3분의 1(통제집단)에게는 실험과 무관한 이야기를 몇 분 동안 읽게 했다.

그리고 나서 참가자 모두에게 '웃음'에 대한 짧은 시를 쓰게 했다. 72명의 작가가 실험을 모두 마친 후, 별도로 섭외한 작가 12명에게 참가자들의 시에 나타난 창의성을(저자가 누구인지 모른 채) 독립적으로 평가하게 했다. 결과는 간단하고 분명했다. 설문지 작성 전에 쓴 시는 창의성에 차이가 없었지만 글을 쓰는 외재적 동기부여를 생각하다가 쓴 시는 그렇지 않은 시에 비해 창의성이 현저히 낮게 나타났다. 즉 내재적 동기부여가 외재적 동기부여보다 창의성에 좀 더 건설적인 영향을 미친다.

생각해 보자. 평소에는 시를 쓰는 일을 사랑하는 사람들도 외재적 동기에 5분 동안 집중하고 난 후에는 창의성이 떨어졌다. 이를 통해 작은 사건이 큰 위력을 발휘한다는 사실도 함께 알 수 있다. 구성원들에게 매일같이 당근과 채찍을 퍼붓는 조직에서 구성원들의 의욕과 창의성이 얼마나 심하게 떨어질지 상상해 보라.

우리 일기 연구에 따르면 위 결과는 실험실이나 작가들에게만 적용되는 것은 아니다. 내재적 동기부여는 조직 내 창의성에도 영향을 미친다. 일기 연구 참여자들은 내재적 동기부여가 강하게 작용한 날 더욱 창의적으로 일했다. 뿐만 아니라 창의성 수준이 가장 높게 평가된 프로젝트를 담당한 팀은 팀원들이 평소 근무 중에 보인 내재적 동기부여의 평균 측정치가 가장 높은 팀이었다.

우리는 마샤의 눈을 통해 직장생활의 내면상태가 미치는 진짜 위력을 다시 한 번 확인할 수 있다. 2월 18일, 마샤는 3일간의 연휴를 앞두고 마음이 급해졌다. 그녀는 예상 시간보다 훨씬 빠르게 두 가지 업무를 처리할 창의적인 방법을 찾아냄으로써 고객을 만족시키고 호텔데이터의 자금도 절약했다. 그녀가 업무를 빨리 처리하려고 했던 이유는 외재적 요인이 아니라 내재적인 요인 때문이었으며, 일기에 이렇게 기록했다. "[…] 외부적인 압력이 있었던 것은 아니다. 오늘 회사를 나서기 전에 업무를 모두 처리하자고 나 자신과 약속했다."

4) 개인의 만족에서 조직의 성공까지

긍정적인 직장생활의 내면상태는 우리의 연구대상이었던 업계뿐만 아니라 타 업계에서도 성과를 높여주는 것으로 나타났다. 신발과 의류를 판매하는 온라인 소매업체인 자포스 닷컴Zappos.com의 경우를 생각해 보자. 자포스에 대한 2009년 케이스 스터디에 따르면 2000년 이후 자포스가 달성한 놀라운 매출 성장의 이유에는 구성원의 행복이 중요하게 작용했다고 한다. CEO인 토니 쉐이Tony Hsieh와 COO 알프레드 린Alfred Lin은 구성원의 행복에 대해 자주 논의했다고 한다. 린은 "직원 만족 없이는 고객 만족을 얻을 수 없다는 것이 자포스의 철학"이라고 밝혔다.[19] 자포스 구성원 다수는 회사가 행복을 강조했기 때문에 고객 서비스 콜 센터부터 바쁜 창고 구성원들까지 전 구성원의 업무 성과가 높아질 수 있었다고 믿었다. 자포스의 경우처럼 우리의 연구 결과 역시 긍정적인 직장생활의 내면상태가 구성원의 기분을 더 좋게 해줄 뿐 아니라 성과도 높인다는 사실을 보여주고 있다.

2010년, 갤럽 주식회사Gallup Inc.의 제임스 하터James Harter는 동료들과 함께 구성원이 경험하는 긍정적인 직장생활의 내면상태가 기업의 당기순이익 향상으로 이어진다는 확실한 증거가 담긴 연구 결과를 발표했다.[20] 당시 연구자들은 의료와 교통 등 다양한 업계에 속한 10개 회사 2,000개 부서에서 14만 1,900명의 구성원들이 느낀 직무 만족도와 근무 환경에 대한 인식을 일정한 기간 동안 복수회 측정했다. 그리고 직장생활의 내면상태 지표를 활용해 해당 부서의 향후 성과를 예측했다. 연구 결과, 구성원의 만족도와 조직, 상사, 동료, 업무에 대한 인식 수준을 통해서 기업의 매출과 수익성, 고객 충성도, 구성원 근속률을 상당히 정확하게 예측할 수 있다는 사실을 밝혀냈다. 즉 구성원의 내면상태가 좋아지면 회사와 고객, 주주들에게도 실질적인 이익이 발생한다.

직장생활의 내면상태는 어떻게 성과로 이어지는가

우리의 연구 결과는 압박감이나 불확실성 속에서 불안감이나 두려움을 느끼며 일하는 구성원의 성과가 좋다고 말하거나 그렇게 믿고 있는 관리자들의 생각은 명백하게 틀렸다는 것을 보여준다. 부정적인 직장생활의 내면상태는 성과의 4대 항목에 부정적인 영향을 끼침으로써 창의성과 생산성이 낮아졌고 일에 대한 헌신도가 약해지며 다른 구성원과의 유대감도 줄어든다. 왜 이런 현상이 나타나는 걸까? 직장생활의 내면상태는 어떻게 근무 행동으로 이어지는 걸까?

심리학과 신경과학으로부터 직장생활의 내면상태 중 감정 요소에 대한 힌트를 몇 가지 얻을 수 있다. 뇌 연구자들은 부정적인 감정과 긍정적인 감정을 생산하는 뇌 영역이 다르다는 사실을 발견했다. 그래서 감정은 사고하고 행동하는 방식에 전혀 다른 영향을 미친다.[21] 심리학자인 바버라 프레드릭슨Barbara Fredrickson은 긍정적인 감정이 인간의 사고를 확장시키고 행동 방식을 다양화시킨다는 이론을 정립했다. 부정적인 감정은 정반대 기능을 한다.[22] 프레드릭슨은 동료들과 함께 여러 가지 방법으로 자신의 이론을 시험했다. 대학생 104명을 대상으로 프레드릭슨은 부정적, 긍정적, 중립적 감정을 유발하기 위해 영화를 보여주고 과제를 수행하게 했다.[23] 첫 번째 실험에서는 학생들에게 기하학적 문양을 주고 전체적인 모양을 보는지, 세부 형태를 보는지를 파악해 집중 범위를 측정했다. 중립적 감정상태에 있는 학생에 비해 긍정적인 감정을 경험한 학생은 나무보다 숲을 보는 경우가 많았다.

두 번째 실험에서는 영화를 본 후 어떤 감정을 느꼈으며, 학생들이 어떤 행동들을 하고 싶은지 목록의 빈칸에 기록하도록 했다. 중립적인 감정을 느낀 학생에 비해 긍정적인 감정을 겪은 학생들은 하고 싶은 행동이 훨씬 더 많았으며 부정적인 감정을 경험한 학생들은 하고 싶은 행동이 훨씬 적었다.

이 두 실험을 통해 긍정적인 감정은 해방감을 부정적인 감정은 압박감을 불러일으킨다는 사실을 알 수 있었다. 이 연구는 직장생활의 내면상태를 구성하는 한 요인이 사람이 일을 할 때 어떤 영향을 미치는지 보여 주고 있다.

우리는 참여자들의 일기를 신중하게 분석하면서 직장생활의 내면상태를 구성하는 3대 요소가 창의성과 생산성, 헌신, 유대감에 어떻게 영향을 미치는지 종합적인 그림을 그릴 수 있었다. 우리는 직장생활의 내면상태 효과가 업무에 대한 **집중도**attention와 프로젝트 **몰입도**engagement, 열심히 일하고자 하는 **의도**intention에 주된 영향을 미친다는 사실을 발견했다. 직장생활의 내면상태가 만족스러우면 업무 자체에 집중하며 팀 프로젝트에 활발하게 참여하고 훌륭한 성과를 내겠다는 목표를 지키려 한다. 직장생활의 내면상태가 불만족스러우면(주로 직장생활의 내면상태를 저해하는 요인 때문에) 일에 집중하지 못하고 팀 프로젝트에 대한 몰입도가 떨어지며 목표 달성을 포기한다.

인포스위트 팀이 겪은 최악의 시기를 살펴보면 이해하기 쉬울 것이다. 우리 연구에 참여했던 사람들은 불쾌한 사건이 일어났을 때 일기를 좀 더 사실적이고 선명하게 기록했기 때문에 부정적인 직장생활의 내면상태를 예시로 사용하려 한다. 그리고 이런 부정적인 사례가 인포스위트 팀뿐 아니라 우리가 연구한 다른 여러 회사의 팀들에서도 같은 양상으로 벌어졌다.

1) 인포스위트 팀: 직장생활의 내면상태가 요동치다

인포스위트 팀의 평상시 성과는 변화가 심했지만 전반적으로는 평균 수준이었다. 성과 변동이 컸던 이유는 팀원들이 경험하는 직장생활의 내면상태가 극적인 변화를 많이 겪었기 때문이며 팀원들은 아주 좋은 일도 많이 겪었지만 그만큼 나쁜 일도 자주 겪었다.

인포스위트 팀에 영향을 준 부정적인 사건은 대부분 호텔데이터와 모기업인 드림스위트 경영진이 내린 비즈니스 의사결정 때문에 발생했다. 앞에서 드림스위트가 호텔데이터를 재인수했을 때 인포스위트 팀원들이 보인 부정적인 반응을 기억할 것이다. 그 사건 이후로 상황은 빠르게 악화되었다.

드림스위트 재인수 직후, 구조조정에 대한 소문이 돌기 시작했고 소문은 곧 현실로 나타났다. 구조조정은 고위급 간부로부터 시작해서 프로젝트 매니저 급까지 이어졌고 우리 연구가 끝난 직후에는 팀원까지 대상이 되었다. 그래서 연구 기간 마지막 두 달 정도 동안 인포스위트 팀원들은 자신들의 프로젝트 매니저(팀장 두 명 중 한 명)가 해고되는 걸 목격했고 자신들도 결국 일자리를 잃게 되지 않을까 노심초사했다. 추가 구조조정이 있을 때마다 경영진이 이유를 충분하게 설명하지 않았기 때문에 불안감은 더욱 증폭되었다. 게다가 매년 정기적으로 수행되는 구성원 야유회에 인포스위트 팀이 초대받지 못했기 때문에 팀원들은 소외감을 느꼈고 회사의 구성원으로 인정받지 못하고 있다는 두려움에 시달렸다. 그러나 결과적으로 팀에서 해고된 사람은 없었다. 하지만 그간 벌어진 일들이 특히 구조조정이 주요 사건이었던 날은 팀원들이 경험한 직장생활의 내면상태와 성과에 큰 타격을 주었다.

구조조정이 시작된 첫날 마샤가 쓴 일기를 살펴보자. 일기를 읽을 때는 마샤의 뒷이야기를 염두에 두어야 한다. 마샤는 30년 동안 드림스위트에서 근무하면서 여러 번 해고 위기를 겪었지만 살아남았다. 그럴 때마다 직장을 잃을 수도 있다는 두려움에 사로잡혔고 좋아하는 동료가 짐을 싸서 사무실을 나가는 모습을 지켜보아야 했기 때문에 구조조정 때마다 힘든 시간을 보냈다.

> 오늘은 회사에서 일하는 게 너무 힘들었다. 39명이 직장을 잃었는데 […] 구조조정은 이제부터 시작인 듯했다. 다음 차례는 프로젝트 매니저급, 그 다음은 우리 차례일 것이다. 경영진은 심지어 이 내용을 담은 메일을 발송하기까지 했다! 나 자신이 학대를 당하면서도 남편을 떠나지 못하는 아내가 된 기분이다. 나는 계속해서 경영진에게 기회를 주지만 그들은 계속 내 기대를 배신한다. 조금이라도 남아 있는 자존심을 지키기 위해서 회사를 박차고 떠나지 못하는 것이 부끄럽다. 나는 스스로 이곳을 나가는 대신 경영진이 내 운명을 결정해 주기만을 기다리고 있다. [마샤, 4/15]

배우자에게 학대당하는 듯한 느낌이라면 직장생활의 내면상태는 거의 최악에 가깝다는 뜻이다. 4월 15일, 마샤의 이러한 심리상태는 업무 처리를 하기 위해서 필요한 지각력과 판단력을 떨어뜨려 업무 성과가 떨어졌다. 그날 다른 동료와 마찬가지로 마샤의 마음은 뒤숭숭했다. 구조조정이 진행됨에 따라 구성원들은 점점 더 업무에 집중하기가 어려워졌다.

> 오늘 출근해서 점심시간이 끝날 무렵까지 프로젝트 매니저 30명이 회사를 떠났다. 사람들은 대부분의 시간 동안 그 기운 빠지는 사건에 대해 생각하거나 이야기하며 보냈다. 팀원들 몇몇은 책상 앞에 앉아서 울기까지 했다. [헬렌, 5/20]

이 날 생긴 부정적인 감정이 인포스위트 팀원들의 성과에 미친 영향을 설명하기 위해 미세한 신경계의 작동 원리까지 들먹일 필요는 없다. 주변 사람들 모두가 해고에 대해 얘기하는 상황에서 업무에 집중한다는 것은 힘든 일이다. 눈에 고인 눈물 때문에 컴퓨터 화면에 떠 있는 글자가 헤엄치는 것처럼 보였을 것이며 프로그래밍에 집중하는 건 불가능했을 것이다.

구조조정 때문에 인포스위트 팀원들은 업무에 집중할 수가 없었다. 마샤는 "경영진이 내 운명을 결정해 주기만을 기다리고 있다⋯."라는 일기를 쓴 4월 15일, 업무에 관심을 두지 않았다고 스스로 인정했다. 드림스위트 경영진과 자기 자신이 형편없다는 인식은 그녀를 업무에 몰입하지 못하도록 이끌었다. 마샤는 드림스위트를 적으로, 스스로를 근성 없는 멍청이라고 생각했다. 이러한 인식 때문에 업무와 관련된 긍정적인 측면이 전부 사라졌다. 호텔데이터의 구성원, 재인수 후 드림스위트의 구성원이라는 신분은 마샤에게 짐처럼 느껴졌으며 사원증은 수치의 징표처럼 느껴졌다. 그러니 마샤가 자신이 맡은 업무를 멀리하는 것도 당연했다.

　일에 부여했던 개인적인 의미가 강탈당하면 열심히 일하겠다는 의지는 사라진다. 그 이유는 더 이상 업무 그 자체가 동기를 제공하지 못하고 더 이상 흥미롭거나 즐거우며 혹은 도전의식을 불러일으키지도 못하기 때문이다. 하지만 일을 하게 만드는 동기가 시간을 투자하는 대신 돈이나 회사의 복지혜택을 받는 것이라면, 즉 일 외부에 존재하면 사람들은 꼭 해야 할 일만 하게 될 것이다. 골문은 좁아졌고, 일에 전력을 다하는 건 헛수고처럼 느껴진다. 드림스위트 재인수 직후 구조조정이 시작됐을 때 마샤가 쓴 일기를 다시 살펴보자.

　　들리는 이야기들은 많이 있지만 그것을 입 밖으로 꺼내는 사람은 없다. 드림스위트가 호텔데이터를 재인수한 후로 구성원들은 일자리를 잃을까봐 겁에 질려 있다. […] 내가 견딜 수 없는 건 구조조정이 끝나고 나면 경영진들은 우리가 왜 회사를 위해 몸 바쳐 일하지 않는지 의아해할 게 분명하다는 사실이다. 바보들이 따로 없다. [마샤, 4/14]

　마샤가 냉소적인 태도를 보이는 이유는 호텔데이터 구성원들을 일회용품처럼 다뤄놓고서 구성원들이 의욕적으로 일하길 바라는 경영진의 모순 때문이었다. 마샤는 관리자가 구성원들이 회사를 위해 몸 바쳐 일할 마음이 있다고 생각한다면 엄청난 오산이라고 생각했다. 마샤는 적어도 그날은 열심히 일할 생각이 전혀 없었다.

　이 시기, 인포스위트 팀원 대부분이 거의 매일 마샤와 비슷한 일기를 썼다. 이 사건은 팀원들에게 큰 고통을 줬을 뿐 아니라 호텔데이터와 드림스위트에도 큰 손해를 끼쳤다. 인포스위트와 다른 기업 구성원들의 일기에서 봤듯이 맡은 프로젝트에 대한 관심과 열심히 노력해 일을 완수하려는 마음가짐이 사라지기 때문에 직장생활의 내면상태가 불만족스러우면 높은 업무 성과를 낼 수 없다(〈정신 건강과 신체적 증상〉 참조). 그러나 직장생활의 내면상태가 만족스러우면 사람들은 목표를 달성하기 위해 업무에 집중하고 열심히 매달리며 최선을 다한다. 그 결과는 높은 성과로 이어진다.

관리자를 위한 팁
정신 건강과 신체적 증상

직장생활의 내면상태는 업무 성과뿐만 아니라 구성원의 건강상태에도 영향을 미치기 때문에 관심을 가져야 한다. 연구진은 정신 건강과 신체 건강이 직접적으로 연관돼 있다는 사실을 발견했다. 긍정적인 감정을 더 많이 느끼고 그리고 부정적인 감정을 더 적게 느낄 때, 신체적으로 더 건강하다. 이는 감정이 면역체계에 영향을 주기 때문일 가능성이 크다. 조사 결과 놀랍게도 감정이 감기 같은 일반적인 질병부터 뇌졸중 같은 생명을 위협하는 질환까지도 영향을 미친다는 사실을 알 수 있었다.[a]

마샤의 일기에서 인포스위트 구조조정 기간에 느낀 불확실성과 두려움이 유발한 신체적 문제들을 볼 수 있었다. "피곤하고 기운이 없는데 [...] 나답지 않은 모습이다. 어젯밤 새벽 2시에 눈을 떴는데 다시 자려 해도 잠이 오지 않았다. 그래서 더 피곤한지도 모르겠다." 다음은 마샤가 4월에 쓴 일기다. "어제 의사 선생님이 나에게 스트레스 받는 일이 있냐고 물었을 때 쓴웃음이 나왔다. 맡은 일을 다 해내기 위해 노력하고 있지만 복도에서 만나는 사람들마다 동맹파업 얘기를 꺼낸다. 다들 이 상황이 너무 겁나는 모양이다."

병이 나면 생산성은 떨어지고, 창의성이 요구되는 업무에서(뿐만 아니라 어떤 업무에서든) 능력을 발휘하지 못한다. 구성원의 건강에 신경을 써야 하는 이유가 성과 하나 때문만은 아니며 오히려 신체 건강이 구성원 직장생활의 내면상태가 건강한지의 여부를 알 수 있는 중요한 지표일 수도 있기 때문이다. 병가 규정이 바뀌거나 전염병이 발생하지 않았는데 병에 걸리는 구성원의 숫자와 횟수가 증가한다면 경고신호로 받아들여야 한다.

---

a. 최근의 연구를 보면 일상의 심리적 경험의 다양한 측면들(특히 긍정적이고 부정적인 기분과 심리적 건강에 대한)이 어떻게 연결되어 있는지에 대한 훌륭한 리뷰가 제공되고 있다.
S. Cohen and S. D. Pressman, "Positive Affect and Health", 《Current Directions in Psychological Science》 15 (2006): 122~125.
S. D. Pressman and S. Cohen, "Does Positive Affect Influence Health?", 《Psychological Bulletin》 131 (2005): 803~955.
P. Salovery, A. J. Rothman, J. B. Detweiler, and W. T. Steward, "Emotional States and Physical Health", 《American Psychologist》 55 (2000): 110~121.

직장생활의 내면상태가 주는 교훈

직장생활의 내면상태에 따라 구성원들이 업무를 수행하는 방식과 직장동료들을 대하는 방식이 달라진다는 사실을 보여주는 확실한 증거를 찾았다. 이 증거에 따르면 직장생활의 내면상태 효과는 긍정적인 사건이 발생하는 경우 더욱 두드러진다. 구성원들이 장기적으로 업무에서 높은 성과를 내기 바란다면 직장생활의 내면상태를 불행하게 만드는 사건을 일으키지 말아야 한다. 드림스위트 호텔 입장에서는 콜랜더와 합작해 만든 호텔데이터를 재인수하는 일이 전략상 필요했더라도 호텔데이터 출범과 해산 과정에서 회사에 충성해 온 구성원들을 좀더 배려했어야만 했다.

조금만 더 세심하게 신경 쓴다면 불합리한 조직 개편부터 회사 야유회에 초대받지 못하는 것처럼 구성원들이 경험하는 직장생활의 내면상태에 부정적인 영향을 끼칠 수 있는 사건을 피할 수 있다. 거꾸로 직장에서 매일 벌어지는 다양한 사건을 통해서 긍정적인 직장생활의 내면상태를 유도할 수도 있다. 프로젝트 매니저가 딸의 연극을 보러 가라고 일찍 퇴근시켜 준 덕에 즐겁게 업무를 처리한 헬렌 사례의 비용편익을 따져보라. 비용은 전혀 발생하지 않았지만 헬렌이 경험한 직장생활의 내면상태와 업무 성과 측면에서는 엄청난 이익을 얻었기 때문에 계산 자체가 불가능할 정도이다.

직장생활의 내면상태가 갖는 중요성에 대한 교훈은 어느 조직에나 적용될 수 있다. 몇 년 전, 우리는 한 잘나가는 첨단 전자회사[24]의 구성원들을 대상으로 근무환경에 대한 인식에 대해 대대적인 조사를 벌였다. 우리가 일차적으로 직장생활의 내면상태를 구성하는 핵심 요인인 창의성, 생산성에 대한 수치를 수집한 후 6개월이 지났을 무렵 경영진이 대규모 인원 감축 계획을 발표했다. 그 후에 진행된 후속 측정에서 창의성과 생산성 모두가 감소한 것으로 드러났으며, 이런 경향은 인원 감축이 완료된 후에도 4개월이나 지속되었다. 또한 이 사건이 근무 환경에 대한 인식에도 심각한 영향을 미쳤다는 사실을 알게 되었다. 구성원 면담 결과 구성원들의 몰입도, 협업 능력, 상호 지원 수준이 낮아졌기 때문이었다.

1996년, 악명 높은 앨 던랩Al Dunlap이 새로운 CEO로 결정됐다는 사실을 안 선빔Sunbeam사 구성원들의 내면상태가 어떻게 변했을지 상상해 보자. 선빔으로 옮기기 전에 스콧페이퍼Scott Paper Company의 CEO였던 던랩은 1만 1,000명 이상을 해고해 '전기톱'이라는 별명을 얻었다. 불안한 마음으로 '전기톱 던랩'이 부임할 날을 기다리고 있던 선빔 구성원들이 업무에서 높은 창의성과 생산성을 보여줄 가능성은 희박했다.

여러분은 행복한 구성원이 일도 잘한다고 생각할 것이다. 하지만 모두가 같은 생각을 갖고 있지 않으며, 많은 수의 관리자들은 둘 사이에 상관관계가 없는 것처럼 행동한다. 칼라일Carlyle이 "No pressure, no diamonds"라고 말한 이유는 압력을 가하는 게 가장 좋은 방법이어서가 아니라 훌륭한 결과물을 만들어낼 수 있는 '유일한' 방법이라고 생각했기 때문이다. 관리자들이 구성원에게 "기를 쓰고 노력할 것"을 요구하는 이유는 최대한의 성과를 얻으려면 구성원들의 희생쯤은 대수롭지 않게 넘겨야 한다고 생각하기 때문이다. 20세기 최고의 관리자로 많은 이들의 존경을 받는 잭 웰치Jack Welch가 자신의 저서에 '냉혹한 사람이 승리한다'고 썼던 것을 관리자들은 자신의 행동이 구성원이 경험하는 직장생활의 내면상태에 미치는 영향을 무시하는 데 대한 면죄부로 삼았다. 게다가 일부 구성원에 대해서는 모질게 대우할 필요가 있다는 극단적인 결론을 내리는 관리자조차 있다.[25]

많은 조직이 구성원들에게 엄청난 스트레스를 주고 있다. 하지만 구성원들을 극도의 스트레스 상황에 놓아두는 경우, 특히 그 기간이 길어지면 다이아몬드보다는 석탄이 생길 가능성이 커진다. 물론 압력을 아예 주지 않을 수는 없겠지만 최고의 관리자는 어떤 어려운 상황일지라도 구성원들의 창의성과 생산성을 유지시킬 수 있는 전략적 방법을 사용하는 편이 낫다는 사실을 알아야만 한다. 심지어 구조조정을 하더라도 최소한 구성원들을 존중하고, 터놓고 대화를 나누어야만 한다. 아무리 사소한 일이라도 반복적으로 직장생활의 내면상태에 악영향을 끼친다면 회사 전체가 위태로워질 수 있기 때문이다.

다음 장에서는 직장생활의 내면상태를 개선해서 업무 성과를 증대시키는 방법에 대해 알아보겠다. 그 전에 여러분에게 질문을 하나 던지겠다. 인포스위트 팀원들을 울린 구조조정으로 호텔데이터 프로젝트 매니저 30명이 해고당한 후 겨우 5일이 지났을 때, 팀에 대규모이면서 긴급한 프로젝트가 떨어졌다. 헬렌은 휴가 중이었는데도 호출을 당했다. 처음에는 휴가를 망쳐 화가 났지만 결국 헬렌은 '휴가 기간임에도 기꺼이, 심지어 들뜬 상태로 58시간이나 프로젝트에 매달렸다. 실제로 당시 헬렌이 경험한 직장생활의 내면상태는 최고조에 달했다. 왜 이런 결과가 나타났을까?

Notes

01 후자의 따옴표 안에 있는 글귀는 J. F. 케네디의 아버지인 조셉 케네디(1888~1969)가 말한 것으로 알려져 있다.
02 N. Anderson, C. K. De Dreu, and B. A. Nijstad, "The Routinization of Innovation Research: A Constructively Critical Review of the State-of-the-Science", 《Journal of Organizational Behavior》 25 (2004): 147~173.
F. M. Andrews and G. F. Farris, "Time Pressure and Performance of Scientists and Engineers: A Five-Year Panel Study", 《Organizational Behavior and Human Performance》 8 (1972): 185~200.
S. Fineman, "On Being Positive: Concerns and Counterpoints", 《Academy of Management Review》 31 (2006): 270~291.
G. Kaufmann, "Expanding the Mood-Creativity Equation", 《Creativity Research Journal》 15 (2003): 131~135.
03 J. M. George, J. Zhou, "Dual Tuning in Supportive Context: Joint Contributions of Positive Mood, Negative Mood, and Supervisory Behaviors to Employee Creativity", 《Academy of Management Journal》 50 (2007): 605~622.
04 http://news.bbc.co.uk/2/hi/programmes/working_lunch/2985501.stm
05 테레사 에머빌, 《심리학의 눈으로 본 창조의 조건》, 옮긴이 고빛샘, 21세기북스, 2010.
T. M. Amabile, S. G. Barsade, J. S. Mueller and B. M. Staw, "Affect and Creativity at Work", 《Administrative Science Quarterly》 50 (2005): 367~403.
T. M. Amabile, R. Conti, H. Coon, J. Lazenby, and M. Herron, "Assessing the Work Environment for Creativity", 《Academy of management Journal》 39 (1996): 1154~1184.
Andrews and D. C. Smith, "In Search of the Marketing Imagination: Factors Affecting the Creativity Marketing Programs for Mature Products", 《Journal of Marketing Research》 33 (1996): 174~187.
K. Byron and S. Khazanchi, "A Meta Analytic Investigation of the Relationship of State and Trait Anxiety to Performance on Figural and Verbal Creativity Tasks", 《Personality and Social Psychology Bulletin》(forthcoming).
K. S. Cameron, J, E, Dutton, and R. E. Quinn, eds., 《Positive Organizational Scholarship: Foundations of a New Discipline》, Berrett-Hoehler, 2003.
A. M. Grant, "Does Intrinsic Motivation Fuel the Prosocial Fire? Motivational Synergy in Predicting Persistence, Performance, and Productivity", 《Journal of Applied Psychology》 93 (2008): 108~124.

R. Kelly and J. E. McGrath, "Effects of Time Limits and Task Types on Task Performance and Interaction of Four-Person Groups", 《Journal of Personality and Social Psychology》 49 (1985): 395~407.

A. K. Kirk and D. F. Brown, "Latent Constructs of Proximal and Distal Motivation Predicting Performance under Maximum Test Conditions', 《Journal of Applied Psychology》 88 (2003) 40~49.

B. M. Staw and S. G. Barsade, "Affect and Managerial Performance: A Test of the Sadder-But-Wiser vs. Happier-And-Smarter Hypotheses", 《Administrative Science Quarterly》 38 (1993): 304~331.

B. M .Staw, R. I. Sutton, and L. H. Pelled, "Employee Positive Emotion and Favorable Outcomes at the Work Place", 《Organization Science》 5 (1994): 51~71.

06 직무 만족이라는 것은 각자가 담당하는 직무에 관한 인지 그리고 감정이 조합된 것이다. 이 분석은 직무 만족이 더 나은 성과 등을 이끈다고 제안하고 있다. M. Riketta, "The Causal Relation between Job Attitudes and Performance: A Meta-Analysis of Panel Studies", 《Journal of Applied Psychology》 93 (2008): 472~481.

07 Staw, Sutton, and Pelled, "Employee Positive Emotion and Favorable Outcomes at the Workplace."

08 실제로 연구는 분명하게 양 편으로 나뉘기 보다는 차라리 그 차이가 미묘한 편이다. 설명이 목적이기 때문에 토론은 단순화시켰다. 여러 선행 연구들을 분석했던 2008년 논문에 따르면 긍정적인 분위기는 중립적인 분위기 보다 좀 더 창의성을 발현시키지만 부정적인 분위기 보다 항상 더 창의적인 것은 아니라고 한다(M. Bass, C. K. W. De Dreu, and B. A. Nijstad, "A Meta Analysis of 25 Years of Mood-Creativity Research: Hedonic Tone, Activation, or Regulatory Focus?", 《Psychological Bulletin》 134 (2008): 779~806). 우리의 연구에 따르면 약간의 압박과 외재적 동기부여는 적절한 조건하에서는 창의성을 지원하는 것으로 나타났다(T. M. Amabile, "Motivational Synergy: Toward New Conceptualizations of Intrinsic and Extrinsic Motivation in the Workplace", 《Human Resource Management Review》 3 (1993): 185~201. T. M. Amabile, C. N. Hadley, and S. J. Kramer, "Creativity Under the Gun", 《Harvard Business Review》, August 2002, 52~61.)

09 대상자들이 참여하겠다고 결정하면 바로 개성, 사고 유형, 동기부여 성향, 교육 수준, 조직 내 근무 기간과 다른 인구통계학적 특성에 대한 표준 설문지를 작성해 줄 것을 요청했다. 이러한 개인적 차이를 통계 분석에 일부 반영했다.

10 T. M. Amabile, S. G. Barsade, J. S. Nuellerm and B. M. Staw, "Affect and Creativity at Work", 《Administrative Science Quarterly》 50 (2005).

11 여러 학자들이 창의성의 인큐베이션 효과를 다루기 위해서 확실한 사례들을 만들었다(D. K. Simonton, 《Origins of Genius: Darwinian Perspectives on Creativity》, Oxford University

Press, 1999.). 우리의 연구가 조직 창의성의 인큐베이션 효과에 대한 첫 번째 실증연구임에도 불구하고 몇 몇 연구자들은 최근 학습에 존재하는 인큐베이션 효과를 발견했다.
R. Stickgold, L. James, and A. J. Hobson, "Visual Discrimination Learning Requires Sleep After Training", 《Nature Neuroscience》 3 (2000): 1237~1238.
R. Stickgold, L. Scott, C. Rittenhouse, and J. Hobson, "Sleep-Induced Changes in Associative Memory", 《Journal of Cognitive Neuroscience》 11 (1999): 182~193.
R. Stickgold and M. Walker, "To Sleep, Perchance to Gain Creative Insight?", 《Trends in Cognitive Science》 8 (2004): 191~192.
M. P. Wagner, and T. Brakefield, J. Seidman, A. Morgan, J. Hobson, and R. Stickgold, "Sleep and the Time Course of Motor Skill Learning", 《Learning and Memory》 10 (2003): 275~284.

12 B. L. Fredrickson, "What Good Are positive Emotions?", 《Review of General Psychology》 2 (1998): 300~319.

13 마샤가 창의적으로 생각한 날의 80%는 그날 하루의 일상적인 감정이 그녀의 평균보다 약간 더 긍정적인 날에 이루어졌으며, 65%는 특히 즐거운 날에 나타났다.

14 마샤의 일기에 기록된 자기 평가 감정 점수에 따르면 그날의 평균 보다 1 표준편차 만큼 컸다.

15 이러한 발견은 이전의 조직 창의성 연구에 근거한다. 다음의 논문은 조직의 창의성에 영향을 미치는 업무 환경 효과를 조사한 실증 연구이지만 또한 다음의 연구를 함께 검토했다. M. A. West, and A. W. Richter, "Climates and Cultures for Innovation and Creativity at Work", In 《Handbook of Organizational Creativity》, Lawrence Erlbaum Associates, 2008, 211~236.

16 우리의 이전 연구는 담당 과업과 관련된 지각된 긍정적인 도전과 과업의 창의성 사이에 강력한 연관이 있음을 보여주고 있다(Amabile et al, "Assessing the Work Environment for Creativity"). 2006년 연구는 권한위임과 창의성 사이에 연관성이 있음을 보여주고 있다 (B. J. Alge, G. A. Gallinger, S. Tangirala, and J. L. Oakley, "Information Privacy in Organizations: Empowering Creative and Extrarole Performance", 《Journal of Applied Psychology》 91 (2006): 221~232.). 두 연구 모두에서 구성원의 개인 정보에 대한 프라이버시를 존재하는 조직은 구성원의 권한위임에 대한 인지와 구성원의 창의성을 향상시켰다 (J. Zhou, "Feedback Valence, Feedback Style, Task Autonomy, and Achievement Orientation: Interactive Effects of Creative Performance", 《Journal of Applied Psychology》 83 (1998): 261~276).

17 이 연구에는 통제된 실험으로 포함하고 있는데, 내재적 동기부여를 약화시킨 사건은 역시 창의성을 약화시켰다. 더불어 비 실험적 연구에서도 내재적 동기부여와 창의성 사이

에 긍정적인 관계가 있음을 보여주고 있다.

T. M. Ambile, "Effects of External Evaluation on Artistic Creativity", 《Journal of Personality and Social Psychology》 37 (1979): 221~233.

T. M. Amabile, "Children's Artistic Creativity: Detrimental Effects of Competition in a Field Setting", 《Personality and Social Psychology Bulletin》 10 (1984): 209~210.

T. M. Amabile, "Motivation and Creativity: Effects of Motivational Orientation on Creative Writers", 《Journal of Personality and Social Psychology》 48 (1985): 393~399.

T. M. Amabile, "The Motivation to Be Creative", in S. Isaksen, ed., 《Frontiers of Creativity Research: Beyond the Basic》, Bearly Limited, 1987.

T. M. Amabile, B. A. Hennessy, and B. S. Grossman, "Social Influences on Creativity: The Effects of Contracted-for Reward", 《Journal of Personality and Social Psychology》 50 (1985): 14~23.

T. M. Amabile, P. Goldfarb, and S. C. Brackfield, "Social Influence on Creativity: Evaluation, Coactions, and Surveillance", 《Creativity Research Journal》 3 (1990): 6~21.

B. A. Hennessey, "The Effect of Extrinsic Constraints on Children's Creativity While Using a Computer", 《Creativity Research Journal》 2 (1989): 151~168.

B. A. Hennessey, T. M. Amabile, and M. Martinage, "Immunizing Children against the Negative Effects of Reward", 《Contemporary Educational Psychology》 14 (1989): 212~227.

T. M. Amabile, K. G. Hill, B. A. Hennessey, and E. M. Tighe, "The Work Preference Inventory: Assessing Intrinsic and Extrinsic Motivational Orientations", 《Journal of Personality and Social Psychology》 66 (1994): 950~967.

J. Ruscio, D. M. Whitney, and T. M. Ambile, "Looking Inside the Fishbowl of Creativity: Verbal and Behavioral Predictors of Creative Performance", 《Creativity Research Journal》 II, (1988): 243~263.

R. Eisenberger and L. Shanock, "Rewards, Intrinsic Motivation, and Creativity", Creativity Research Journal 15 (2003): 121~130.

특히 이들은 창의성과 관련된 내재적 동기부여 원칙에 대해서 이의를 제기하고 있다. 특히 보상은 내재적 동기부여와 창의성을 향상시킬 수 있다는 것에 대해서 의의를 제기하고 있다. 우리의 실험에 따르면 보상은 내재적 동기부여와 창의성을 약화시키며 통제요인으로 지각되는 것으로 발견되었다(T. M. Amabile, "Motivational Synergy: Toward New

Conceptualizations of Intrinsic and Extrinsic Motivation in the Workplace", 《Human Resource Management Review》 3 (1993): 185~201) 그러나 이들 조건들은 조심스럽게 관리되어야만 하며 무언가를 하게 만드는 이유로써 제공되는 보상은 창의성을 약화시키게 된다.

18 T. M. Amabile, "Motivation and Creativity", 이 실험은 브랜다이스 대학교에서 수행되었으며, 많은 동기부여와 창의성 관련 연구들 역시 브랜다이스 대학교에서 수행되었다. 그리고 에머빌은 최초 실험을 스탠포드 대학교에서 수행했다.

19 F. X. Frei, R. J. Ely, and L. Winig "Zappos.com 2009: Clothing, Customer Service, and Company Culture", Case 9-610-015, Harvard Business School. 2009.

20 J. K Harter, F. L. Shmidt, J. W. Asplund, E. A. Killham, and S. Agrawal, "Causal Impact of Employee work Perceptions on the Bottom Line of Organizations", 《Perspectives in Psychological Science》 5 (2010): 378~389.

21 A. Damasio, 《The Feeling of What Happens: Body and Emotion in the Making of Consciousness》, Harcourt, 1999, 60~71.
A. Bartels and S. Zeki, "The Neural Correlates of Maternal and Romantic Love", 《NeuroImage》 21 (2004): 1155~1166.
F. C. Murphy, I. Nimmo-Smith, and A. D. Lawrence, "Functional Neuroanatomy of Emotions: A Meta Analysis", 《Cognitive, Affective & Behavioral Neuroscience》 3 (2003): 207~233.
두려움이나 슬픔과 같은 부정적인 감정은 업무를 창조적이고 생산적으로 하는 것을 저해하도록 이끄는 두뇌 활동 또는 사고 패턴을 형성한다(리스크 회피 경우: J. S. Lerner and D. Keltner, "Beyond Valence: Toward a Model of Emotion Specific Influences in Judgment and Choice", 《Cognition and Emotion》 14 (2000): 273~493. 기억과 계획하는데 어려움 겪음: N. I. Eisenverger, "Identifying the Neural Correlates Underlying Social Pain: Implications for Development Processes", 《Human Development》 49 (2006):273~293. 합리적 의사결정: E. B. Andrade and D. Ariely, "The Enduring Impact of Transient Emotions on Decision Making", 《Organizational Behavior and Human Decision Processes》 109 (2009), 1~8.) 의사결정에 미친 부정적인 효과는 부정적인 감정이 사라졌다고 하더라도 끈질기게 계속된다.

22 Fredrickson은 "broaden-and-build" 이론을 다음의 2개 논문에서 언급했다 (Fredrickson, "What Good are Positive Emotions?", "The Role of Positive Emotions in Positive Psychology: The Broaden and Build Theory of Positive Emotions", 《American Psychologist》 56 (2001): 218~226).
다른 심리학자들 역시 비슷한 메커니즘을 제안했다. Alice Isen의 연구는 긍정적인 감정은 사물간의 연관관계에 대해서 더 많은 것을 보도록 이끌며, 부정적인 감정은 협소하게 생각하도록 이끈다는 것을 보여주고 있다(A. M. Isen and K. A. Daubman, "The Influence of Affect on Categorization", 《Journal of Personality and Social Psychology》 47 (1982): 1206-1217. A. M. Isen, P. Niedenthal, and N. Cantor, "The Influence of Positive Affect on Social Categorization", 《Motivation and Emotion》 16 (1992): 65~78. B. E. Kahn and A. M. Isen, "Variety Seeking among Safe, Enjoyable Products", 《Journal of Consumer Research》 20 (1993): 257~270).

Isen과 동료들은 긍정적인 그리고 부정적인 감정 하에서 나오는 두뇌의 신경전달물질인 도파민 차이에 의해서 이러한 차이가 발생된다고 이론화시켰다(F. G. Ashby, A. M. Isen, and A. U. Turken, "A Neuropsychological Theory of Positive Affect and Its Influence on Cognition", 《Psychological Review》 106 (1999): 5229~550).

1959년에 Easterbrook은 걱정과 두려움 같은 부정적인 감정은 집중의 정도를 줄인다고 제안했다(J. A. Easterbrook, "The Effect of Emotions on Cue Utilization and the Organization of Behavior", 《Psychological Review》 66 (1959): 183~201).

1994년에 Derryberry와 Tucker 는 긍정적인 감정은 집중의 범위를 확대시킨다는 가설을 수립했다(D. Derryberry and D. M. Tucker, "Motivating the Focus of Attention", in P. M. Neidenthal and S. Kitayama, eds., 《The Heart's Eye: Emotional Influences in Perception and Attention》, Academic Press, 1994, 167~196).

23 B. L. Fredrickson and C. Branigan, "Positive Emotions Broaden the Scope of Attention and Thought-Action Repertoires", 《Cognition and Emotion》 19 (2005): 313~332.

24 T. M. Amabile and R. Conti, "Changes in the Work Environment for Creativity During Downsizing", 《Academy of Management Journal》 42 (1999): 630~640.

25 J. Welch and S. Welch, 《Winning: The Answers Confronting 74 of the Toughest Questions in Business Today》, Harper Collins, 2006.

4

전진의 법칙을 발견하다

Discovering the Progress Principle
전진의 법칙을 발견하다

헬렌이 5월 25일에 쓴 일기를 읽는 순간 우리는 너무나 깜짝 놀라 할 말을 잊었다. 그날은 프로젝트 매니저 30명이 해고된 지 5일밖에 지나지 않았고, 인포스위트 팀원들은 직장에서 쫓겨날까봐 전전긍긍하고 있던 시기였기 때문이었다. 분노와 배신감에 휩싸여 있던 인포스위트 팀원들이 모기업인 드림스위트 호텔을 신뢰할 이유는 거의 없었다. 그런데도 무언가 달라진 게 분명했다.

> 빅딜 프로젝트 때문에 회사에 출근하라는 연락을 받았다. 드림스위트 호텔이 소송을 당했으니 중대한 일인 건 확실하다. 하지만 내 휴가는 어떻게 되는 거지? 휴가 기간인데 출근을 하라니 화가 났다. 그래도 스트레스가 심한 상황에서 일을 잘 처리한 것 같다. 내가 팀에 큰 도움이 된 듯하다. [헬렌, 5/25]

일기 앞부분을 읽어보면 헬렌(3장에 등장했던 소프트웨어 엔지니어)이 화가 나 빈정거리는 것을 알 수 있고 왜 그런지 이유도 충분히 이해할 수 있다. 그녀는 휴가를 낸 5일간 집에서 쉬면서 두 자녀가 학교에서 돌아오면 함께 시간을 보낼 계획이었다. 하지만 뒤의 두 문장을 어떻게 받아들여야 할까? 헬렌은 자신이 해낸 일을 뿌듯해 하고 팀에 도움이 됐다는 사실을 기뻐하는 듯했다. 그뿐 아니라 헬렌은 그날 직장생활의 내면상태를 구성하는 세 가지 요소인 인식(특히 맡은 업무에 대해서 스스로 인지한 전진), 감정, 의욕 모두에 평균 이상의 점수를 줬다. 계획대로라면 '휴가'를 즐겨야 할 날이었지만 어쩔 수 없이 사무실에 출근해 일을 한 사람이 높은 점수를 매긴 것이다!

　인포스위트는 연구 초기에 조사한 회사 중 하나였기 때문에 이런 큰 변화가 일어난 이유를 우리는 쉽게 이해할 수 없었다. 이런 현상은 헬렌의 경우에만 국한된 현상이었을까? 우리가 모르는 어떤 특별한 사건이 헬렌의 기분을 좋게 만들었는가? 그렇지 않았다. 얼마 지나지 않아 헬렌처럼 다른 인포스위트 팀원들 역시 꽤 오랜만에 업무를 즐기게 됐다는 사실을 알게 됐다. 드림스위트가 1,450억 원짜리 소송을 당했기 때문에 인포스위트 팀원 몇 명이 며칠 동안 소송에 대항할 데이터를 수집하고 분석하는 데 많은 시간과 노력을 투자했다. 몇 사람은 일하느라 휴일까지 반납했는데도 굉장히 즐겁게 근무했다.

　우선 동기부여 요인이 무엇이었는지를 찾기 시작했다. 혹시 회사에서 인정을 받아서일까? 아니었다. 물론 인포스위트 팀이 최고경영진의 인정을 받기는 했지만 그건 프로젝트가 마무리된 후의 일이었다. 그렇다면 헬렌의 내면상태가 좋아진 이유가 회사에 대한 인식 때문이라고 볼 수는 없었다. 게다가 연휴까지 반납하고 일에 매달린 팀원들에게 명시적 보상은 주어지지 않았다.

　우리는 조사 대상이었던 26개 팀으로부터 수집한 데이터를 전부

분석을 끝낸 후에야 인포스위트 팀이 빅딜 프로젝트를 진행하면서 겪은 경험이 **전진의 힘**이라는 사실을 이해할 수 있었다. 이는 우리 연구에서 가장 중요한 발견 중 하나이다. 구성원 각자가 자신이 담당하는 의미 있는 일에서 전진을 이루면 직장생활의 내면상태가 활력을 얻을 뿐 아니라 장기적인 관점에서 보았을 때 업무 성과 또한 높아진다. 진정한 전진은 만족감과 즐거움은 물론 기쁨 같은 긍정적인 감정을 유발시킨다. 진정한 전진은 성취감과 자존감을 높여주고 업무에 대해 가끔은 조직에 대한 관점까지도 긍정적으로 만들어준다. 이런 생각과 인식 그리고 긍정적인 감정은 구성원들의 일에 대한 동기부여와 몰입을 높여주며 이는 결국 블록버스터급 성과를 이루는 데 결정적인 역할을 한다.

3장에서 우리는 직장생활의 내면상태가 긍정적이면 창의성과 생산성이 높아진다는 사실을 보여주었다.[1] 이번 장에서 전진(생산적이고 창의적으로)을 이루어내면 직장생활의 내면상태도 긍정적으로 변한다는 사실을 다룰 것이다. 전진과 직장생활의 내면상태가 시너지효과를 일으켜 서로를 강화해나가면서 **전진 순환고리**the progress loop가 형성된다. 전진 순환고리의 개념과 그 의미는 5장에서 자세히 살펴보겠다.

빅딜 프로젝트

인포스위트 팀은 5월 25일에 시작된 프로젝트를 헬렌이 비꼬며 이름붙인 대로 '빅딜' 프로젝트라고 부르기로 했다. 빅딜 프로젝트를 완수하는 데 필요한 전문 지식을 갖춘 인포스위트 팀원들은 전쟁에서 목숨을 잃은 장병들을 추모하는 공휴일인 메모리얼 데이 Memorial Day가 포함된 사흘간의 연휴를 포함해서 8일 동안 회사가 필요로 하는 데이터를 마련해야 했다. 2명의 팀장 중 해리는 병에 걸려 자리를 비웠고, 또 다른 팀장이자 프로젝트 매니저인 루스는 얼마 전에 큰 수술을 받았기 때문에 아직 컨디션이 완전히 회복되지 않은 상태라 팀은 꽤 어려운 상황에 처해 있었다. 하지만 프로젝트 보고를 통해서 4명의 핵심 팀원(그리고 이들을 보조하는 4명의 팀원)이 첫날부터 꾸준한 진전을 이뤄냈다는 사실을 알 수 있었다. 그리고 프로젝트가 진행되는 대부분의 기간 동안 팀원들의 생각과 감정은 놀라울 정도로 긍정적이고 의욕은 굉장히 높았다. 결과적으로 프로젝트는 대성공을 거뒀다.

빅딜 프로젝트의 세부사항은 전진이 미치는 영향력에 대한 중요한 단서들을 제공했다. 비록 팀원들이 프로젝트를 진행하면서 여러 좌절을 겪기도 했지만 하루하루 꾸준히 전진해 나갔다는 중요한 사실을 염두에 두고 우리의 연구 결과를 확인하기 바란다.

마샤와 드림스위트에서 10년간 함께 일한 30대 후반의 통계분석가 루스, 드림스위트에서 5년간 근무한 30대 후반의 프로그래머 체스터는 태생 자체가 복잡한 빅딜 프로젝트를 완수하기 위해 자신들이 가진 능력을 십분 발휘해야 했다. 뛰어난 엔지니어인 헬렌은 4번째 핵심 멤버로 프로젝트에 참여했다. 5월 25일에 쓴 일기에서 헬렌은 다소 불편한 심경을 드러냈지만 프로젝트 둘째 날 일기에서는 망쳐버린 휴가에 대한 불만을 전혀 찾아볼 수 없었다.

> 오늘은 드림스위트 소송 건과 관련해 더 많은 일을 해야 했다. 담당 임원이 우리를 격려하기 위해 사무실을 찾아왔다. 기분이 꽤 좋았다. 게다가 우리에게 고급 생수까지 사주었다! 다들 점점 지쳐가고 있다! 그래도 아직 짜증을 내는 사람은 없다. 난 솔직히 압박이 심한 상황에서 일하는 게 즐겁다. [헬렌, 5/26]

사활이 걸린 중대한 업무를 맡은 헬렌은 일을 즐기기 시작했다. 불꽃이 튈 정도로 열심히 일하는 분위기도 빠른 성과를 내는 데 중요한 역할을 한 것 같다. 하지만 헬렌의 일기에서 볼 수 있듯이 가장 중요한 계기는 바로 담당 임원이 '고급' 생수를 들고 누추한 동굴 같은 인포스위트 팀 사무실을 찾아와 팀원들을 격려한 굉장히 사소한 일이었다. 회사에서 요구한 일에 비하면 고급 생수와 격려의 말 몇 마디는 하찮은 보상이었지만 담당 임원이 보여준 태도에 헬렌은 기분이 좋아졌고 긍정적인 인식을 가지게 되었다. 굉장히 오랜만에 담당 임원이 친절을 베푼 것이다. 그는 사무실을 방문함으로써 헬렌이 하는 일을 관심 있게 지켜보고 있다는 사실을 보여줬다.

게다가 담당 임원의 행동은 **업무 자체에 대한 인식**을 바꿔놓았는데 이는 직장생활의 내면상태가 활기를 띠는 데 더 중요한 영향을 미쳤다. 이전에는 담당 임원이 팀을 격려하기 위해 인포스위트 팀 사무실을 찾은 적이 거의 없었다. 이번 일로 팀원들은 이 프로젝트가 회사에 얼마나 중요한 일인지 알아 차리게 됐다. 그래서 팀이 맡은 프로젝트는 더 의미 있는 일처럼 여겨졌고, 일을 하나씩 해결해 나가면서 헬렌과 동료들이 느끼는(긍정적인 직장생활의 내면상태를 구성하는 핵심 요인 중 하나인) **성취감**은 더 커졌다. 심지어 얼마 전 대학에서 컴퓨터 공학과를 졸업하고 인포스위트 팀에서 일한 지 1년도 안 된 클라크마저도 경영진이 프로젝트 팀원들에게 쏟는 관심에 큰 영향을 받았다. 클라크는 일기에 담당 임원의 방문으로 인해서 인포스위트 팀이 중요한 업무를 맡고 있으며 뛰어난 전문가들로 구성된 팀을 경영진에서도 지원해 주고 있다는 느낌을 받았다고 기록했다. 클라크는 간접적이긴 하지만 성취감을 맛봤으며 팀과 팀이 맡은 업무에 대한 인식은 훨씬 더 우호적으로 바뀌었다. 그는 일기에 이렇게 표현했다. "내가 직접 참여한 일은 아니었지만 매우 긍정적인 경험이었다."

빅딜 프로젝트는 5월 27일, 부사장들이 프로젝트 진척 상황을 파악하기 위해 사무실을 방문하자 좀 더 탄력을 받기 시작했다. 부사장 한 사람은 생수와 피자까지 들고 찾아왔다. 뿐만 아니라 경영진이 프로젝트에만 집중할 수 있도록 빅딜 프로젝트를 맡은 팀원들에게 다른 업무를 맡기지 말 것을 전사에 공표했기 때문에 이들은 아무 방해 없이 프로젝트에만 전념할 수 있었다.

여기에서 동기부여의 동력이 무엇인지를 주의 깊게 살펴봐야 한다. 최고경영진은 인포스위트 팀의 의욕을 높이기 위해 어떤 보상도 제공하지 않았다. 팀은 힘들지만 매우 중요한 업무를 맡았다는 사실 하나만으로도 자발적인 노력을 아끼지 않았다. 경영진이 했던 것(그리고 이 경우에 훌륭하게 해낸)은 프로젝트에 집중하지 못하도록 방해하는 다른 업무나 배고픔 같은 장애물을 없애주는 것이었다. 그 과정에서 경영진은 빅딜 프로젝트에 참여한 인포스위트 팀원이 자신들을 조직에서 중요한 존재인 것처럼 느끼게 해줬고, 그 덕에 팀원들이 경험한 직장생활의 내면상태는 활력을 얻었다.

팀에서 가장 나이가 많고 조용하면서 충직한 구성원인 톰은 클라크와 마찬가지로 빅딜 프로젝트에서 보조 역할을 맡았다. 그럼에도 불구하고 팀이 이뤄내고 있는 성과와 '회사의 거물'이라고 불리는 임원들의 응원, 루스의 뛰어난 리더십 덕에 톰의 내면상태 역시 긍정적으로 변했다. 톰은 일기에 이렇게 기록했다. "팀원들은 쉬지 않고 일했으며, 부사장 여러 명이 우리 사무실을 방문했고, 루스는 멋진 팀장답게 모두가 지치지 않도록 힘을 불어넣었다."

전진의 위력은 빅딜 프로젝트 팀의 핵심 멤버인 마샤에게 매우 큰 영향을 미쳤다. 마샤는 '쉴 틈 없는 근무'마저 즐기는 듯했다. 마샤는 불과 6주 전까지만 해도 드림스위트가 자신을 학대하는 배우자처럼 느껴진다는 일기를 썼다.

> 오늘, 우리 팀 전체가 다시 한 번 진짜 팀이 된 것처럼 일했다. 정말 기분이 좋았다. 모두 스트레스가 심한 현재 조직 상황을 잊고 중요한 프로젝트를 끝마치기 위해 쉬지 않고 일했다. 사무실에서 15시간이나 일했지만 이런 최고의 날을 보낸 것은 몇 달 만에 처음이다!! [마샤, 5/27]

팀과 함께 열심히 일하고, 서로 협력하면서 중요하고 명확한 목표를 향해 나아가다 보니 마샤의 언짢은 생각과 감정들은 잠시 잊혀졌다. 그 결과 일기에 '최고의 날'이라는 표현이 등장했다. 탁월한 직장생활의 내면상태를 경험한 것이다.

　인포스위트 팀원 몇 명은 빅딜 프로젝트에 놀라울 정도로 열심히 매달렸다. '휴가 주간' 마지막 일요일, 헬렌은 늦은 시간까지 자신이 맡은 업무에서 부족한 부분을 보충했으며, 프로젝트에 매달리고 있는 다른 팀원들의 일을 도왔다. 헬렌은 일기에 이렇게 기록했다. "이번 주에 휴가를 냈지만 58시간이나 일했다. 하지만 다른 팀원들과 비교하면 가장 적은 시간이다. 내일 월요일은 메모리얼 데이로 공휴일이지만 마샤와 체스터, 루스는 프로젝트를 마무리하기 위해 3일이나 퇴근도 하지 않고 사무실에서 계속 일하고 있다." 마침내 그들은 뛰어난 수준의 결과물을 완성해냈다. 체스터와 루스 역시 메모리얼 데이에 마샤가 제출한 일기에 나타난 것과 똑같은 훌륭한 직장생활의 내면상태를 경험했다. "함께 작업한 팀원들 모두 훌륭했다. 비록 일하는 동안 스트레스가 심했지만 전체적인 분위기는 밝고 즐거웠다."

　체스터가 메모리얼 데이에 제출한 일기는 전진의 위력을 완벽하게 보여주고 있다. 그는 팀이 함께 노력해 이루어낸 전진이 긍정적인 인식을 갖는 데 어떤 영향을 끼쳤는지, 그리고 어떤 요소들이 프로젝트를 성공으로 이끌었는지에 대해 자세히 묘사하고 있다.

　　[…] 이번 시련을 겪으면서 함께 노력해 성취감을 얻은 과정 그 자체가 하나의 사건이었다.

　　나는 5월 25일부터 30일까지 5일 동안 70시간을 일했고, 다른 팀원 몇 명도 마찬가지였다. 수술한 지 얼마되 지 않았기 때문에 건강이 완전히 회복되지 않은 루스가 오랜 시간 일하다 문제가 생기지 않을까 모두 걱정했지만 늘 그래왔듯이 루스는 일을 훌륭히 처리해냈다. 여기저기서 생각지도 못했던 문제들이 터질 때마다 어떻게 할지 결정을 내려야 했다. 일이 다 끝났다고 생각했는데 데이터에서 문제가 발견된 경우도 몇 번이나 있었으며 그중 몇 번은 처음부터 모든 걸 다시 시작해야 했다. […] 팀원 5명 이상이 휴일도 반납하고 쉴 새 없이 일해야 했고 심지어 휴가까지 반납한 사람도 있었다. 다른 팀이지만(웃는 낯으로!) 우리 일을 도와준 사람들 역시 많은 힘이 되었다. […] 이번 일로 팀원들의 사이가 훨씬 가까워졌으며 우리의 노력을 본 […] 담당 임원들은 주말에 간식거리를 가지고 사무실을 찾아와 응원해 주기도 했다.

[체스터, 5/31]

체스터의 일기 첫 줄은 '시련'을 겪으면서 함께 노력해 강한 성취감을 얻었다는 내용을 담고 있다. 문장부호와 어조를 통해서 인식과 감정 그리고 동기부여에 미친 긍정적인 영향을 느낄 수 있었다. 체스터는 프로젝트의 중요성과 휴식 시간까지 반납하고 일에 엄청난 노력을 기울인 팀원들, 모두 함께 극복해 낸 좌절의 순간들을 일기에 기록했다. 우리는 그의 글에서 팀이 전진할 수 있도록 한 몇 가지 구체적인 요인을 파악할 수 있다. 첫째, 프로젝트 진행 과정에서 발생하는 문제들에 대한 해결책을 팀원들이 찾았다는 사실로부터 팀에 굉장한 **자율성**autonomy이 보장돼 있었다는 사실을 알 수 있다. 둘째, 루스는 문제가 발생하면 가끔은 몇 발짝 물러서더라도 가장 좋은 방향으로 나아가는 방식으로 팀을 이끌었다. 셋째, 체스터는 연휴 기간임에도 불구하고 인포스위트 팀이 임무를 달성할 수 있도록 다른 팀들이 도움을 줬다고 밝혔다. 마지막으로 그는 임원들이 생수와 피자를 가지고 직접 찾아와 팀을 '응원' 했다고 썼다.

프로젝트를 마무리한 다음 날, 루스는 호텔데이터와 드림스위트 호텔 관리자들에게 팀원들이 이번 일을 위해 얼마나 많은 노력을 했는지 보고했고, 임원들은 팀원들에게 진심 어린 칭찬을 아끼지 않았다. 루스는 인포스위트 사무실로 돌아와 팀원들에게 칭찬 세례를 퍼붓고, 특히 주말까지 반납하고 일해 준 일벌들에게 감사를 표하며 팀 전체에게 열렬한 박수를 보냈다. 빅딜 프로젝트 결과 드림스위트는 대승을 거두었다. 며칠 후, 회사는 소송 건과 관련해 성공적으로 합의했으며 이런 결과를 얻게 된 데는 인포스위트 팀의 역할이 매우 컸다.

빅딜 프로젝트에 임한 팀의 태도는 극히 이례적이었다. 프로젝트가 맡겨지기 불과 며칠 전만 해도 팀원들은 존경받던 프로젝트 매니저 다수를 해고한 조직의 결정 때문에 매우 심란한 상태였다. 그러나 빅딜 프로젝트가 끝나고 얼마 지나지 않아 팀원들은 다시 한 번 별다른 설명 없이 진행된 경영진의 조직개편에 직면했다. 하지만 프로젝트 기간 동안 경영진의 지원 아래 팀이 함께 협력해 의미 있는 업무를 처리해낸 경험은(적어도 일시적으로나마) 탁월한 직장생활의 내면상태와 고성과를 가능하게 했으며 과거의 트라우마를 극복할 수 있게 할 정도로 충분히 강력했다.

전진 외에도 타 팀으로부터 받은 도움, 다른 업무로부터의 해방, 경영진의 지원과 인정이라는 다양한 요인은 팀이 경험한 직장생활의 내면상태에 활력을 불어넣었다. 인포스위트 팀을 비롯한 25개 조사대상 팀에서 수집한 자료들을 분석해 본 결과 **의미 있는 일에서 전진을 이루는 것**이 만족스러운 직장생활의 내면상태를 가능하게 하는 가장 강력한 요소라는 결론에 도달했다.

좌절: 피할 수 없다면 제거해라

직장생활의 내면상태를 만족스럽게 만들어주는 가장 중요한 자극제가 전진인 반면, 가장 불만족스럽게 만들어주는 요소는 바로 좌절이다. 안타깝게도 아무리 노력해도 성가신 문제를 해결할 방법이 보이지 않거나, 목표를 달성하려는 시도가 수포로 돌아가거나, 중요한 정보를 찾는 데 실패하는 등 의미 있는 일을 하는 과정에서 좌절을 겪는 것이 삶의 한 단면이다. 인포스위트 팀원들 역시 우리가 연구를 진행하던 몇 개월 동안 여러 번 좌절을 경험했다. 예를 들어, 빅딜 프로젝트가 주어지기 전에 톰은 계산서 발행 프로그램을 수정하는 과정에서 버그가 쉽게 고쳐지지 않아 애를 먹었다. 그날 톰이 직장생활의 내면상태에 대해 매긴 점수를 보면 그러한 좌절감이 기분에 큰 악영향을 미쳤다는 사실을 알 수 있다.

> 이번 주 내내 굉장히 복잡한 설치 프로그램을 약간 수정하려고 했지만 계속 실패하고 있다는 것 외에는 특별한 일은 없었다. 자세한 얘기를 해봐야 듣는 사람은 지겹기만 할 것이다. [톰, 4/9]

톰의 좌절은 업무 자체와 관련된 일이었기 때문에 누군가의 잘못 때문이라고 핑계댈 수는 없었다. 반면 3월 18일, 마샤는 헬렌과 함께 만든 호텔 예약 소프트웨어에 대해서 추가 개발을 요구한 드림스위트 운영 부문 매니저 때문에 업무를 제대로 진행하지 못하고 있었다.

> 헬렌과 나는 소프트웨어 사용자와 회의를 하느라 하루를 다

허비했다!! […] 오늘 회의는 일을 진행하기 전에 사용자의 요구사항을 정확하게 파악하는 게 목적이었다. 하지만 고객들은 4월 말까지 프로그램을 완성해 달라고만 말했지 자신들이 원하거나 필요로 하는 기능이 무엇인지 하나도 알지 못했다. 하루 종일 회의를 한 끝에 나온 결론은 자기 팀에서 회의를 한 후에 다시 한 번 만나 요구사항을 얘기해 주겠다는 것이었다. 이런 무능한 사람들과 일을 해야 한다니 짜증 난다!! [마샤, 3/18]

이 프로젝트를 추진할 수(심지어는 시작조차) 없는 상황에 놓이자 마샤의 생각과 감정은 위태로울 정도로 악화됐고, 의욕 역시 저하됐다. 그뿐 아니라 사용자들조차 자신들이 무엇을 필요로 하는지 몰랐기 때문에 과연 자신이 맡은 일이 얼마나 의미가 있을 지에 대해서 의문을 품게 됐다. 게다가 고객이 확실한 결정을 내려주지 못한 탓에 마샤와 헬렌은 자율적으로 일을 진행할 수도 없었다. "일주일 내내 실패만 하고 있는" 톰과 마찬가지로 마샤 역시 빅딜 프로젝트를 하는 동안 겪었던 직장생활의 내면상태와는 상반되는 경험을 하고 있었다.

인포스위트 팀뿐 아니라 우리가 연구한 모든 팀은 이런 좌절을 겪게 하는 사건들에 직면하고 있었다. 가끔은 운이 나빴거나 피할 수 없는 기술적 어려움이 발생한 것 때문에 좌절을 경험하는 경우도 있었다.

화학물질 합성 실험이 완전히 실패해 아무 짝에도 쓸모없는 물질이 만들어졌다. 세심한 설계 후에 진행했는데 어떻게 이런 결과가 나왔는지 이해할 수가 없다. 이런 일이 발생할 때마다 짜

증이 솟구친다. [화학회사 연구원]

가끔은 냉담한 태도를 보이는 상사나 비협조적인 동료가 원인을 제공할 때도 있다.

> 사업본부 임원들에게 아이디어를 '납득' 시키려고 노력했지만 내 의견을 이해하지 못하는 듯했다. 이미 생각이 굳어진 탓인지 다른 의견에 대해서 열린 마음을 갖고 있지 못하다. 만약 내가 그들에게 질문을 던졌다면 늘 그래 왔듯이 답을 내놓지는 못했을 것이다. [소비재 회사 팀장, 마케팅 전문가]

> 내가 주도한 회의에서 나와 같은 팀원인 빅터가 전혀 도움을 주지 않았다. 빅터는 클라이언트가 보는 앞에서 내가 내린 결론이 틀렸다고 지적했다. 빅터의 그말 때문에 회의에서 원하던 중요한 결과를 얻지 못했다. 이번 일과 관련해서 빅터의 생각이 짧았다고 본다. [첨단기술 회사 팀장, 시니어 컨설턴트]

좌절이 직장생활의 내면상태를 부정적으로 만든 몇 가지 예를 살펴보았다. 대부분의 경우 좌절을 겪으면 성취감이 현저하게 떨어진다. 좌절의 원인이 업무 자체가 단순히 어려워서인 경우에는 스스로 혹은 주변의 도움으로 난관을 극복했을 때 부정적인 직장생활의 내면상태는 긍정적으로 바뀐다. 그러나 많은 경우, 자신의 아이디어를 깎아내리는 관리자나 동료 또는 필요할 때 도움을 주지 않거나 상대의 노력을 무시하는 타인의 행동이 직접 혹은 간접적으로 좌절을 겪게 만든다. 이런 상황에서 부정적인 직장생활의 내면상태를 긍정적으로 바꾸려면 전진을 가로막는 장애물을 제거하거나 전환시켜야 한다. 이 말은 곧 직접적으로 전진을 만들기 위해 노력하기 전에 처리해야 할 뭔가 '다른' 일이 존재한다는 것을 뜻한다. 이런 사건들이 자꾸 쌓이면 조직에 대한 뒷이야기가 부정적으로 굳어질 수 있다.

직장생활의 내면상태는 대부분의 경우 숨겨져 있지만 전진이나 좌절과 관련된 내용이 기록된 일기에서는 그 모습이 확실하게 드러난다. 일기를 보면 작성자가 느끼는 성취감(혹은 성취감의 부재), 자신의 능력(혹은 무능력)에 대한 인식, 타인의 지원(혹은 나쁜 의도)에 대한 생각을 알아차릴 수 있다. 이들은 전진을 이룬 후에는 행복과 기쁨 그리고 자부심을 느끼는 반면 좌절을 겪은 후에는 분노, 실망, 수치심을 느낀다. 그리고 동기부여 역시 전진 후에는 높아지고 좌절 후에는 저하된다. 전진의 위력은 이처럼 긍정적으로 나타나기도 부정적으로 나타나기도 한다.

인포스위트 팀의 복잡한 계산서 발행 프로그램에 생긴 버그 때문에 골머리를 앓던 톰의 일기에는 이런 점들이 명백하게 드러났다. 톰을 좌절하게 만들었던 일이 발전적인 방향으로 바뀌었을 때, 그가 느낀 기쁨이 일기에 생생하게 나타나 있다.

일주일 내내 나를 괴롭혀 왔던 버그가 드디어 해결됐다. 남들에게는 별일 아닐지 모르지만 난 그 버그를 고치는 일에만 계속 매달려 왔기 때문에 기뻐서 날아갈 것만 같다. 다른 사람들과는 그다지 상관없는 일인 데다 이 일과 관련돼 있던 3명의 팀원이 오늘 사무실에 안 나왔기 때문에 나 혼자 뿌듯한 기분을 만끽했

다. [톰, 4/12]

전진과 작은 성공

전진과 좌절의 중요성은 인포스위트 팀의 일기에 되풀이해서 등장한다. 우리는 이 패턴을 **전진의 법칙**progress principle이라고 부른다. 전진의 법칙은 **직장생활의 내면상태에 영향을 미치는 긍정적인 사건 중 의미 있는 일에서 전진을 이루는 사건이 가장 중요하다**는 것이다. 반대로 모든 부정적인 사건 중 가장 악영향을 미치는 것은 전진과 반대되는 일, 바로 업무에서의 좌절이다. 우리는 전진의 법칙이 기본 경영 법칙이 되어야 한다고 생각한다. 그리고 직장생활의 내면상태를 긍정적으로 만들고 싶은 관리자들이 쓸 수 있는 가장 효과적인 방법은 구성원들이 계속 전진하도록 만드는 것이다. 비록 아주 조금씩 전진한다고 할지라도 구성원이 중요한 목표를 향해 계속해서 앞으로 나아가고 있다는 느낌을 받느냐 아니냐에 따라 직장에서의 하루가 행복할 수도 끔찍할 수도 있다.

모든 연구 대상 팀이 제출한 일기를 분석한 결과, 이 패턴은 더 두드러지게 나타났다. 담당하고 있는 프로젝트가 조금씩이라도 성과를 내고 있는지 여부에 따라 구성원들이 경험하는 직장생활의 내면상태는 좋아지기도 하고 나빠지기도 한다. 많은 경우 **작은 성공**small wins은 직장생활의 내면상태에 놀라울 정도로 긍정적인 영향을 미치고, **작은 패배**small losses는 놀라울 정도로 부정적인 영향을 미친다. 우리는 이 가설을 두 가지 방법으로 좀 더 철저하게 실증해 보았다. 실험 결과, 전진의 위력이 직장생활의 내면상태를 좌지우지하고 있음을 확인할 수 있었다.

1) 점수의 의미

우리가 수집한 모든 데이터를 통계적으로 분석한 결과, 전진의 법칙 가설을 뒷받침하는 결과가 나왔다. 전반적으로 전진을 이룬 날의 내면상태가 좌절을 경험한 날보다 훨씬 만족스러웠다. 조사 대상들에게 제공한 일기 양식에는 직장생활의 내면상태를 구성하는 3대 요소 각각에 대해서 점수를 매기게 돼 있었다. 일기 작성자들은 그날의 업무, 팀, 근무환경, 상사에 대한 각자의 **인식**perceptions과 그날 느낀 **감정**emotions, 그리고 그날 업무에 대한 **동기부여**motivation에 대해 점수를 매겼다. 우리는 1만 2,000건의 일기에서 전진을 겪은 날, 좌절을 겪은 날 그리고 아무것도 겪지 않은 날로 구분해서 작성자들이 경험한 직장생활의 내면상태가 어땠는지 비교해 보았다(우리가 진행한 통계분석에 대한 자세한 정보는 부록을 참고하면 된다.).

우선 **동기부여**부터 살펴보자. 일기 작성자들은 성과를 낸 날에는 업무를 통해 흥미, 즐거움, 도전의식, 열정을 얻게 돼 내적으로 좀 더 동기부여됐다. 좌절을 겪은 날은 업무에 대한 흥미도가 떨어져 의욕이 저하됐을 뿐 아니라 인정을 받지 못한 탓에 '표면적으로도' 의욕이 저하됐다. 업무에서 좌절을 경험하면 일 자체에 관심이 사라지는 경우도 있었다(아래의 〈전진의 법칙을 혁신의 점프 케이블로 이용한다〉를 참고하라.).

우리가 짐작한 대로 조사 대상자들은 좌절을 겪었을 때보다 전진을 이뤘을 때 훨씬 더 긍정적인 감정을 경험했다. 그들은 전반적으로 기분이 훨씬 가벼웠다고 답했으며 만족감, 기쁨, 자부심을 느꼈다. 하지만 좌절을 겪었을 때는 실망, 두려움, 슬픔을 느꼈다.

인식 역시 여러 면에서 다르게 나타났다. 전진을 이룬 날, 사람들은 업무 중 맞닥뜨린 어려움을 좀 더 긍정적으로 인식했다. 또한 팀원들이 서로 돕는 경우도 많았고, 팀과 상사의 관계를 더 긍정적으로 바라보았다.[2] 사람들이 프로젝트에서 좌절을 겪을 경우, 여러 측면에서 부정적인 인식이 드러났다. 업무와 관련된 어려움을 긍정적으로 바라보는 경향도 낮아졌고, 업무 수행과 관련된 자율성도 낮았으며, 업무를 하는 데 필요한 자원도 불충분하다고 인식했다. 뿐만 아니라 조사 대상자들은 좌절을 겪은 날에는 팀원과 상사의 지지도가 줄어들었다고 인식했다.

하루하루 겪는 전진과 좌절이 '원인이 되어' 이러한 직장생활의 내면상태에서 변화가 일어나는 것일까, 아니면 직장생활의 내면상태에서 발생한 변화가 '원인이 되어' 전진 혹은 좌절을 겪게 되는 것일까? 숫자로 된 데이터만으로 이를 알아낼 방법은 없다. 하지만 일기들을 살펴보면 보통 전진을 이루고 난 뒤에 긍정적인 인식, 성취감, 만족, 행복을 얻거나 심지어는 우쭐한 기분을 경험하는 경우가 많았다. 그리고 좌절 후에 부정적인 인식, 실망감, 슬픔, 심지어는 경멸이 뒤따르는 경우도 많았다. 물론 인과관계가 반대로 나타나는 경우도 있다. 3장에서 보았듯이 긍정적인 직장생활의 내면상태는 더 나은 업무 성과로 이어진다. 관리자들은 전진과 직장생활의 내면상태라는 두 요소를 효과적인 도구로 사용할 수 있는데 이에 대한 자세한 내용은 5장에서 소개하겠다.

> **관리자를 위한 팁**
> **전진의 법칙을 혁신의 점프 케이블로 이용한다**
>
> 전진과 내재적 동기부여의 관계를 이용해 혁신을 신장시킬 수 있다. 자신이 중요하게 생각하는 일에서 진정한 전진을 이뤄낸다면 일에 흥미와 재미를 느껴 동기부여 수준이 훨씬 증가한다. 그리고 동기부여 수준이 높아지면 더 창의적으로 일을 처리할 가능성이 커진다는 사실을 보여주는 연구 결과가 많이 존재한다.[a] 이는 곧 구성원이 업무에서 진정한 성취감을 느끼면 창의성이 요구되는 새롭고 어려운 업무를 받아들일 가능성이 커진다는 뜻이다. 다시 말해, 의미 있는 전진을 이뤄내고 나면 어려운 문제에 도전해 창의적인 해결책을 찾아내려는 경향이 높아진다.
>
> 이 책을 읽다 보면 구성원들이 전진을 이루도록 만들 수 있는 방법들을 알게 될 것이다.
>
> ---
>
> a. 테레사 에머빌, 《심리학의 눈으로 본 창조의 조건》, 옮긴이 고빛샘, 21세기북스, 2010.

2) 전진 vs 다른 중요한 사건들

직장에서 끝없이 발생하는 '모든' 사건들 중에서 전진과 좌절의 중요성은 어느 정도일까? 일기에 '오늘의 사건'으로 기록된 긍정적인 사건들에는 업무에서 성과를 낸 경우뿐 아니라 주변 사람들에게 도움을 받거나, 중요한 정보를 발견하거나, 필요한 자원을 얻거나, 자신이 해낸 일을 인정받거나, 응원의 말을 들었던 일 등 다양한 내용들이 포함돼 있었다. 일기에 드러난 긍정적인 사건들 모두가 직장에서 **즐거운 하루**를 보내도록 만들어주었고 이는 결국 만족스러운 직장생활의 내면상태로 이어졌다. 이와는 반대로 부정적인 사건들에는 업무에서 좌절을 겪거나, 사소한 일까지 통제를 당하거나, 자원 제공 요청을 거절당하거나, 누군가의 행동이 프로젝트에 해를 끼쳤다는 사실을 알게 되거나, 조롱당하거나, 무시당하거나, 과한 스트레스를 받는 경우들이 포함됐다. 이런 부정적인 사건들은 모두 직장에서 **힘든 하루**를 보내도록 만들었고 결국 불만족스러운 직장생활의 내면상태로 이어졌다.

과연 이런 다양한 사건들 중에서 전진과 좌절이 가장 눈에 두드러졌는가? 연구 결과 그렇다는 사실이 밝혀졌다. 우리는 이 답을 얻기 위해 일기에 등장한 다양한 사건들을 긍정적, 부정적, 중립적 유형으로 나누어 분류했다. 예를 들어, 작성자나 팀이 맡은 업무가 진전을 보였거나 어떤 일을 해낸 경우는 그 사건을 **전진**으로 표시했다.[3] 체스터와 마샤, 루스가 빅딜 프로젝트에서 마지막 문제를 해결했을 때, 그들의 일기는 전진과 관련된 사건들로 가득했다. 반대로 일에서 전혀 성과가 나지 않거나 어떤 방식으로든 업무에서 퇴보를 겪은 경우는 그 사건을 **좌절**로 표시했다.[4] 사건 분류 체계에 문제가 없는지 검토하고 개선한 후, 우리는 조사 대상들이 직장생활의 내면상태에서 최고 상태를 경험한 날과 직장생활의 내면상태가 최악이었던 날에 일어났던 사건들을 범주화시킨 후에 다시 비교해 보았다.

분석 결과 결론은 명확했다. 모든 사건을 통틀어 봤을 때, 모든 긍정적 그리고 부정적 사건들 중 전진과 좌절이 직장생활의 내면상태에 가장 압도적으로 커다란 영향을 미쳤다. 직장생활의 내면상태가 최고를 경험한 날 발생한 모든 종류의 긍정적인 사건들을 우리가 설정한 방법에 근거해 분류해 본 결과 전진과 관련된 사건이 가장 빈번하게 나타났다. 마찬가지로 직장생활의 내면상태가 최악인 날의 경우, 좌절과 관련된 것이 가장 많았다.

그보다 더 중요한 사실은 직장생활의 내면상태를 결정하는 여러 사건들 가운데 전진과 좌절에 관련된 사건이 가장 큰 '대조'를 보인다는 점이다. 일기 양식에 포함되어 있는 감정과 관련된 6가지 질문에 대한 답을 종합해 하루의 전반적인 **기분**을 측정한 결과를 예로 들어보겠다. 사람들이 가장 기분이 좋았다고 느낀 날 제출한 일기를 살펴본 결과 가장 기분 좋은 하루를 보낸 사람들의 76퍼센트는 전진을 경험했고, 그날 좌절을 경험한 비율은 13퍼센트에 불과했다. 무려 63퍼센트의 차이가 존재했다. 가장 기분 나쁜 날의 결과는 정반대이다. 가장 기분 나쁜 하루를 보낸 사람 중 당일에 전진을 경험한 비율은 25퍼센트에 그쳤지만 좌절을 경험한 비율은 67퍼센트로 42퍼센트의 차이를 보였다. 최고와 최악의 날에 경험한 다양한 사건들 중에 전진과 좌절처럼 극명한 대조를 보여주는 경우는 없었다.

그다지 중요하지 않은 전진처럼 보이는 작은 성공들이라 해도 직장생활의 내면상태에 상당히 좋은 영향을 줄 수 있고, 가끔은 일에서 큰 성과를 냈을 때 못지않은 영향력을 발휘하기도 한다(관리자가 이런 사건을 만들어줄 수도 있다. 〈전진을 이루었는지 어떻게 알 수 있는가?〉를 참고하기 바란다). 하지만 안타깝게도 대수롭지 않아 보이는 좌절 역시 직장생활의 내면상태를 부정적으로 만들 수 있다. 일과가 끝날 무렵 구성원의 기분이 좋은 상태라면 업무에서 전진을 이루었을 가능성이 크다. 반면 기분이 나쁜 상태라면 좌절을 경험했을 가능성이 크다. 이를 크게 보면 직장생활의 내면상태는 업무와 관련된 전진과 좌절에 따라 변한다고 말할 수 있다. 이 개념이 바로 전진의 법칙이며, 만일 최고 또는 최악의 경험을 한 날이 아니라면 눈에 잘 띄지는 않지만 매일 일상에서 작용되고 있다.

생각할 거리
전진을 이루었는지 어떻게 알 수 있는가?

업무에서 전진을 '이루어냈다는 것'을 실제로 알아차리지 못한다면 전진했다는 느낌을 받을 수 없다. 그렇다면 전진을 이루어냈는지는 어떻게 알 수 있을까? 리처드 해크먼Richard Hackman과 그레고리 올덤Gregory Oldham에 따르면 두 가지 방법이 있다고 한다.[a] 하나는 대부분의 관리자들이 떠올리는 방법으로 피드백을 받는 방법이다. 관리자나 해당 주제에 대해 잘 아는 동료가 프로젝트 팀원들이 하고 있는 업무가 창의적이거나 기술적으로 뛰어나다고 얘기해 주면 진정한 전진을 이뤄냈다는 자신감을 가질 수 있다. 하지만 더 좋은 방법은 흥미롭게도 '업무 자체'로부터 피드백을 받는 것이다. 소프트웨어 프로그래머는 복잡한 코드를 만든 후에 테스트를 수행해서 프로그램 내의 오류를 검출하고 제거하는 과정을 통해서 자신이 얼마나 전진을 이루었는지 바로 확실하게 알 수 있다. 프로그램에 미미한 문제 몇 개만이 존재한다는 사실을 알게 되면 의욕이 솟아나고, 기쁜 감정과 긍정적인 인식이 생긴다. 이 경우에는 다른 사람이 인정해 주길 기다릴 필요도, 다른 사람과 이야기를 할 필요도 없다.

하지만 프로그램을 짠 사람과 테스트를 진행하는 사람이 다르다면, 프로그래머는 자신의 내면상태가 좋아지는 기쁨을 바로 누리지는 못할 것이다. 그래서 구성원들이 업무를 진행할 때 자신들이 쏟은 노력의 결과를 정확하게 알 수 있도록 직무를 디자인하는 게 중요하다. 현재 존재하는 모든 조직의 모든 직무에 이 점을 반영한다면 가장 이상적일 것이다. 당신의 조직은 어떤가?

---

a. J. R. Hackman and G. R. Oldham, 《Work Redesign》, Addison-Seisley, 1980, 78~79.

직장생활의 내면상태에 영향을 미치는 3대 핵심 요인

전진과 좌절이 직장생활의 내면상태 만족도에 영향을 미치는 가장 중요한 요소이기는 하지만 그렇다고 그외에 다른 요소들이 관련 없는 것은 아니다. 직장에서 매일 일어나는 다른 사건들 역시 중요한 역할을 한다. 연구 결과 전진과 좌절 외에 직장생활의 내면상태에 큰 영향을 주는 2개의 사건 범주를 더 찾아냈다. 이것들은 전진과 좌절만큼 영향력이 크지는 않기 때문에 '법칙principle'이라는 단어 대신 '요인factor'이라고 부를 것이며 세 가지 모두 직장생활의 내면상태에 지대한 영향을 미친다는 사실은 분명하다.

직장생활의 내면상태에 영향을 미치는 '3대 핵심 요인' 중 첫 번째는 **전진의 법칙**이었다. 두 번째 범주에는 **촉진 요인**catalyst factor이라고 이름 붙였다. **촉진제**catalyst는 어떤 내용이든 상관없이 업무와 관련해 다른 사람이나 집단이 제공한 도움을 포함해 프로젝트와 관련해서 직접적인 지원을 받는 행동을 말한다. 체스터의 일기에 등장했던 빅딜 프로젝트 기간 중 호텔데이터 팀이 인포스위트 팀을 도와준 일도 여기에 속한다. 그외에도 목적, 자원, 시간, 자율성, 아이디어 제시, 업무 중 발생한 문제 해결 등과 관련된 촉진 요인들도 있다.

직장생활의 내면상태에 영향을 미치는 세 번째 범주는 **영양 요인**nourishment factor이다. 촉진제가 프로젝트에 직접적인 영향을 준다면 **영양분**nourishment은 사람에게 직접적인 영향을 주는 대인관계에서 벌어지는 사건이다. 존중, 격려, 위로, 그리고 다양한 형태의 사회적, 감정적 지지 등이 영양 요인에 속한다. 빅딜 프로젝트 기간 동안 경영진이 연휴 기간에 간식을 가지고 응원차 팀을 방문한 것과 프로젝트가 끝난 후 성과를 칭찬한 것은 인포스위트 팀에 영양분을 제공한 것이다.

좌절이 전진에 반대되는 개념이듯 **억제제**inhibitor는 촉진제에, **독극물**toxin은 영양분에 반대되는 개념이다. 프로젝트나 구성원에 대한 지원 부족, 적극적으로 프로젝트를 저해하는 사건 혹은 어떤 방식으로든 구성원을 존중하지 않는 일 등은 부정적인 요소로 작용한다.

〈그림 4-1〉은 긍정적인 직장생활의 내면상태에 영향을 미친 긍정적 그리고 부정적 형태의 3대 핵심 요인을 나타낸다. 그래프에 등장한 각 막대는 해당 사건을 겪은 날 일기에 가장 기분이 좋았다고 기록한 비율을 의미한다. 도표를 보면 가장 기분 좋은 날 제일 많이 경험한 사건은 전진과 관련되어 있다는 사실을 알 수 있다. 촉진제와

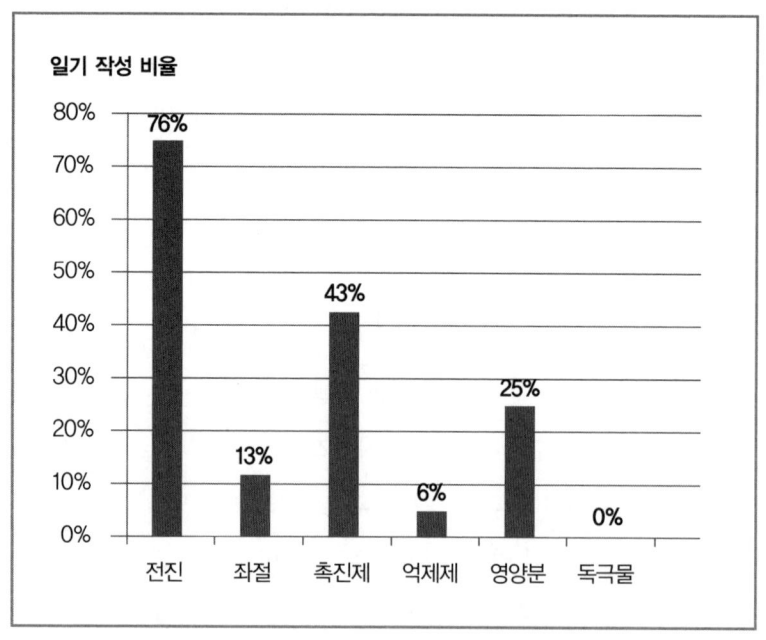

〈그림 4-1〉 가장 기분 좋은 날(전반적인 기분) 있었던 사건은?

영양분 역시 빈번하게 경험한 것으로 나타난다(가끔은 둘 혹은 세 가지 사건을 함께 경험하기도 했다). 또한 부정적인 사건들(좌절, 억제제, 독극물)은 상대적으로 적게 경험했다. 전진, 촉진제, 영양분이라는 3대 핵심 요인 외에 기분 좋은 하루를 만드는 데 중요한 역할을 한 사건들은 많지 않았다. 가장 기분 좋은 하루를 보낸 날 제출한 일기의 85퍼센트가 앞에 제시한 세 가지 유형의 긍정적인 사건을 하나 이상 포함하고 있었다.

특정한 긍정적 감정(즐거움과 사랑)과 내재적 동기부여 수준이 상승된 날 겪은 사건들 역시 가장 기분 좋은 날에 보인 패턴과 똑같았다.[5] 조사 결과 구성원들이 업무에서 전진을 이루거나 전진을 촉진시키는 도움을 받거나 감정적 그리고 사회적 영양분을 공급받은 날 만족스

〈그림 4-2〉 가장 기분 나쁜 날(전반적인 기분) 있었던 사건은?

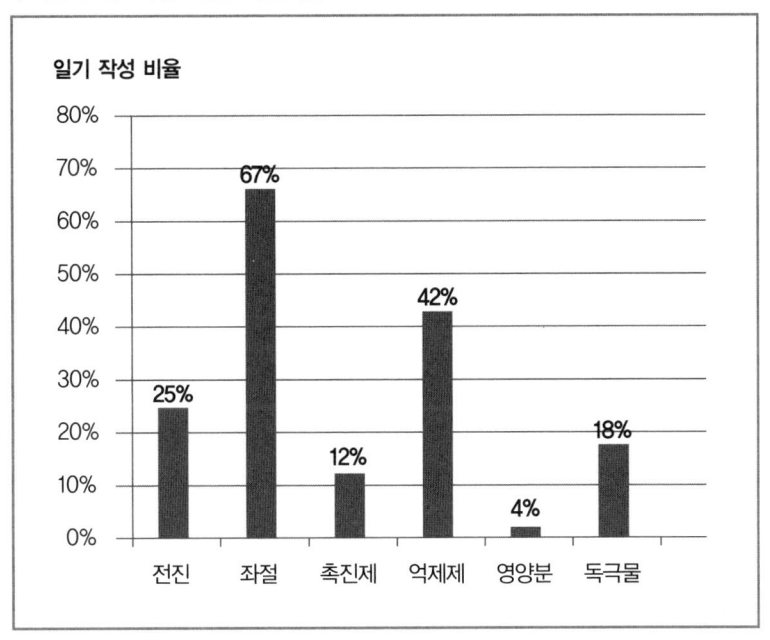

러운 직장생활의 내면상태를 영위할 가능성이 훨씬 컸다.

〈그림 4-2〉는 부정적인 직장생활의 내면상태에 영향을 미친 중요한 사건들의 유형을 나타내고 있는데 〈그림 4-1〉에서 나타난 것과는 반대이다. 가장 기분 나쁜 날에 제일 많이 경험한 사건 유형은 좌절로, 전체 일기의 67퍼센트가 좌절을 경험했다고 밝혔다. 억제제와 독극물 역시 빈번하게 경험한 것으로 나타난다. 그리고 짐작대로 이에 반대되는 사건들(전진, 촉진제, 영양분)은 거의 경험하지 못한 것으로 드러났다. 좌절, 억제제, 독극물이라는 3대 핵심 요인 외에 기분 나쁜 하루를 만드는 데 중요한 역할을 한 사건들은 거의 없었다. 가장 기분 나쁜 하루를 보낸 날 제출한 일기의 81퍼센트는 앞에 제시한 세 가지 유형의 부정적인 사건을 하나 이상 포함하고 있었다. 특정한 부정적 감정(분노, 두려움과 슬픔)과 내재적 동기부여 저하를 경험한 날 겪은 사건들 역시 가장 기분 나쁜 날에 보인 패턴과 똑같았다. 조사 결과 구성원들이 업무에서 좌절을 겪거나 어떤 방식으로든 전진을 저해하는 사건을 겪을 때, 대인관계에 독극물 같은 영향을 주는 일을 겪은 날, 직장생활의 내면상태가 불만족스러울 가능성이 훨씬 컸다.

〈그림 4-3〉은 직장생활의 내면상태에 영향을 미치는 긍정적인 3대 핵심 요인을 요약한 것이다.

구성원들이 경험한 직장생활의 내면상태는 회사 주가의 변화나 사생활과 관련된 문제 등 직장에서 일어나지 않는 일들을 포함해서 다양한 사건으로부터 영향을 받는다. 하지만 대부분의 경우 직장생활의 내면상태는 조직에서 일어나는 세 가지 유형의 사건들 위주로 변한다. 이어지는 세 장에서는 이 세 가지 핵심 요인이 어떻게 작용하며, 조직 내에서 즐거움과 몰입 그리고 창의성을 높이기 위해 핵심

〈그림 4-3〉 직장생활의 내면상태에 영향을 미치는 3대 요인

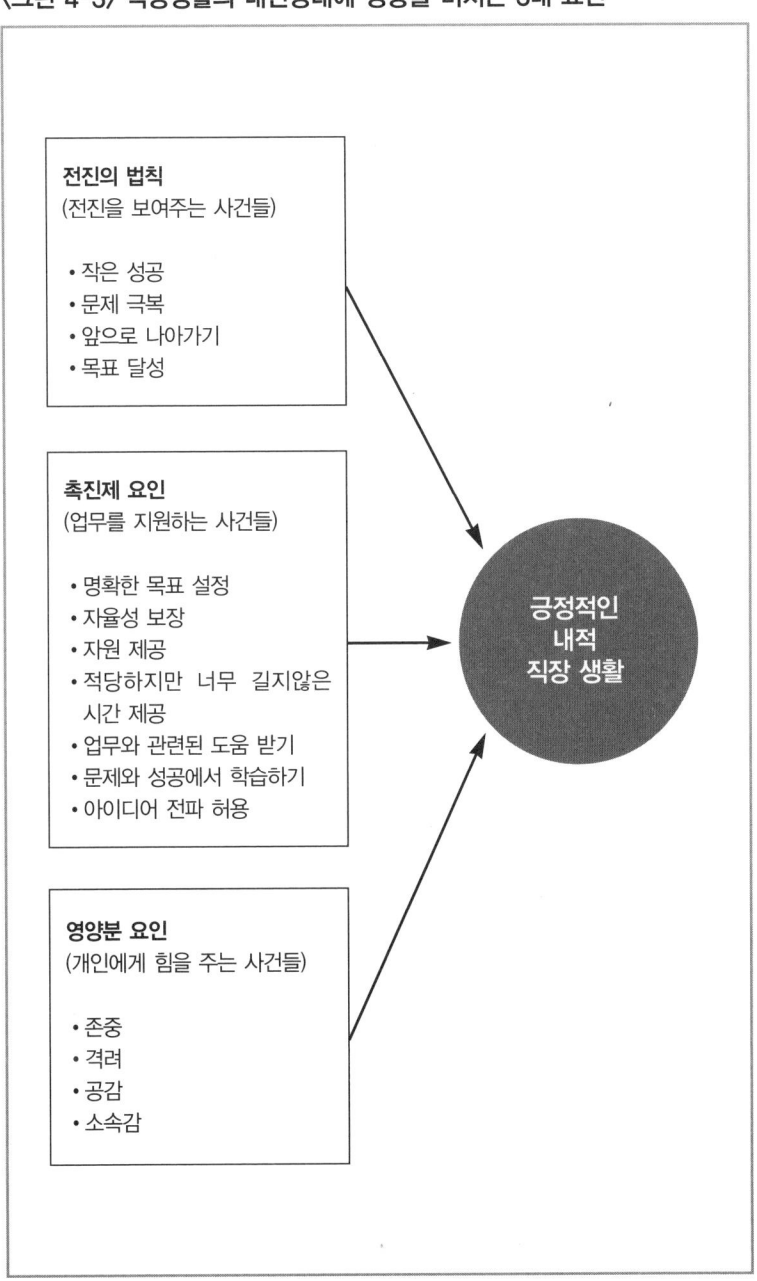

요인들을 어떻게 이용할 수 있는지에 대해 알아보겠다. 촉진 요인과 영양 요인을 살펴보기에 앞서 전진의 법칙이 가장 중요한 이유부터 밝혀본다.

Notes

01 3장에서 직장생활의 내면 상태가 성과와 헌신 그리고 협력관계에 영향을 미친다는 것을 확인했다. 이것들은 일상적인 업무의 전진과 직접적으로 관련된 것이 아니기 때문에 4장에서 다루지는 않는다.

02 흥미로운 것은 업무에서 전진을 이루는 날에는 시간 압박에 대해서도 보고하고 있었다. 6장에서 언급하겠지만, 시간 압박은 매우 매력적이고 복잡한 방식으로 내적 상태와 관련되어 있다. 여기에서 보고되고 있는 분석만으론 무엇이 무엇을 발생시키는 지를 말할 수는 없다. 그러나 사람들이 시간압박을 더 많이 느낄수록 더 많은 일을 하게 된다(이것이 더 많은 전진을 이루게 한다.).

03 다음이 전진과 관련된 공식적인 정의이다. 개인 또는 팀이 전진을 만들고 과업을 완수하며 앞으로 나아가며 일에서 어떤 것을 완수하는 것이다. 이것은 창의적인 완수를 포함한다.

04 다음이 좌절에 대한 공식적인 정의이다. 개인 또는 팀이 전진하지 못하거나 완수하지 못할 때 좌절을 경험한다. 그리고 개인 또는 팀이 업무상 어려움 또는 장애에 직면하게 된다.

05 우리가 사랑이라고 이름을 붙인 감정은 따뜻함과 프라이드가 조합된 것이다.

전진의 법칙

의미 있는 성취의 위력

The Progress Principle
The Power of Meaningful Accomplishment
전진의 법칙

관리자는 구성원들이 업무에서 전진할 수 있도록 지원하는 데 초점을 두어야 한다는 것이 너무나 당연한 말처럼 생각될 것이다. 하지만 현실은 그렇지 않다. 깜짝 놀랄 만한 사실을 하나 알려주겠다. 만약 관리자들에게 여러분이 4장에서 본 막대그래프를 그려볼 것을 요청했다면, '전진이라는 개념은 그래프에 등장조차하지 않았을 것이다'. 우리는 관리자 수십 명에게 개인적으로, 혹은 여럿이 모인 상황에서 구성원들을 동기부여시키는 가장 중요한 수단이 무엇이라고 생각하는지를 물어 보았다. 질문을 받은 관리자들 대부분이 경영서적에 등장하는 공로에 대한 인정, 명시적인 인센티브, 명확한 업무 목표를 답으로 말했다. 몇 안 되는 아주 소수만이 업무에서의 전진과 이를 위한 관리자의 지원이 중요하다고 답했다. 2009년에 시행된 구성원들을 동기부여시키는 방법에 대한 맥킨지Mckinsey의 조사 결과에도 전진과 관련된 내용은 없었다.[1] 다시 한 번 말하지만 만약 관리자들에게 '그들이 생각하는' 직장생활의 내면상태에 영향을 미치는 세 가지 핵심요인을 막대그래프로 그려달라고 요청했다면 전진은 그래프 상에 등장하지 않았을 것이라는 것을 의미한다.

왜 그런 결과가 나왔는지 의문이 들었다. 구성원들이 만족스러운 직장생활의 내면상태를 유지하기 위해서 전진이 가장 중요하다는 사실이 관리자들에게는 너무 당연한 이야기였기 때문에 그런 조사 결과가 나왔을지도 모른다는 생각이 들었다. 즉 관리자들이 구성원들의 전진을 돕는 일이 중요하다는 것이 언급되지 않은 이유는 구성원들을 이끌어나갈 때 가장 기본적으로 해야만 하는 일이라 말할 필요조차 못 느꼈기때문일 수도 있다는 생각이 들었다. 그래서 전진의 법칙에 대한 관리자들의 인식을 더 자세히 알기 위해서 정식으로 조사할 필요가 있다고 느꼈다. 우리는 이에 대한 답을 얻기 위해 669명의 관리자에게 다섯 가지 요소에 대해서 직장에서 느끼는 감정과 동기부여 수준에 영향을 강하게 미치는 순서를 파악하는 설문조사를 실시했다.[2] 설문 결과 상위 네 가지 요소는 경영 법칙에서 보편적으로 강조되는 공로 인정, 인센티브, 대인관계 지원, 명확한 목표였다. '업무에서 전진을 이루도록 지원하는 것'은 5위였다. 우리는 설문지에 전진이라는 요소를 포함시킨다면 관리자들이 당연히 1위로 선택할 것이라고 생각했다.

하지만 우리의 예상은 빗나갔다. 조사 결과 다양한 직급의 많은 관리자들이 전진의 위력을 모르고 있다는 사실이 분명하게 밝혀졌다. 우리가 제시한 총 5개의 요소 중 구성원이 전진하도록 이끄는 지원 영향력은 동기부여와 관련해서는 5위, 감정과 관련해서는 3위를 차지했다. 669명의 관리자 중 오직 35명만이 **전진**을 가장 중요한 동기부여 요인으로 생각했으며 이는 전체 관리자의 5퍼센트 정도였다. 대신 대부분의 관리자들은 '좋은 성과에 대한 공로 인정(공개적 혹은 개인적으로)'을 구성원을 기쁘게 하고, 동기부여하는 가장 중요한 요소로 꼽았다. 물론 우리가 수집한 일기를 분석해 본 결과 공로 인정도 직장생활의 내면상태를 개선시키는 요소 중 하나였다. 하지만 전진만큼 영향력이 크지는 않았다. 게다가 업무에서 성취를 이뤄내지 못한다면 인정을 해주고 싶어도 해줄 수가 없다.

관리자의 직무명세서에는 **매일 부하직원을 전진하도록 이끈다**라는 것이 첫번째 항목으로 기록되어야만 한다. 매우 당연한 말 같지만 많은 관리자들이 몰랐다(〈비디오게임 설계자의 비밀〉은 전진의 중요성을 알고 있는 한 전문가의 이야기를 다루고 있다.)[3] 이번 장에서는 왜 전진이 구성원들이 경험하는 만족스러운 직장생활의 내면상태와 높은 성과를 내는 데 핵심적인 역할을 하는지 알아본다. 그리고 구성원들에게 의미 있는 업무를 줌으로써 전진의 법칙을 활용하는 방법을 소개한다.

생각할 거리
비디오게임 설계자의 비밀

관리자들은 사람에게 동기를 부여시키는 데 전진이 얼마나 중요한지 모르고 있을지 몰라도 뛰어난 비디오게임 설계자들은 그 비밀을 잘 알고 있다.[a] 비디오게임은 모든 형태의 놀이 중에서 가장 중독성이 강하다. 사람들, 특히 15살에서 35살 사이의 젊은 남성들은 '월드 오브 워크래프트World of Warcraft' 같은 대규모 멀티플레이어 온라인 게임MMOG의 환상적인 세계에 계속 머무르기 위해서 엄청난 돈과 시간을 소비한다. 무엇이 이들을 게임에 열광시키는가? 크게 보면 두 가지인데 바로 끊임없이 확인할 수 있는 전진 지표와 업적 표시로 전진의 법칙을 잘 활용하고 있다.

사실상 대부분의 비디오게임은 플레이어들이 게임을 하는 동안 화면에 전진 정도(경험치)를 보여주는 막대를 제공하고 있다. 이 막대들은 플레이어가 다음 레벨로 진입하기 위해서 현재 레벨 안에서 목표를 달성하려면 얼마나 남았는지를 보여주는 눈에 보이는 지표이다. 업적 표시는 특정 과제를 수행하면 받을 수 있는 보이스카우트와 걸스카우트의 배지와 같은 상징이다. 비디오게임에서는 각 플레이어가 업적을 달성하면 모든 사용자가 볼 수 있도록 그것을 화면에 공지시킨다.

정말 능력 있는 비디오게임 설계자는 게임의 전체 단계에서 플레이어들이 전진을 이루고 있다는 느낌을 갖게 만드는 방법을 잘 알고 있다. 능력 있는 관리자들 역시 부하직원들에게 같은 방법을 사용하고 있다.

---

a. 우리에게 이러한 통찰력을 제공해 준 Perfect World Entertainment의 Andy Brown에게 감사한다. 또한 비디오 게임과 우리의 전진 법칙 간의 연결을 제안해 준 《Wired Magazine》의 Clive Phompsin에게 감사한다.

전진과 좌절의 강력한 위력

사람들은 종종 "일 때문에 그럴 뿐이지 개인적으로 악감정은 없다"는 말을 하곤 한다. 하지만 업무도 개인적인 일이다. 많은 이들, 특히 특정 커리어를 갖기 위해 여러 해 동안 교육을 받은 전문가들은 자신들이 해낸 일과 자신을 동일시한다. 창업가들은 회사가 자신이 관리할 수 있는 수준을 능가할 정도로 성장했어도 그동안 애쓴 노력과 회사와 자신을 동일시하는 탓에 자신이 차지하고 있는 대표 자리를 쉽게 포기하지 못한다.[4] 트위터Twitter의 공동창립자인 잭 도시Jack Dorsey는 자신의 아이디어를 바탕으로 설립한 회사의 CEO 자리에서 물러날 때 "배를 세게 한 대 얻어맞은 것 같은" 느낌을 받았다고 말했다.[5] 우리 같은 학자들은 학문과 관련된 저서를 출간하거나 상을 받을 때 진정한 학자라는 느낌을 받는다. 26개의 팀을 조사한 결과 회사 내에서의 지위에 상관없이 모든 구성원들도 똑 같은 것을 느낀다는 사실이 밝혀졌다. '업무' 자체가 큰 의미를 지니기 때문에 업무에서의 전진과 좌절이 매우 중요하며 인간이라면 모두 비슷하게 느낀다.

원하는 목표를 달성하기 위해 요구되는 과업을 스스로 계획하고 실행할 수 있다는 믿음인 '자기 효능감self-efficacy'은 인간의 가장 기본적인 욕구 중 하나이다.[6] 자기 효능감은 굉장히 어렸을 때부터 발달하며, 아이들은 자기 효능감을 얻고자 주변 세계를 탐색하고 학습한다. 자기 효능감을 얻고자 하는 욕구는 평생 동안 지속되거나 점점 증가하며 사람들은 자신의 성과를 동료들 혹은 '자신이 해냈던 최고의 성과'와 비교하곤 한다. 구성원들이 직장에서 어떤 문제나 과업을 완수하거나 전진을 이룰 때마다 각자의 자기 효능감이 증가된다. 정신적으로 건강한 사람은 일에서 좌절을 겪더라도 그 원인이 외부에 있을 경우에는 자기자신을 칭찬해 주는 경향이 있다.[7] 하지만 그렇다 하더라도 개인적으로 중요하게 여기던 프로젝트에서 좌절을 겪게 되면 자신의 능력에 대한 확신이 사라지거나 의심을 품고 혼란을 느끼며 일에 대한 의욕이 낮아지기도 한다.

자기 효능감에 대한 강력한 욕구는 일상 업무에서 전진하는 것이 긍정적인 직장생활의 내면상태를 경험하게 만드는 데 핵심인 이유를 잘 설명해 준다. 또한 일상 업무에서 겪는 좌절이 악영향을 끼치는 이유도 설명해 준다. 1995년, 브리티시컬럼비아 대학에서 실시된 연구에 따르면, 개인적으로 중요한 의미를 갖는 목표를 달성하기 위해 노력하던 중 문제에 봉착하면(덜 중요한 목표를 위해 노력할 때에 비해) 자기 자신에게 더 많이 집중하고 해당 사건에 대해서 좀 더 오랜 시간을 심사숙고한다고 한다.[8] 자기초점주의(self-focused attention, 불안에 떠는 자기자신을 발견하고 타인의 눈에 비치게 될 자기자신의 모습을 부정적으로 구성함 – 옮긴이)는 우울증으로 이어지는 경우가 많기 때문에 정체성이나 자존감을 유지하는 것과 관련된 중요한 목표를 이루지 못하면 단기적으로 정신건강을 해칠 수도 있다.[9] 좌절의 정도가 심할수록 그리고 달성하고자 했던 목표가 중요한 의미를 가질수록 도달하지 못한 목표에 얽매일 가능성이 커지고, 그러다 보면 부정적인 감정이 더 커질 수도 있다.[10]

중요한 프로젝트에서 겪는 좌절이 부정적인 감정, 의욕 저하, 실패한 일에 대한 확대해석 등 건강하지 않은 심리상태와 관련이 있다는 사실을 보여주는 연구도 있다.[11] 흥미롭게도 우리가 수집한 일기에서도 사람들이 사건을 반추하는 방식이 잘 드러나 있었다. 대부분의 경우 '오늘의 사건'이 부정적일수록 일기의 길이가 길어진다는 특징이 있었다.[12]

각자에게 의미를 갖는 목표에 가까이 도달하거나 달성하면 기대했던 것이 현실이 되면서 기분이 좋아지고, 자기 효능감이 높아지며, 다음 일에 도전하고 싶은 마음도 커지고, 관심을 다른 일에도 쏟을 수 있게 된다.[13] 전진은 사람들이 힘든 도전과제를 좀 더 쉽게 받아들이고 더 오래 포기하지 않고 노력하게 이끈다.[14] 인포스위트 팀의 헬렌이 이전에 맡은 프로젝트를 성공적으로 끝낸 후, 고객으로부터 어려운 일을 주문받았을 때 얼마나 열정적으로 업무를 수행했는지 기억해 보라. 사람들은 자신이 유능하다고 생각할 때, 어려운 문제를 긍정적인 도전과제나 성공을 위한 기회로 바라본다. 그리고 자율적으로 일할 수 있게 된다.[15] 하지만 만약 지속적으로 좌절을 겪는다면 같은 문제도 어차피 실패할 거라 생각하며 회피할 가능성이 크다(다음의 〈부정적인 사건의 위력〉은 의욕을 꺾어놓는 좌절을 줄이는 것이 왜 중요한 지에 대한 이유를 알려준다).

우리가 조사한 팀들 중 소비재 회사인 라펠Lapelle의 선프로텍트Sun-Protect 팀은 뛰어난 보습력과 자외선 차단력을 갖췄으면서도 가격은 기존 제품의 절반 정도인 자외선 차단제를 개발해야 하는 굉장히 어려운 과제를 맡고 있었다. 팀원들은 자신들이 맡은 프로젝트의 전략적 중요성을 알고 있었다. 몇 주간에 걸쳐 여러 좌절을 극복하고 정밀한 임상 실험을 통해 포뮬러를 개선해 낸 팀원들은 초조한 마음을 안고 외부 연구조사 기관에 의뢰한 제품에 대한 소비자 포커스 그룹 조사 결과를 기다리고 있었다. 프로젝트 매니저 캐시의 일기는 조사 결과를 들었을 때 팀원들의 반응이 어땠는지를 잘 보여준다.

[우리의 중요한] 제품에 대한 [포커스 그룹 조사] 결과를 받았다. 결과가 굉장히 고무적이었다. 우리가 만들고자 했던 제품을 만드는 데 드디어 성공했고, 소비자들이 마음에 들어했다는 사실에 팀원 모두가 힘을 얻었다! 이제 [다음 단계로] 전진하면 된다.

캐시를 비롯한 팀원들은 프로젝트에서 큰 성과를 냈다는 사실에 굉장히 기뻤다. 아직 해야 할 일이 상당히 많이 남았지만 이번 조사 결과 덕에 자신들의 제품을 전 세계 주요 소매점에 진열하기 위해서 해야 할 모든 일들에 도전할 의욕이 생겼다.

관리자를 위한 팁
부정적인 사건의 위력

만족스러운 직장생활의 내면상태를 조성하고 싶다면 먼저 구성원들을 좌절하게 만드는 장애물들을 없애는 데 초점을 맞춰야 한다. 그 이유는 전진과 관련된 사건보다 좌절과 관련된 사건이 직장생활의 내면상태에 더 큰 영향을 미치기 때문이다. 이를 보여주는 놀라운 증거들이 있다.

- 좌절이 전진보다 감정에 더 큰 영향을 미친다.[a] 전진은 행복감

을 증대시키고 불만감을 감소시키지만 좌절은 불만감을 '더 많이' 증대시키고 행복감을 '더 많이' 감소시킨다. 좌절이 행복감을 감소시키는 정도는 전진이 이를 증대시키는 정도보다 두 배 이상 크다. 좌절이 불만감을 증대시키는 정도는 전진이 이를 감소시키는 정도보다 세 배 이상 크다.

- 작은 실패를 겪는 것이 작은 성공을 이루는 것보다 개인에게 미치는 영향력이 크다. 실패와 성공이 갖는 영향력의 차이는 아주 작은 사건들에서도 똑같이 나타난다. 직장에서 작은 지지를 얻을 때보다 일상적인 작은 스트레스를 겪을 때 직장생활의 내면상태가 더 많은 영향을 받는다.[b]

- 구성원들이 중립적이거나 긍정적인 사건을 겪었을 때보다 좌절을 비롯한 부정적인 사건을 겪었을 때 일기를 더 길게 쓰는 이유는 긍정적인 사건보다 부정적인 사건에 신경과 에너지를 더 많이 쓰기 때문이다.

- 좌절을 비롯한 부정적 사건들은 각각에 대응되는 긍정적인 사건들보다 더 큰 영향을 미친다.[c]

- 직장에서의 부정적인 사건이 기분에 미치는 영향은 긍정적인 사건이 미치는 영향보다 다섯 배나 강하다.[d]

- 팀장의 부정적인 행동이 긍정적인 행동보다 구성원들이 경험하는 직장생활의 내면상태에 더 많은 영향을 준다. 구성원들은 리더의 긍정적인 행동보다 부정적인 행동을 더 강렬하게, 더 상세하게 기억한다.[e]

긍정적인 사건이 부정적인 사건보다 직장생활의 내면상태에 미치는 영향력이 더 적기 때문에 긍정적인 사건의 수가 훨씬 많아지도록 노력해야 한다. 그뿐만 아니라 일상적인 번거롭고 귀찮은 상황을 줄이기 위해서 노력해야 한다. 이 말은 곧 개인과 팀의 전진을 저해하는 장애물을 제거하기 위한 작은 노력이 직장생활의 내면상태와 업무 성과에 큰 변화를 가져올 수 있다는 뜻이다. 그리고 특히 관리자 '스스로가' 장애물이 되지 않도록 조심해야 한다. 부정적인 사건이 직장생활의 내면상태에 미치는 영향이 훨씬 크기 때문에 이를 피하기 위해 '첫째, 해를 끼치지 말라'는 히포크라테스 선서 내용을 실천하는 것도 좋은 방법일 것이다.

a. R. F. Baumeister, E. Bratslavsky, C. Finkenauer, and K. D. Vohs, "Bad is Stronger than Good", Review of General Psychology 5 (2001): 323~370. P. Rozin and E. B. Royzman, "Negative Vias, Negativity Dominance, and Contagion", Personality and Social Psychology Review 5 (2001): 296~320.
b. 캘리포니아 대학교의 연구자들도 비슷한 효과를 발견했다(A. D. Kanner, J. C. Coyne, C. Schaefer, and R. S. Lazarus, "Comparision of Two Modes od Stress Measurement: Daily Hassles and Uplifts Versus Major Life Events", 《Journal of Behavioral Medicine》 4 (1991): 1~30).
c. Baumeister, Bratslavsky, Finkenauer, and Vohs, "Bad is Stronger Than Good".
d. A. G. Miner, T. M. Glomb, and C. Julin, "Experience Sampling Mood and Its Correlates at Work", 《Journal of Occupational and Organizational Psychology》 78 (2005): 171~193.
e. M. T. Dasborough, "Cognitive Asymmetry in Employee Emotional

Reactions to Leadership Behavios", 《Leadership Quarterly》 17 (2006): 163~178.

의미 있는 일에서 전진하기

지금까지 했던 일 중 가장 지루했던 일을 떠올려 보자. 많은 이들이 십대 때 처음으로 했던 일, 예를 들면 음식점에서 설거지를 한다거나 박물관에서 겨울코트를 보관해 주는 일이라고 대답할 것이다. 이런 종류의 일에서는 전진의 위력을 느끼기 어렵기 때문이다. 아무리 열심히 일해도 설거지거리는 계속 생기고, 사람들은 끝없이 코트를 맡기고 찾아간다. 이런 일은 일과가 끝난 후 퇴근카드를 찍거나 주급을 받을 때만 성취감을 느낄 수 있다.

이번에는 우리처럼 어떤 일을 연구하거나 새로운 주방기구를 발명하고 청소도구 제품 계열 전체를 관리하거나 거대 호텔에서 발생한 복잡한 IT 문제를 해결하는 등의 좀 더 어렵고 창의성을 발휘해야 하는 일을 한다고 생각해 보자. 단순히 주어진 일을 완수해 '전진했다고' 직장생활의 내면상태가 만족스러워지지는 않는다. 여러분도 직무를 처리하기 위해 열심히 일했지만 퇴근 무렵에 의욕이 저하되고, 자존감이 낮아지며, 실망감을 느낀 예상치 못한 경험을 해봤을 것이다. 그 이유는 전진의 법칙이 의미 있는 일을 할 때만 작용되기 때문이다.[16] 1983년, 애플 컴퓨터Apple Computer가 펩시코PepsiCo에 근무하던 존 스컬리John Sculley에게 CEO 자리를 제안했을 당시, 스티브 잡스Steve Jobs는 스컬리에게 이렇게 물었다. "죽을 때까지 설탕물이나 팔겠어요, 아니면 세상을 변화시켜 보겠어요?"[17] 잡스는 이 강력한 심리적 기제를 이용해 스컬리가 펩시코에서 쌓은 화려한 경력을 버리고 애플로 이직하게 만들었다.

의미 있는 일을 하고자 하는 욕구는 전진의 법칙이 작동하게 만드는 필수 전제이다. 드림스위트 호텔과 인포스위트 팀원들에게 빅딜 프로젝트가 얼마나 중요한 일이었는지 떠올려보자. 직접 프로젝트에 참여하지 않았던 최연소 팀원인 클라크는 일기에 이렇게 기록했다.

> 우리 팀은 [빅딜 프로젝트] 진행을 위해서 필요한 특별 데이터를 작성할 것을 요청받았다. 우리 팀의 책임자와 관리자를 비롯한 여러 팀원들이 하루 종일 사무실에서 작업 진척 상황을 확인했고, [프로젝트 매니저]인 루스는 휴가 중인 헬렌을 사무실로 불러내 업무에 투입시켰다. 내가 참여하는 프로젝트는 아니지만 우리 사무실에서 처리하는 재무 데이터의 중요성과 우리 팀의 문제 해결 능력 그리고 임원들의 지원을 확인할 수 있었기 때문에 이것을 오늘의 사건으로 기록한다. 굉장히 긍정적인 경험이었다.
> [클라크, 5/26]

임원으로부터 중간 관리자, 프로젝트 매니저, 인포스위트 팀원에 이르기까지 모두가 빅딜 프로젝트에 관심과 에너지를 집중시켰기 때문에 클라크는 이 프로젝트가 얼마나 중요한지, 더 나아가 자신이 속한 팀이 맡은 업무가 얼마나 중요한지 알 수 있었다. 클라크는 빅딜 프로젝트가 의미 있는 업무라는 걸 확인했을 뿐 아니라 임원들이 지원을 아끼지 않는 모습을 목격했기 때문에, 의미있는 일에서 진척을 이루었을 때 팀원들이 굉장히 능력 있는 사람들이라고 인식했다. 클라크의 간접경험 사례를 통해서 성과를 이루어낸 대상이 자신이 아닌 동료라 해도 '의미 있는 일에서 전진을 이루는 사건'이 멋진 직장생활의 내면상태를 구성하는 요소인 성취감과 그외 다른 긍정적인 인식, 감정 그리고 의욕을 경험하게 만들어준다는 사실을 알 수 있다.

《포춘Fortune》지는 매년 미국 내 공기업과 사기업에서 근무하는 구성원들을 대상으로 광범위한 조사를 실시해 '일하기 좋은 100대 기업'을 선정한다. 100대 기업에 선정된 대부분의 기업은 호화로운 특전을 제공하고 있지 않다. 선정된 기업들의 특징과 우리의 조사 결과를 고려해 볼 때, 구성원들이 발전을 경험하게 함으로써 만족스러운 직장생활의 내면상태를 유지하도록 만드는 곳이 훌륭한 기업이라는 사실을 잘 알 수 있다. 코네티컷 주에 있는 별로 유명하지 않은 그리핀 병원Griffin Hospital은 몇 년째 일하기 좋은 100대 기업에 이름을 올리고 있으며 2006년에는 무려 4위에 선정됐다. 그리핀은 인근의 타 병원들에 비해 5~7% 정도 봉급이 낮지만 흥미롭게도 2005년, 160명의 구성원을 모집할 때 지원자가 무려 5,100명에 달했다. 그리핀의 이직률은 겨우 8퍼센트 정도이다. 의료 전문 인력들은 환자 치료에 훌륭한 명성을 얻고 있는 그리핀 병원이라면 자신들이 가장 중요하다고 생각하는 환자 치료 업무에 집중할 수 있도록 지원해 주리라 생각했고, 그 때문에 그리핀에서 꼭 일하고 싶어 했다. 2003년 조사에서 미국인들은 급여와 출세를 비롯한 여러 조건들보다 의미 있고 중요한 업무를 하는 것을 더 가치 있게 생각한다는 결과에서 이러

한 속성을 확인할 수 있다.[18]

1) 의미 있는 일이란 무엇인가?

사회적으로 굉장히 중요하거나 전 세계 정보들을 전부 처리할 때 또는 아픈 사람들을 돌보거나 빈곤을 해결하거나 암을 치료하도록 돕는 일만이 의미 있는 것은 아니다. 그보다는 하고 있는 일이 자신에게 의미 있는 사람이나(자신이 속한 팀이나 자신, 가족이어도 상관없다) 대상에게 가치를 부여한다고 '인식'하는지 여부가 판단 기준이 된다.[19] 고객에게 유용하고 품질이 뛰어난 제품을 만들거나, 자신이 속한 집단에 마음에서 우러나는 서비스를 제공하는 일도 의미가 있을 수 있다. 동료를 돕거나 인포스위트 팀처럼 회사가 1,450억 원을 지출하지 않게 만들어주는 일도 의미 있는 일이 될 수 있다. 목표의 크기와 상관없이 의미만 있다면 직장생활의 내면상태를 좌우하는 전진을 위한 조건은 모두 마련된 셈이다.[20]

화학회사의 실험실 선임기사인 리처드의 예를 살펴보자. 리처드는 동료들이 직면하고 있는 복잡한 기술적 문제를 자신이 해결해 줄 것이라고 믿고 있다는 사실을 깨닫자 자신이 맡은 일이 의미 있다고 느꼈다. 하지만 3주의 프로젝트 기간 동안 있었던 일련의 팀 회의를 통해서 리처드는 자신의 제안이 팀장과 팀원들에게 무시당했다는 사실을 알게 됐다. 결국 그는 자신의 노력이 무의미했음을 느끼게 됐고, 직장생활의 내면상태는 불만족스러워졌다. 하지만 최종적으로 자신의 제안이 프로젝트의 성공에 실질적인 도움을 줬다는 사실을 알게 되자 직장생활의 내면상태가 놀라울 정도로 향상됐다.

오늘 팀 회의에서는 기분이 훨씬 좋았다. 내가 수집한 정보와 제시한 의견이 프로젝트에 큰 도움을 주었고, 덕분에 좀 더 진도를 나갈 수 있었다. [리처드, 실험실 선임기사, 화학 회사]

리처드의 일기에 표시된 기분과 동기부여 점수를 봤을 때, 이 일기를 쓴 날이 프로젝트 기간 중 가장 기분이 좋은 날 중 하루였다.

2) 의미를 퇴색시키는 네 가지 원인

이론적으로 봤을 때 관리자들이 일에 의미를 부여하기 위해 특별히 많은 노력을 들일 필요는 없다. 현대 조직에서 처리되는 대부분의 직무는 이를 맡은 구성원들에게 어떤 식으로든 의미가 있기 마련이다. 관리자들의 역할은 구성원들이 담당한 업무가 조직에 어떤 식으로 도움이 되는지를 인지시키는 것이다. 그리고 무엇보다도 관리자는 **업무의 가치를 저하시키는 행동을 하지 말아야** 한다. 우리 연구에 참여하고 있던 사람들은 모두 나름의 의미가 있는 일을 하고 있었다. 그런데 놀랍게도 중요하고 어려운 업무를 의미 없다고 생각하는 경우들 역시 종종 발견되었다.

우리는 이런 상황이 발생한 이유를 알아내기 위해 일기를 살펴보다가 네 가지 원인을 찾아냈다. 첫 번째는 리처드가 겪었던, 상사나 동료들로부터 자신이 이룬 성과나 아이디어를 무시당하는 경험이다. 두 번째는 맡은 업무의 오우너십을 넘겨줘야 하는 경우였다. 브루스의 일기를 보면 카펜터사의 도메인 팀원들이 이를 반복적으로 경험했다는 사실을 알 수 있었다.

내가 담당했던 프로젝트를 다른 사람에게 넘기려니 굉장히 마음이 아팠다. 프로젝트 시작 단계부터 투입돼 거의 마무리 단계까지 왔기 때문에 더 그렇다. 마치 내 물건을 빼앗기는 느낌이다. 우리 팀은 이런 일을 너무 자주 겪는 것 같다. [브루스, 8/20]

자신들이 노력한 결과가 과연 빛을 볼 수 있을지 의심스럽게 만드는 것이 일의 의미를 퇴색시키는 세 번째 원인이다. 이런 일은 경영진의 우선순위가 바뀌거나 단순히 관리자의 업무 처리 방식에 대한 생각이 바뀌는 경우에 발생하기도 한다. 인터넷 기술 회사 VH 네트웍스의 사용자 인터페이스 개발자인 버트는 몇 주 동안 비영어권 사용자들을 위한 전환 프로그램을 설계하는 데 매달렸지만 모든 일이 수포로 돌아갔다. 이 일을 겪은 날, 직장생활의 내면상태는 큰 타격을 입었다.

팀 회의 시간에 국제 [인터페이스]와 관련된 다른 해결책들이 [제시]됐는데 그 방법들을 따르게 되면 내가 해오던 일들이 쓸모가 없어진다. [버트, 7/28]

고객관리가 제대로 이루어지지 않거나 회사 내에서 의사소통이 충분히 안 돼 고객의 요구사항이 바뀌었다는 사실을 한참이 지나서 알게 됐을 때 역시 유사한 상황이 발생한다. 예를 들어 VH 네트웍스의 정보 변환 전문가인 스튜어트는 몇 주간의 노력이 헛수고로 돌아갈 수도 있다는 사실을 안 날, 엄청난 좌절을 느꼈고 의욕이 저하됐다고 기록했다.

고객의 요구가 바뀌어서 지금 진행 중인 프로젝트가 엎어질 가능성이 크다는 사실을 알게 됐다. 그 말은 지금까지 프로젝트에 들인 시간과 노력이 전부 시간 낭비로 바뀔 가능성이 크다는 뜻이다. [스튜어트, 3/6]

마지막으로 자신의 역량에 비해 하찮은 일을 맡았다고 생각될 때도 일을 무의미하다고 여기는 경우가 많다. VH 네트웍스 구성원인 브로데릭은 자신의 능력이 큰 도움을 줄 수 있을 것이라 생각한 프로젝트에 자원했다. 하지만 리더가 자신에게 '시시한 단순작업'을 맡기자 직장생활의 내면상태에 큰 타격을 입었다.

오늘 팀장이 내게 '시시한 단순작업'(상사가 나에게 직접 이렇게 말했다)이 포함된 일을 맡겼다. 난 이런 일이나 하려고 프로젝트에 자원한 게 아니다 […]. 솔직히 말해, 이 일을 맡게 되면 계속 일할 의욕이 안 생길 것 같다. 내가 자발적으로 참여한 프로젝트인데 나에게 이런 일을 맡기다니 기운 빠진다. [브로데릭, 7/10]

우리는 모두 자신이 의미 있는 일에 도움을 주는 일을 하고 있다고 믿는다. 그 믿음만 변치 않는다면, 발전을 통해 진정한 만족과 업무에 대한 강한 의욕 그리고 긍정적인 감정을 느낄 수 있다. 하지만 맡은 업무에 의미가 전혀 없다면, 많은 일을 해내도 진정한 성취감을 느낄 수 없다.

전진 순환고리

전진과 직장생활의 내면상태는 상호간에 영향을 미친다. 수학자 노버트 위너Norbert Wiener는 이런 유형의 상호작용을 '긍정적 피드백 고리positive feedback loop' 또는 '누적 인과관계cumulative causation'라고 불렀다.[21] 전진은 직장생활의 내면상태를 강화시키고(전진의 법칙) 긍정적인 직장생활의 내면상태는 더 많은 발전을 이루게 해(직장생활의 내면상태 효과) 선순환을 일으킨다. 하지만 이 고리는 반대로 악순환을 일으킬 수도 있다. 직장생활의 내면상태와 전진은 함께 일어나기 때

〈그림 5-1〉 전진 순환고리

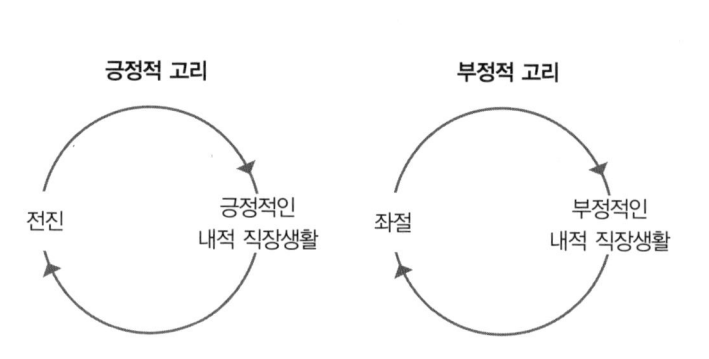

주의: 간결하게 표현하기 위해 전진 순환고리 모델을 단순화시켜 제시했다. 직장생활의 내면상태와 성과간의 실제 상호작용은 복잡하면서도 흥미롭다. 감정과 창의성의 복잡한 상호작용에 관심 있는 독자들은 T.M. Amabile, S.G. Barsade, J.S. Mueller, B.M. Staw의 "Affect and Creativity at Work", 《Administrative Science Quarterly》 50 (2005):3 67-403을 확인하기 바란다. 우리의 일기 연구를 바탕으로 작성된 위 논문에는 감정도 창의성에 영향을 주지만 창의성 역시 감정에 영향을 준다는 증거가 제시돼 있다.

문에 둘 중 하나가 악화되면 나머지 하나도 함께 악화된다. 〈그림 5-1〉은 우리가 **전진 순환고리**progress loop라고 부르는 개념의 긍정적, 부정적 형태를 보여준다.

다른 피드백 고리들과 마찬가지로 전진 순환고리도 시간이 지날수록 점점 힘이 강해진다. 청소기에 들어 있는 진자처럼 외부의 힘이 작용하지 않는 한 움직이는 물체의 가속도가 일정하게 유지되듯이, 전진 순환고리도 다른 사건이 영향을 미치지 않는 한 계속 유지된다. 공기저항이나 다른 방해물이 진자의 흔들리는 속도를 떨어뜨리듯이, 회사에 있는 여러 요인들이 긍정적 피드백 고리의 선순환을 깨뜨릴 수도 있다. 다행스럽게도 전진 순환고리의 악순환 역시 깨뜨릴 수 있다. 쉽지는 않겠지만 전진을 저해하는 장애물들을 없애고, 성공에 필요한 지원을 제공한다면 충분히 가능하다.

관리자와 구성원 모두가 윈윈할 수 있게 해주는 전진 순환고리는 높은 성과를 내는 기업들이 가지고 있는 비밀병기이다. 구성원 한 명 한 명의 지속적인 전진은 조직의 성공 가능성은 물론 직장생활의 내면상태의 질을 높여준다.[22] 중요한 업무를 처리하다 보면 좌절을 완전히 피할 수는 없겠지만 그래도 전진 순환고리의 강력한 힘을 활용하려면 반드시 구성원들이 의미 있는 업무에서 일상적으로 지속적인 발전을 경험하게 만들어야 한다. 시계추는 누군가가 시계태엽을 계속해서 감아줄 때, 멈추지 않고 움직인다. 이처럼 관리자도 계속해서 전진을 용이하게 하고, 장애물을 제거함으로써 전진 순환고리가 정지하지 않게 해야 한다. 구성원들이 매일 전진을 경험할 수 있도록 돕는 데 집중하면 조직을 성공으로 이끌 수 있을 뿐 아니라 구성원들의 삶을 풍요롭게 만들 수 있다.

관리자가 사무실을 재미있는 공간으로 만들어 구성원의 만족도를 높임으로써 직장생활의 내면상태를 강화시킬 수도 있지만 전진의 위력에 초점을 맞추는 것과 비교한다면 다른 방법들은 효력이 크게 떨어진다. 전진은 조직이 목표를 달성하는 데 가장 큰 도움을 준다. 또한 긍정적 생각과 감정을 불러일으키고 동기부여시키는 사건들 중에서 관리자가 가장 통제하기 쉬운 것이 전진을 촉진하거나 저해하는 사건들이다. 그리고 앞에서 본 것처럼 전진이 직장생활의 내면상태를 강화하는 가장 큰 요인이라는 것은 희소식이다.

직장생활의 내면상태에 가장 많은 영향을 미치는 요인은 전진의 법칙이지만 전진과 좌절 외의 다른 사건들 역시 중요하다. 다음 장에서는 직장생활의 내면상태에 영향을 주는 3대 요인 중 두 번째인 촉진 요인에 대해 살펴보겠다.

Notes

01 M. Dewhurst, M. Guthridge, and E. Mohr, "Motivating People: Getting Beyond the Money", 《McKinsey Quarterly》, November 2009, 1~5.
02 T. M. Amabile and S. J. Kramer, "What Really Motivates Workers", 《Harvard Business Review》, January 2010, 44~45. 팀 리더부터 CEO까지 모든 계층에서 서베이에 참여했다. 임원교육 프로그램의 참석자와 비즈니스 스쿨의 졸업생들을 대상으로 했으며 다양한 산업에서 근무하고 있다.
03 1994년에 출시된 짐 콜린스의 《성공하는 기업의 8가지 습관》부터, 기업 내부에서 이루어지는 전진의 중요성을 관리자들이 알아차려야만 한다는 것이 강조되어 왔다. 이 책의 핵심 테마는 장기간 지속되는 성공을 획득하기 위해서 최고경영진은 전진(새로운 전략, 방법 등을 통해서 지속적으로 변화하기)을 고양시켜야만 한다고 했다.
04 S. D. Dobrev and W. P. Barnett, "Organizational Roles and Transition to Entrepreneurship", 《Academy of Management Journal》 48 (2005): 433~440.
N. Wasserman, "Founder-CEO Succession and the Paradox of Entrepreneurial Success", 《Organization Science》 14 (2003): 149~172.
N. Wasserman, 《Founding Dilemmas》, Princeton University Press, Forthcoming.
05 http://techcrunch.com/2011/03/03/jack-dorsey-twitter-punched-stomach/.
06 몇몇 심리학자들은 자기옹호의 역할과 관련된 개념들을 언급하고 있으며, 인간의 동기부여의 핵심 측면이라고 제안하고 있다.
A. Bandura, 《자기효능감과 인간행동》, 옮긴이 김의철 외, 교육과학사, 1999.
E. L. Deci and R. M. Ryan, 《Intrinsic Motivation and Self-Determination in Human Behavior》, Plenum Press, 1985.
M. E. Gist, "Self-Efficacy: Implications for Organizational Behavior and Human Resource Management", 《Academy of Management Review》 12 (1987): 472~485.
07 G. Fitch, "Effect of Self-Esteem, Perceived Performance, and Choice on Causal Attributions" 《Journal of Personality and Social Psychology》 16 (1970): 311~315.
S. Streufert and S. C. Streufert, "Effects of Conceptual Structure, Failure, and Success on Attribution of Causality and Interpersonal Attitudes", 《Journal of Personality and Social Psychology》 (1969): 138~147.
08 L. F. Lavallee and J. D. Campbell, "Impact of Personal Goals on Self-Regulation Processes Elicited by Daily Negative Events", 《Journal of

Personality and Social Psychology》 69 (1995): 341~352.
09 우울증을 겪고 있는 사람들에 대한 연구에 따르면 그들이 대부분 만성적인 자기초점 (Self-Focus)에 사로잡혀 있음을 보여주고 있다(R. E. Ingram and T. S. Smith, "Depression and Internal Versus External Locus of Attention", 《Cognitive Therapy and Research》 8 (1984): 139~152. T. W. Smith and J. Greenberg, "Depression and Self-Focused Attention, 《Motivation and Emotion》 5 (1981): 323~331. T. W. Smith, R. E. Ingram, and D. L. Roth. "Self-Focused Attention and Depression: Self-Evaluation, Affect Affect, and Life Stress", 《Motivation and Emotion》 9 (1985): 381~389).

다른 연구들은 "이상적인" 그리고 "현실적인" 자신에 대한 각자의 관점 사이에 존재하는 불일치와 이것이 우울증과 어떻게 연계되어 있는지를 보여주고 있다(E. T. Higgins, R. Klein, and T. Strauman, "Self-Concept Discrepancy Theory: A Psychological Model for Distinguishing among Different Aspects of Depression and Anxiety", 《Spcial Cognition》 3 (1985): 51~76. R. Laxer, "Self-Concept Changes of Depressed Patients in General Hospital Treatment", 《Journal of Consulting Psychology》 28 (1964): 214-219. M. Nadich, M. Gargan, and L. Michael, "Denial, Anxiety, Locus of Control, and the Discrepancy Between Aspirations and Achievements as Components of Depression", 《Journal of Abnormal Psychology》 84 (1975): 1~9).

사회심리학에서 자기조절 이론은 어떤 사람이 자신의 자존과 관련된 또는 자기 가치를 느끼는 것과 관련된 중요한 목표를 달성하는 것을 힘들게 하는 사건에 직면하게 되었을 때 비만성적 우울 에피소드가 만들어진다고 제안한다(T. Pyszczynski and J. Greeberg, "Self-Regulatory Perseveration and The Depressive Self-Focusing Style: A Self-Awareness Theory of Reactive Depression", 《Psychological Bulletin》 102 (1987): 122~128).

10 T. Pyszczynski and J. Greeberg, "Self-Regulatory Perseveration and The Depressive Self-Focusing Style: A Self-Awareness Theory of Reactive Depression", 《Psychological Bulletin》 102 (1987).

11 C. S. Carver and M. F. Scheier, "Origins and Functions of Positive and Negative Affect: A Control Process View", 《Psychological Review》 97 (1990): 19~35.
E. Diener, "Subjective Well-Being", 《Psychological Bulletin》 95 (1984): 542~575.

12 우리의 연구에서 '오늘의 사건'에 기록된 단어의 수와 참가자가 표시한 그날의 느낌 간에는 통계적으로 유의한 상관관계가 존재하는 것으로 분석되었다. 부정적인 느낌이 강할수록 더 많은 참가자들이 그 날의 사건에 대해서 기록했다.

13 A. Bandura and D. Cervone, "Self-Evaluative and Self-Efficacy Mechanisms Governing the Motivational Effects of Goal Systems", 《Journal of Personality and Social Psychology》 45 (1983): 1017~1028.

C. Harris, K. Daniels, and R. B. Briner, "A Daily Diary Study of Goals and Affective Well-Being at Work", 《Journal of Occupational and Organizational Psychology》 76 (2003): 401~410.

14 B. L. Chaikin, "The Effects of Four Outcome Schedules on Persistence, Liking for the Task, and Attributions for Causality", 《Journal of Personality》 3 (1971): 512~526.

15 J. A. Conger and R. N. Kanungo, "The Empowerment Process: Integrating Theory and Practice", 《Academy of Management Review》 13 (1988): 471~482.

16 Richard Hackman과 Gregory Oldham은 의미 있는 업무가 되기 위한 3가지 핵심 요소를 규명했다. 즉 스킬 다양성(해당 업무를 추진하는 과정에서 직무가 요구하는 다양한 활동 수준), 과업의 독자성(업무가 수행되는 과정에서 '전체' 또는 '독립적으로 구분된 특정 부분'의 완성에 대해서 요구되는 수준), 과업의 중요성(직무가 다른 사람의 삶에 중대한 영향을 미치는 정도)이다.
J. R. Hackman and G. R. Oldham, 《Work Redesign》, Addison-Seisley, 1980, 78~79.

17 http://en.wikipedia.org/wiki/john_sculley.

18 W. F. Cascio, "Changes in Workers, Work, and Organizations", in 《Handbook of Psychology》 12, 《Industrial and Organizational Psychology》, eds. W. Borman, R. Klimoski, and D. Ilgen, Wiley, 2003.

19 '공헌'에 대한 기업의 관점과 각 구성원의 관점에는 강력한 윤리적 요인이 포함되어 있다. 앤론과 같이 망신을 당했던 기업에서 근무했던 많은 관리자들은 당시 자신들이 전진을 이루어냈고 구성원들은 매달 돈이 굴러가는 것을 보면서 위대함을 느꼈을 것이라고 생각했을 것이다. 물론 이들 개인들은 일시적으로 자신과 주주들을 위해 금전적인 가치를 창조했지만, 그들의 행동은 결과적으로는 가치를 파괴시켰다.

20 의미를 갖는 일은 강력한 심리적 효과를 가질 수 있다. 사람들은 자신들이 담당하고 있는 일이 의미가 있을 때, 개인적으로 웰빙을 경험하는 것으로 나타났다.
K. A. Arnold, N. Turner, J. Barling, E. K. Kelloway, and M. C. Mckee, "Transformational Leadership and Psychological Well-Being: the Mediating Role of Meaningful Work", 《Journal of Occupational Health Psychology》 12 (2007): 193~203.
R. F. Baumeister and K. D. Vohs, "The Pursuit of Meaningfulness in Life: in C. R. Snyder and S. J. Lopez, eds., 《The Handbook of Positive Psychology》, Oxford University Press, 2002, 608~618.
S. Cartwright and N. Holmes, "The Meaning of Work: The Challenge of Regaining Employee Engagement and Reducing Cynicism", 《Human Resource Management Review》 16 (2006): 199~208.

A. M. Grant, "The Significance of Task Significance: Job Performance Effects, Relational Mechanisms, and Boundary Conditions", 《Journal of Applied Psychology》 93 (2008): 108~124.

J. R. Hackman, 《성공적인 팀의 5가지 조건》, 옮긴이 최동석 김종완, 교보문고, 2006.

21 N. Wiener, 《Cybernetics or Control and Communication in the Animal and the Machine》, MIT Press, 1948.

B. Arthur, "Positive Feedbacks in the Economy", 《Scientific American》, February, 1990.

22 26개 전체 팀이 보내온 일기를 분석한 결과, 반복적으로 나타나는 선순환과 악순환을 볼 수 있었다. 다음 장에서 우리가 조사한 기업, 팀, 그리고 개인의 이야기를 통해서 이들 순환을 설명할 것이다. 이들 이야기들은 전진 사이클의 전체 모습을 잘 보여주고 있다.

촉진 요인
프로젝트 지원의 위력

The Catalyst Factor
The Power of Project Support
촉진 요인

프로덕트 마케터인 소피와 엔지니어인 톰은 다른 회사에 근무하고 있기 때문에 우리의 연구가 진행되는 동안 서로 만난 적이 없었으며, 앞으로도 만날 가능성은 희박하다. 하지만 둘이 만날 기회가 있었다면 할 이야기가 많았을 게 분명하다. 소피는 앞서 언급한 도메인 팀이 속해 있던 카펜터사의 구성원이었다. 키가 크고, 안경을 꼈으며, 에너지가 넘치는 소피는 자신이 담당하고 있는 주방제품의 신제품 개발 과정에서 마주치는 장애물들을 씩씩하게 헤쳐나가고 있었다. 소피가 팀을 만나면 얘기해 줄 수 있는 그녀가 경험한 최악의 내면상태에 대한 여러 일화 중 하나를 소개하겠다.

신제품 개발을 감독하는 건 내 일인데 왜 자꾸 연구개발(R&D) 부서에서 내 프로젝트를 중단시키는지 모르겠다! 딘 피셔 [연구개발 부사장]는 내가 제안한 소형 믹서 아이디어를 3번이나 퇴짜놓더니 몇 주 전에 드디어 승인해 줬다. 사람들마다 추구하는 목표가 다른 탓에 프로젝트를 시작했다, 멈췄다, 다시 시작하기를 반복하고 있다. [소피, 5/10]

오레일리 코티드 머티리얼즈O' Reily Coated Materials의 선임 연구 엔지니어인 톰은 아마 연민이 가득한 깊고 푸른 눈으로 소피를 바라보며, 턱수염을 쓰다듬으면서 그녀가 카펜터에서 겪은 사건들에 귀 기울였을 것이다. 하지만 그렇다고 해서 톰이 소피의 얘기에 진심으로 공감하거나, 소피의 깊은 좌절감, 바닥으로 떨어진 의욕, 회사에 대해서 느낀 지독한 실망감을 완전히 이해하지는 못했을 것이다. 예를 들어, 그가 지금 참여하고 있는 프로젝트의 첫날에 있었던 사건을 보자.

> 오늘 첫 번째로 프로젝트 팀 회의를 했고 […] 매주 금요일 오전 11시에 만나기로 했다. 팀장은 뛰어난 논리적 분석력을 보여줬으며 […] 앞으로 새 프로젝트가 진행되는 두세 달 동안 일어날 수 있다고 예상되는 일들을 알려 줬다. [팀, 10/9]

톰이 겪은 일은 소피의 경험과는 완전히 달랐다. 회의 첫날, 톰이 속한 프로젝트 팀에는 소피의 프로젝트 팀이 갖지 못했던 뚜렷한 목표가 주어졌다. 무엇을 해야 할지 확실히 모르는 경우에는 일을 할 때 만족을 느끼기 어렵다. 명확한 목표가 있다면 혼자 처리하는 일을 하든 대규모 프로젝트를 하든 올바른 방향으로 나아갈 수 있다. 진행 중이던 새 프로젝트가 또다시 중단되자 낙심하고, 혼란에 빠진 소피는 업무에 대한 방향감각과 자율성을 잃었다. 그녀는 일을 계속해 나갈 의욕을 점점 잃어갔다. 반대로 톰은 첫 번째 프로젝트 팀 미팅이 끝난 후, 기대에 부풀어 팀장이 제시한 방향으로 나아갈 준비를 했다.

명확한 목표는 직장생활의 내면상태에 영향을 미치는 3대 핵심 요인 중 전진의 법칙 다음으로 큰 영향을 주는 촉진 요인catalyst factor의 중요한 성분 중 하나이다. 화학에서 촉진은 화학반응을 일으키거나 가속화시키는 물질이다. 우리 연구에서는 업무를 시기 적절하게 창의적으로 훌륭하게 해내는 데 직접적으로 관여하는 모든 인자를 '촉진'이라고 부른다. 촉진이 없거나 직장생활의 내면상태에 부정적인 영향을 미치는 형태로 나타나는 경우는 '억제제inhibitor'라는 용어를 사용한다.

촉진 요인은 업무에서 전진을 지원한다. 억제제는 전진을 막거나 좌절을 유발시킨다.[1] 앞에서 살펴보았듯이 전진과 좌절은 직장생활의 내면상태에 가장 큰 영향을 미친다. 놀랍게도 **촉진제나 억제제는 업무 자체에 영향을 미치기 전에 직장생활의 내면상태에 직접적인 영향을 줄 수 있다.** 명확하고 의미 있는 목표나 충분한 자원, 도움을 주고자 하는 동료들이 있다는 사실을 깨닫는 순간 업무와 조직에 대한 긍정적인 인식은 증가되며 각자의 감정은 좋아지고 일에 대한 동기부여 역시 높아진다. 하지만 목표가 불확실하거나 자원 지원이 거절당하고, 동료들이 일을 그르치면 생각과 감정은 부정적이 되고, 일에 대한 의욕은 곤두박질친다. 이런 사건들이 발생하는 경우, 전진 혹은 좌절을 경험하기도 전에 직장생활의 내면상태가 즉각적인 영향을 받는다.

〈그림 6-1〉은 촉진제가 직장생활의 내면상태에 미치는 직접적 그리고 간접적 영향을 보여준다. 직접적 영향(두꺼운 화살표)은 구성원이 촉진제의 존재를 알아차리는 순간 나타난다. 간접적 영향은 전진 순환고리를 통해 나타난다. 촉진제가 업무와 관련된 전진으로 이어지면 전진을 이뤄냈다는 기분으로 인해 직장생활의 내면상태가 향상

된다. 예를 들어, 어떤 프로그래머가 회사에 신청했던 새 컴퓨터를 받게 됐다는 소식을 듣자마자 직장생활의 내면상태가 바로 영향을 받는다. 컴퓨터를 실제로 받기 전이라 해도 기분이 좋아지기 때문에 회사를 더 대단한 존재로 느끼거나 자신을 더 가치 있는 존재로 느낄 수도 있다. 게다가 새 컴퓨터를 사용해 더 많은 성과를 이루어내면 전진과 성취감 덕에 직장생활의 내면상태는 훨씬 좋아질 것이다.

부정적인 사건이 일어나지 않는 한 전진 순환고리는 계속 순환하기 때문에 촉진제는 직장생활의 내면상태에 계속해서 긍정적인 영향을 미친다. 하지만 강력한 억제제 역시 촉진제와 같은 방식으로 직장생활의 내면상태에 계속해서 부정적인 영향을 미칠 수 있다.

〈그림 6-1〉 직장생활의 내면상태에 대한 촉진제의 영향

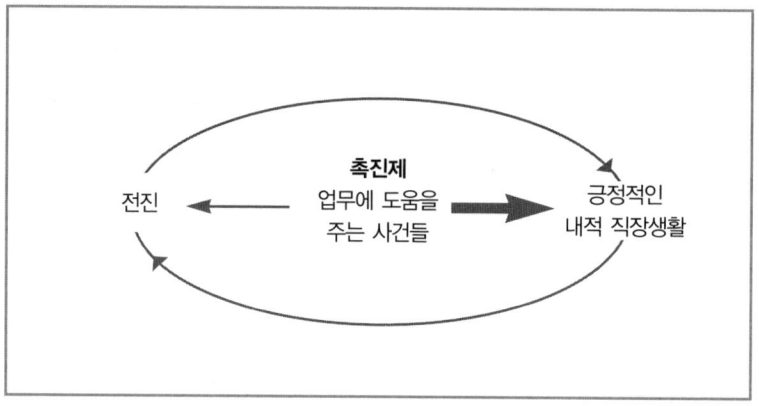

전진을 지원하는 7개 촉진제

촉진제는 다양한 형태로 나타난다. '오늘의 사건'과 작성자가 매긴 매일 직장생활의 내면상태 점수가 쓰여 있는 1만 2,000건의 일기를 수집해 분석한 결과 업무와 직장생활의 내면상태에 활력을 불어넣는 주요한 촉진제 일곱 가지(이에 대비되는 억제제도 일곱 가지이다)가 있음이 밝혀졌다. 조사 대상들의 업무를 촉진시키거나 억제하는 요인은 더 많았지만 직장생활의 내면상태와 업무에 영향을 주는 가장 눈에 띄는 요인은 다음과 같다.

1. 명확한 목표 설정.[2] 구성원들은 자신이 맡은 업무의 목표가 무엇이며 그 업무가 왜 중요한지 알 때, 더 만족스러운 직장생활의 내면상태를 경험한다. 분명한 장기, 단기 목표는 업무에서 현격한 전진을 이룰 수 있게 하는 이정표 역할을 한다. 업무의 우선순위에 대한 의견이 상충한다든지, 목표가 불분명하다든지 의미가 없거나 임의대로 바뀌면 구성원들은 좌절하고 부정적이 되며 사기는 저하된다. 이런 경우에는 성과가 안 나는 일을 하느라 시간만 허비하게 된다.

2. 자율성 보장.[3] 명확한 목표를 세운다고 해도 관리자가 구성원들이 해야 할 일과 업무 방식 모두에 대해서 명령하는 경우 오히려 역효과가 날 수 있다. 전진을 이루어냈을 때 구성원들이 높은 자기 효능감과 내적 동기를 갖게 하려면 업무를 어느 정도 자율적으로 처리할 수 있도록 해야 한다. 그뿐만 아니라 구성원들이 재량껏 업무를 처리하게 되면 창의력이 더 발휘된다. 업무추진에 자신의 판단이 영

향을 미친다는 느낌을 받아야 자율적으로 일을 처리했다고 생각되기 때문이다. 임원이 독단적으로 구성원들의 판단을 무시하면 그들은 곧 스스로 의사결정을 내리고자 하는 의욕을 잃을 것이고 그렇게 되면 전진에 심각한 제약이 따른다. 구성원들이 어떤 일을 시작하거나 변경할 때 관리자의 승인을 받아야만 한다고 느끼게 되면 일의 진행이 늦어질 수밖에 없다.

3. 자원 제공.[4] 지나칠 정도로 과한 자원을 제공할 필요는 없지만 '꼭 필요한' 장비, 자금, 데이터, 물자 그리고 인력을 지원해 줘야 한다. 구성원들이 필요한 자원을 제공받지 못하면 업무에서 전진을 이루기가 어렵거나 불가능하다고 생각하게 될 것이며, 이들의 직장생활의 내면상태는 나빠진다. 장기적으로 볼 때 '짠돌이 경영방식lean and mean'과 같이 그중에서도 특히 인원을 감축하는 방식을 통해서 성공을 거두는 경우는 거의 없다.[5] 자원 제공은 직장생활의 내면상태에 두 가지 긍정적인 영향을 준다. 자원을 제공받게 되면 구성원은 프로젝트의 성공 가능성을 더 높게 평가할 뿐 아니라 조직이 자신들의 업무를 중요하게 생각하고 있다는 느낌을 받는다. 그러나 필요한 자원을 제공받지 못하거나 이용하기 힘들게 되면 구성원은 자신이 하찮은 사람이 된 듯한 느낌을 받거나 '시시한 단순작업'에 시간을 낭비하고 있다는 생각에 화가 날 수도 있으며, 자신이 맡은 프로젝트가 별로 중요하지 않다라는 생각을 할 수도 있다.

4. 적당하지만 너무 길지 않은 시간 제공.[6] 연구를 통해 밝혀진 가장 흥미로운 촉진제 중 하나가 시간 압박이다. 종종 단기간 동안 가

해지는 시간 압박은 활력소가 될 수 있지만, 긍정적인 직장생활의 내면상태를 북돋기 위해 몇 주 연속으로 혹은 단기적으로라도 시간 압박을 지나치게 활용하면 역효과가 날 수 있다(《시간 압박과 창의성》 참고). 관리자가 절대 불가능한 시간 안에 업무를 완수할 것을 주기적으로 요구하거나 말도 안 되게 많은 양의 일을 맡기는 경우 구성원들은 스트레스를 받고, 불만을 느끼며, 지치기 때문에 의욕은 저하된다. 하지만 사람들은 지루한 일 역시 싫어한다. 우리가 수집한 자료 중 시간 압박을 별로 받지 않은 날 작성된 일기는 몇 개가 없었지만 그들을 살펴본 결과 그런 날은 긍정적인 직장생활의 내면상태를 경험하지 못한 것으로 나타났다. 전반적으로 적정한 정도의 시간 압박이 긍정적인 생각과 감정 그리고 의욕을 유지하는 데 적합한 것으로 보였다.

5. 업무와 관련된 도움. 현대 사회에서는 누구나 타인의 도움을 필요로 한다. 남에게 의존하지 않고 모든 일을 혼자 처리할 수 있는 사람은 거의 없다. 모든 일을 혼자 처리하고 타인의 도움이나 지원을 전혀 받지 않는 구성원은 성과를 거의 내지 못한다.[7] 도움의 형태는 필요한 정보 제공부터 동료와의 브레인스토밍 회의, 문제와 씨름하고 있는 구성원을 도와주기까지 매우 다양하다. 구성원들은 필요한 도움을 받지 못하면 낙담하고, 프로젝트에서 중요한 역할을 맡고 있는 관리자나 타 부서 동료, 팀원 혹은 공급업자나 고객이 도와주지 않으면 좌절한다. 그리고 누군가 자신의 일을 의도적으로 방해한다는 사실을 알게 되면 격분한다. 이와 반대로 필요한 사람에게 필요한 시기에 원하는 도움을 받으면(아직 일에서 성과를 거두지 못했다 해도) 직장

생활의 내면상태가 놀라울 정도로 향상된다.

6. 문제와 성공으로부터 배운 교훈.[8] 구성원들의 스킬이 뛰어나고, 프로젝트가 잘 계획되어 진행된다 하더라도 복잡하고 창의적인 업무를 진행하다 보면 문제 상황이 발생하거나 실패를 피할 수 없는 경우도 생긴다. 하지만 문제와 정면으로 부딪쳐서 분석하고, 해결책을 찾아내거나 교훈을 얻는 경우 직장생활의 내면상태가 훨씬 긍정적이 된다는 사실을 파악했다. 문제를 무시하거나 나쁜 일로만 치부하고 아무렇게나 되는 대로 처리하는 경우에는 직장생활의 내면상태에도 문제가 생긴다. 성공에서 얻는 교훈 역시 중요하다. 아무리 작은 성공이라 해도 축하하고 교훈을 얻기 위해 분석하는 경우 연구 대상자들의 생각과 감정, 의욕에 더 긍정적인 영향을 미친다. 반대로 성공이 무시되거나 가치에 의문을 품으면 부정적인 영향을 준다. 구성원들에게 **심리적 안정감**psychological safety을 주는 기업문화가 조성돼 있는 경우에는 구성원들이 실패를 경험한 후 앞으로 나아가거나 교훈을 얻기가 쉽다. 구성원들이 리더들로부터 야단맞을 수 있는 상황을 피하는 대신 자신의 실수를 인정하거나 문제를 지적하는 행동이 오히려 칭찬받을 때 심리적 안정감이 생겨난다.[9] 조직내부에 심리적 안정감이 조성되어 있을 때 구성원들은 진정으로 혁신적인 일을 해내기 위해서 반드시 필요한 모험을 시도할 수 있다.

7. 아이디어 전파 허용.[10] 연구 참여자들은 자신이 맡은 프로젝트를 위해서 낸 아이디어가 팀은 물론 조직 전반에 전달되었을 때 굉장한 기쁨을 느꼈다고 대답했다. 또한 조사 결과에 따르면 관리자가 구

생각할 거리
시간 압박과 창의성

우리 조사에 참여한 많은 사람들처럼 당신도 시간의 압박이 심한 날 더 창의력이 발휘된다고 '느낄' 수 있다. 하지만 조사 결과 보통은 시간의 압박이 적은 날 좀 더 창의적으로 '일을 하는' 것으로 드러났다. 이는 시간 압박이 심한 날과 적은 날 작성된 일기들을 비교해 얻어낸 결과이다.[a] 일기에는 시간 압박이 적은 경우보다 심한 경우가 더 많았는데, 시간 압박이 심한 날 창의적인 활동을 했다는 내용이 담긴 일기는 거의 없었다. 우리는 시간 압박이 심하지만 창의적인 활동을 못한 날을 '다람쥐 쳇바퀴 돈on a treadmill' 하루라고 부른다. 보통 이런 날 사람들은 전혀 관계없는(때로는 예상치 못했던) 여러 일들을 끊임없이 하지만 중요한 일에서는 성과를 못 낸다.

반면 시간 압박이 적은데 창의적인 활동을 한 날은 '탐험expedition'을 한 하루라고 부른다. 이런 날 사람들은 업무를 탐구하듯이 파고들고, 문제에 다른 관점에서 접근하기 위해 동료들과 머리를 맞댄다. 하지만 구성원들이 혁신적인 아이디어를 낼 수 있도록 관리자가 지원해 주지 않는 경우, 시간 압박이 적으면 오히려 역효과를 낳을 수 있다. 이런 경우 사람들은 창의력은 거의 발휘되지 않으며 지겹기만 한 '자동 조종autopilot' 상태에 놓일 수 있다.

가장 드물게 나타나는 경우는 시간 압박이 심한 날 창의적인 활동을 하는 '임무 수행on a mission' 상황이다. 이런 일이 가능하려면 구성원들이 다른 일들은 미뤄놓고, 중요하고 긴급한 프로젝트를 해결하는 데만 집중해야 한다.[b] 하지만 장기간 임무 수행에 매달리다 보면 구성원이 지쳐서 역량을 제대로 발휘하지 못하게 될 수도 있다.

구성원이 창의력을 최대한 발휘하게 만들려면 가끔 급한 일이 있을 때는 시간 압박을 높이더라도 평상시에는 시간에 대한 압박을 적게 혹은 중간 정도로 유지하는 편이 좋다.

---

a. T. M. Ambile, C. N. Hadley, and S. J. Kramer, "Creativity Under the Gun", 《Harvard Busienss Review》, August 2002: 52~61.
D. Malhotra, "The Desire to Win: The Effects of Competitive Arousal on Motivation and Behavior", Organizaitonal Behavior and Human Decision Processes 111 (2010): 139~146.
b. 만일 근무환경이 지원을 잘 받고 있다면, 스트레스를 받아도 창의적으로 일할 수 있다는 연구도 있다(J. M. Gerogy and J. Zhou, "Dual Tuning in Supportive Context: Joint Contributions of Positive Mood, Negative Mood, and Supervisory Behaviors to Employee Creativity", Academy of Management Journal 50 (2007): 605~622).

성원들의 이야기에 귀 기울이고, 서로 다른 의견을 가진 사람들이 활발한 토론을 펼치도록 독려하며, 건설적인 비판(심지어 관리자에 대한 비판까지도)을 존중하는 경우 아이디어가 더 잘 전달되는 것으로 드러났다. 이 중요한 촉진제가 빠지거나 억제되면(관리자들이 토론할 기회를 막거나 새로운 아이디어를 가혹하게 비판하면) 구성원들은 위축되기 쉽다. 구성원들이 자기 방어적인 태도를 취하게 되면 직장생활의 내면상태는

두려운 감정과 작업 환경에 대한 부정적 인식으로 가득해지고 의욕은 상실된다.

일상적인 사건들은 기업문화에 의해 결정된다

촉진제와 억제제는 무작위로 나타나지 않는다. 직장생활의 내면 상태에 영향을 미치는 촉진제와 억제제는 구성원들의 기대와 행동을 형성하는 지배적인 규범인 기업문화에 의해서 생겨난다. 문화는 조직 내/외부의 사람들이 생각하는 그 조직의 '서명signature'과 같은 것이다.[11] 보통 기업문화는 설립자를 비롯하여 여러 리더들이 한 말과 행동에 의해서 창조된다.[12] 조직 내에서 벌어지는 특정한 사건들은 대부분 기업문화와 연관되어 있으며, 이런 사건이 계속해서 발생됨으로써 기업문화가 더 강해지는 결과를 가져온다.

초창기 구글Google의 기업문화는 근면과 재미 추구로 설명되었다. 전 세계 어디서나 원하는 정보를 얻을 수 있게 만들겠다는 원대한 목표를 이루기 위해 구성원들은 의욕적으로 협동하고, 자유롭게 새로운 아이디어를 탐색했다. 반대로 오랜 동안 IBM의 기업문화는 극단적 보수주의처럼 보였다. 구성원들은 진청색 정장을 입고, 대기업 고객들을 상대하는 데 집중했으며, 지정된 절차를 꼼꼼하게 따랐다. 관리자들과 구성원들은 조직의 규범에 따라 행동하고, 신입사원들도 근무 중에 선배나 동료를 통해서 자연스럽게 규범을 따르게 되며 문화에 순응하게 된다. 한 조직의 기업문화가 어떻든 간에 규범은 설립자와 초창기 최고경영진의 행동에 의해 구축된다. 관리자의 경영방식이나 조직의 상황에 큰 변화가 생기지 않는 한 기업문화는 수십 년간 지속될 수도 있다.

조직 내에 촉진제, 억제제 역할을 하는 특정 사건을 형성하게 하는 3가지의 주요 기업문화 영향력은 다음과 같다.

- **구성원과 구성원이 제시한 아이디어에 대한 배려.** 최고경영진이 말과 행동으로 구성원의 체면을 세워주고 그들의 아이디어를 소중하게 여기는가? 또한 구성원들과 대화를 나눌 때 정중한 태도를 취하고, 구성원 개개인의 참여를 기꺼이 받아들이는가?
- **조정.** 개인이나 집단이 순조롭게 협업할 수 있게 이끄는 시스템이나 절차가 갖춰져 있는가? 조직 구조가 전략적 목표를 달성할 수 있도록 조직화되어 있으며, 이러한 목표를 달성시킬 수 있도록 구성원의 스킬이 일치하는가?
- **의사소통.** 아마도 의사소통이 가장 중요한 영향력일 것이다. 전진을 유지하고, 업무를 조율하고, 신뢰를 쌓고, 구성원과 그가 낸 아이디어가 조직에 매우 소중하다는 사실을 전달하기 위해서는 명확하고 진실하며 정중하고 자유로운 의사소통이 매우 중요한 역할을 한다.[13]

기업문화의 중요성은 상황에 따라 다르지만 앞서 제시한 3가지 영향력이 강력하게 긍정적으로 나타난다면, 조직에서 발생하는 특정 사건들이 직장생활의 내면상태에 도움을 줄 가능성은 커진다. 반대로 부정적인 기업문화는 부정적인 사건들을 일으키기 때문에 직장생활의 내면상태를 어렵게 만든다. 어쨌거나 긍정적이든 부정적이든 비슷한 유형의 사건이 반복된다면 현재의 기업문화는 유지되고 강화된다.

한때 이름을 날렸지만 지금은 자취를 감춘 카펜터의 기업문화를 살펴보자. 우리가 조사를 진행하는 동안 새로 부임한 경영진의 조치로 인해서 형성된 적대적인 문화가 회사내부에 전반적으로 퍼져 있었다. 카펜터의 혼란스러운 멀티 매트릭스 형태의 조직 체계와 인센티브 구조 때문에 구성원들은 한 팀에서 일하는 경우에도 각기 다른 상사에게 보고를 올려야 했으며, 더욱 나쁜 것은 상사들마다 우선순위가 달랐다는 사실이다. 그래서 팀원들끼리 업무를 '조정'하거나 같은 목표를 향해 나아가기 위해 함께 노력하기가 쉽지 않았다. 팀장이 팀원을 돕겠다고 한 일이 다른 팀원에게는 방해가 되는 경우도 많았다. 카펜터 내부의 경쟁적인 분위기 때문에 구성원들은 정보를 다른 사람과 나누지 않으려 했고, 집단 간의 '의사소통'은 단절됐다. 또한 구성원과 그들의 아이디어에 대한 몇몇 최고경영진의 '배려가 부족' 했기 때문에 관점이 다를 경우에는 거칠게 비판하고 묵살하는 분위기가 팽배했다.

두 팀 이야기: 촉진제와 억제제가 직장생활의 내면상태에 어떻게 영향을 주는가

업무 관련 촉진제(그리고 억제제)가 직장생활의 내면상태와 전진에 어떻게 영향을 주는지 자세히 알아보기 위해 조사에 참여한 대상 중 최악의 상황에 놓여 있던 카펜터사의 장비 팀과 최고의 상황을 겪고 있던 오레일리 코티드 머티리얼즈의 비전 팀을 비교해 보겠다. 6장

앞부분에 언급했던 소피는 장비 팀, 톰은 비전 팀 소속이었다.

오레일리는 섬유에 폴리우레탄 코팅을 하는 화학 회사이며, 그들이 만든 몇몇 제품은 천으로 된 여행가방과 방수 옷은 물론 서커스 텐트와 가게 차양에 이르기까지 다양한 곳에 사용된다. 오레일리는 수십 년간 성장해 왔고 관련 업계를 선도하고 있다. 텍사스 주 서부 소도시에 본사를 둔 오레일리는 사무동, 연구동, 제조공장을 모두 합하면 면적이 거의 24만 평방미터에 이른다.

조사를 시작할 때만 해도 오레일리와 미시간에 기반을 둔 카펜터는 외형상으로는 비슷했다. 카펜터와 마찬가지로 오레일리도 동종 업계에서 성공한 모두가 우러러보는 기업으로 혁신적인 리더였으며 두 기업의 제품은 다양한 곳에서 찾아볼 수 있었다. 두 기업 모두 주식회사로 구성원들의 스펙도 좋았으며 노련한 관리자들이 이끌어가고 있었다. 연구가 진행되는 동안 두 기업 모두 제조비용의 가파른 상승과 글로벌 제조기업들과의 경쟁 등 비슷한 어려움을 겪고 있었다. 조사 시작 2년 전만 해도 카펜터는 수년간 출시한 혁신적인 제품으로 인해서 미국의 가장 성공한 10대 기업 중 하나였다. 하지만 카펜터는 최고경영진이 바뀐 후에 앞서 설명했던 여러 문제들의 축적되었고 경영진 교체 3년 후, 그러니까 우리가 연구를 시작한 다음 해부터 급속하게 쇠퇴하기 시작했다. 한편, 오레일리는 우리의 연구가 시작되기 직전 회계연도에는 배당금이 계속해서 증가해 온 20년째에 해당하는 연도였으며 이익은 20% 이상 증가했다. 연구가 끝난 해, 오레일리의 이익률은 15퍼센트 증가했다. 지금까지 오레일리 제품은 업계 내에서 최고 브랜드 중의 하나이다.

어째서 이런 차이가 나는 걸까? 카펜터와 오레일리 구성원들의 일기를 분석한 결과, 두 기업의 문화는 마치 낮과 밤처럼 '완전히' 다르다는 사실이 드러났다. 두 기업에 존재한 촉진제가 각기 달랐으며 구성원들이 경험하는 직장생활의 내면상태가 판이하게 다른 것에 놀랐다. 이 차이가 두 기업의 완전히 다른 미래를 예고하고 있었다.

1) 두 팀

여구성원 4명, 남구성원 9명으로 구성된 카펜터의 다기능cross-functional 장비 팀은 소형 주방가전 제품군을 담당하고 있었다. 이 팀은 자신들이 담당하는 제품계열과 관련하여 혁신적인 신제품 개발부터 재고관리 그리고 제품의 단종 결정까지 모든 일을 처리해야 했다. 카펜터의 다른 사업팀들과 마찬가지로 장비 팀도 담당 제품계열의 이익에 대한 모든 책임을 지고 있었다. 연구가 진행되는 동안 장비 팀은 소형 믹서와 전동식 칼, 소형 전동 칼갈이를 혁신적으로 재디자인하는 데 매달리고 있었다.

과학자와 기사 총 4명의 남성으로 구성된 비전 팀은 오레일리에서 우리 연구에 참여한 네 팀 중 하나였다. 조사에 참여한 네 개 팀은 모두 기업에 혁신을 불러일으키고 변화하는 고객의 요구를 만족시킬 수 있는 프로토타입과 화학물질을 개발하는 본사 연구개발 부문에 소속되어 있었다.

비전 팀의 업무는 회사 내 모든 주요 프로젝트의 초기 단계 작업에 참여하는 것이다. 즉 오레일리에서 생산되는 모든 아웃도어 의류와 텐트에 사용되는 폴리우레탄 코팅 방식을 변경하는 일이었다. 비전 팀의 목표는 폴리우레탄 원가 상승에 영향을 받지 않고 생산비용을 절감할 수 있는 새로운 방법을 찾는 것이었다. 기술적 문제들이 내포되어 있는 매우 복잡한 업무였지만 만약 비전 팀에서 내구성, 방수성, 신축성 등의 성능은 비슷하지만 더 저렴한 코팅재를 만들어낸다면 오레일리에서 생산하는 제품들에 혁신을 일으킬 수 있을 게 확실했다.

2) 두 팀의 극심한 직장생활의 내면상태 차이

'두 팀 이야기'에서는 직장생활의 내면상태와 관련된 최상의 경우와 최악의 경우 모두를 볼 수 있다. 직장생활의 내면상태를 구성하는 3대 요인인 인식, 감정, 동기부여에 있어 장비 팀은 거의 바닥에 가까운 점수를 기록하고 있었으며 비전 팀은 거의 최고에 가까운 점수를 기록했다. 〈표 6-1〉에서 볼 수 있듯이 모든 부문에서 비전 팀의 점수가 장비 팀보다 높았다.

비전 팀과 장비 팀은 직장생활의 내면상태에 가장 많은 영향을 주

〈표 6-1〉 장비 팀과 비전 팀의 직장생활의 내면상태 비교

전체 조사 대상 팀 중에서 순위, 1= 최고, 26= 최하

일기에 등장한 직장생활의 내면상태 구성요소	장비 팀	비전 팀
인식		
업무에 대한 자율성	21	2
팀 지원	23	7
관리자 지원	24	2
조직 지원	24	1
감정(전반적인 기분)	21	1
동기부여 (내재적)	20	10

는 전진 부문에서 특히 큰 차이를 보였다. 비전 팀은 미지의 복잡한 화학공학 문제를 해결해야 했고, 수많은 기술적 문제에 부딪히기도 했다. 하지만 조사를 진행하는 동안 비전 팀의 일기에 기록된 좌절 관련 사건에 대비해서 전진 관련 사건의 발생 비율은 5.33이었다. 이는 우리가 조사한 팀들 사이에서 가장 높은 수치 중에 하나였다. 다시 말해, 비전 팀은 한 번 좌절을 겪고 나면 다시 다섯 발자국씩 앞으로 나아갔다.

장비 팀 역시 어려운 업무를 처리하고 있었다. 장비 팀은 인체공학적이면서도 매력 있는 혁신적인 주방 가전제품을 만들어야 했다. 전진 측면에서 보면 장비 팀의 실적은 형편없었다. 장비 팀의 일기를 보면 좌절 관련 사건에 대비해서 전진 관련 사건의 발생 비율은 0.47밖에 되지 않았다. 전진보다 좌절을 2배나 많이 겪었다는 뜻이다. 이 척도만 놓고 보면 우리가 조사한 26개 팀 중에서 장비 팀이 최하위였다.

팀원들이 작성한 일기를 보면 두 팀의 차이가 더 크게 나타났다. 평균적으로 장비 팀의 일기가 더 길었으며, 업무 자체에 대한 내용만큼이나 억제제와 관련된 내용이 기록된 경우가 많았다. 장비 팀의 일기가 더 길었던 것은 작성자들이 부정적인 사건을 기록할 때 일기를 더 길게 쓴다는 우리의 분석 결과와 일치한다. 또한 장비 팀의 일기에는 그날 느낀 생각과 감정, 의욕 변화를 좀 더 자세히 표현된 경우가 많았다.

비전 팀의 일기는 간결하고, 솔직했으며 업무 자체에 대한 내용이 많았다. 억제제에 대한 불평이 많지 않았기 때문에 우리는 팀원들이 이것을 별로 중요하게 생각하지 않는다는 느낌을 받았다.[14] 비전 팀이 '오늘의 사건'에 기록한 내용은 보통 촉진제와 관련되어 있었다.

감정에 대해서 기록하는 일이 별로 없어서 다소 무미건조하고 '사실만' 기록돼 있다는 느낌이 들긴 했지만 비전 팀원들은 그날의 생각, 감정, 의욕에 꽤 높은 점수를 매긴 경우가 많았다.

연구 시작 시 우리가 진행했던 검사 결과에 따르면 장비 팀과 비전 팀원의 이력이나 교육 수준은 거의 비슷했다. 다시 말해, 두 팀 모두 '훌륭한 인재를 보유하고 있었다'는 뜻이다.[15] 게다가 두 팀 모두 동일한 경제상황 하에서 어렵고, 복잡한 업무를 하고 있었다. 그렇다면 비전 팀은 멋진 직장생활의 내면상태(의미 있는 전진)를 장비 팀은 끔찍한 직장생활의 내면상태(빈번한 좌절)을 경험한 이유는 대체 무엇일까? 해답은 촉진 요인에 있었다.

3) 최고의 시간 : 오레일리 비전 팀

책상과 컴퓨터, 기술 매뉴얼, 부품 카탈로그로 가득 찬 일반적인 사무실과는 다른 공간에서 새로 생긴 비전 팀 직원 4명이 근무하고 있었다. 아이팟iPod 전용 스피커에서는 가장 일찍 출근한 팀원이 선택한 클래식이나 재즈, 혹은 컨트리 음악이 흘러나왔다. 다른 팀과 함께 사용하는 비전 팀의 실험실은 4층짜리 오레일리 연구동 1층의 복도 끝에 있었다. 새로운 물질을 테스트할 수 있는 실험용 제조 장비는 지하에 구비되어 있었다.

대학원에서 화학공학을 전공하고, 마케팅 MBA를 딴 톰은 오레일리의 선임 엔지니어였다. 팀장인 데이브는 싹싹하고 상냥한 34살의 화학박사로 취미는 분재 기르기였다. 7년간 오레일리에서 일해 온 화학석사이자 30살의 선임 기술자인 리처드는 파트타임으로 근무하면서 MBA 수업을 듣고 있었다. 마지막 팀원은 사람들과 어울리기 좋아하는 날씬한 마라토너 윌로 실험을 담당하고 있었다. 윌은 대학 졸업장은 없지만 팀에서 가장 노련한 구성원이었다. 그는 오레일리에 11년간 근무하면서 7개 프로젝트의 실험을 보조했다.

비전 팀에는 다수의 촉진제가 존재했다. 비전 팀이 꾸려진 첫날, 데이브와 톰, 리처드, 윌은 한 자리에 모여 오레일리 대표 제품들에 사용될 고품질의 저렴한 코팅재를 만드는 목표를 달성할 방법에 대해 이야기를 나눴다. 이들은 팀의 목표와 목표를 달성하기 위해서 가야 할 경로에 대해 논의했다.

> 우리의 첫 제품을 만들기 위해 해야 할 일들을 명확하게 파악하기 위해 팀원들과 함께 디시전 트리(Decision Tree, 의사결정 문제를 나무에 비교하여 나무의 가지를 가지고 목표와 상황과의 상호관련성을 나타내어 최종적인 의사결정을 하는 방법 - 옮긴이)를 그렸다. [데이브, 10/9]

데이브는 첫날 기분을 '좋음'으로 표시했다.[16] 팀장인 데이브는 프로젝트를 성공적으로 완수할 수 있는 유능한 인재들과 자유가 충분하다는 점을 마음에 들어 했다. 비전 팀이 그린 의사결정수는 연구개발 부사장인 마크 해밀턴이 비전 팀에 준 '자율성'을 보여주는 여러 예 중 하나일 뿐이었다(주의: 일기에 등장한 특정 촉진제나 억제제의 이름은 '작은따옴표'를 사용해 표시하였다.). 비전 팀은 프로젝트 시작부터 오우너십을 느꼈고 성공적인 결과를 내겠다는 높은 의욕을 보였다.

하지만 그렇다고 해서 경영진이 모든 일을 팀에 전적으로 일임한 것은 아니었다. 오히려 관련 임원들은 팀의 기본 업무를 분명하게 제시했고, 프로젝트 전체 진행 기간 동안 몇 번이나 팀과 함께 '전반적인 목표를 명확하게' 정리했다. 예를 들어, 오레일리의 기술 이사는 비전 팀의 개념 증명 실험(상품 개발 기간 중 그 상품이 의도된 대로 기능하는지 검증하기 위해서 수행하는 실험 - 옮긴이) 결과를 검토하고 나서 바로 프로젝트 팀과 함께 프로젝트 목표에 대해 논의했다. 톰은 직장에서 큰 만족을 느낀 날 일기에 이렇게 기록했다.

> 우리 프로젝트가 오늘 첫 번째 관문을 통과했다. 기술이사들과 프로젝트가 나아갈 방향에 대해 논의했는데 꽤 좋은 평가를 받았다. [톰, 11/6]

다른 훌륭한 기업들처럼 오레일리 역시 프로젝트 진행과 관련해 팀에게 적절한 '자율성'을 부여하면서도 명확한 전략적 '목적'을 제시했다. 팀원들은 프로젝트가 공식화되었다는 사실에 흥분했다. 전사에서 오레일리의 명확한 전략적 목표와 운영상의 자율성은 멋진 균형을 이루고 있었다.

흥미롭게도 고어텍스Gore-Tex 소재와 여러 공학 제품들을 개발한 전설적인 기업 고어 앤 어소시에이츠W. L. Gore & Associates에도 이 두 촉진제가 균형을 이루고 있다. 과학자와 엔지니어들의 자율성을 북돋아주는 기업의 전반적인 문화 덕에 고어사가 여러 번 《포춘Fortune》지에 일하고 싶은 최고 기업으로 선정됐고, 오랜 기간 높은 수익 창출에 성공했다고 말하는 사람들이 많다.[17]

그러나 비전 팀의 기술개발 업무가 처음부터 순탄하게 진행된 것은 아니었다. 윌이 실험 초반에 심각한 문제를 발견하긴 했지만 팀은 곧 전진하기 시작했다. 윌의 일기에는 이러한 상황을 만드는데 기여한 또 하나의 촉진제가 설명되어 있었다. 팀원들은 요청을 받지 않아도 도움이 필요하다고 생각되는 팀원을 자주 '도와줬다'.

> 오늘 실험을 진행하던 중간에 기계의 연료가 다 떨어졌다. 도움을 요청하려던 순간 리처드가 부탁하지 않았는데도 다가와서 날 돕기 시작했다. 팀원들끼리 이렇게 서로 돕는다면 이번 프로젝트는 성공을 거둘 게 분명하다. [월, 10/22]

과도한 요구가 아닌 경우 필요한 '자원'을 얻을 수 있었다는 점 역시 비전 팀에게 촉진제로 작용했다. 경영진은 팀이 정당한 요구를 한 경우에는 빠르게 자원을 제공했다.

전체 프로젝트 과정 중에서 중반쯤에 접어들자 팀원들은 목표를 달성할 가능성이 높다고 느꼈다. 당시 비전 팀은 기존 제품보다 더 강하고, 방수 기능도 뛰어나며, 비싼 원료를 덜 사용하는 새로운 코팅 물질을 개발한 상태였다. 다음 단계는 원단을 한 면씩 차례로 코팅하는 업계 표준 코팅 공정에 새로운 물질을 사용하여 생산라인에서 적용해 보는 단계였다. 하지만 제조 실험은 그다지 성공적이지 않았다. 코팅 기계에 원단을 집어넣자 코팅재가 새어나와 원단 반대쪽에 얼룩이 생기고 끈적거리게 돼 제대로 코팅이 되지 않았다.

처음에는 팀원들 모두가 좌절했다. 그러다 데이브의 제안대로 실험 결과를 관리자와 동료들에게 알렸고 전사 직원들이 너나 할 것 없이 토론에 참여했다. 다들 끊임없이 '아이디어를 제시'했고, 이 경험은 팀원들이 경험하는 직장생활의 내면상태를 긍정적으로 바꿔놓았다. 다음은 이날 기록된 일기이다.

프로젝트 리더와 다른 팀 선임과학자와 함께한 토론 덕에 프로젝트를 다른 방향에서 생각하게 됐다. [덕분에] 적어도 한 가지 결론에 도달했다. [···] 다행히 목표를 달성할 가능성이 더 커진 것 같다. [톰, 12/16]

이후 몇 주 동안 이러한 미팅 과정을 통해서 다양한 아이디어들이 만들어졌고 팀은 이중 몇 가지 아이디어를 시험해 봤다. 테스트를 통해 얻은 결과에서 배운 점들을 바탕으로 팀은 새 코팅재를 이용해 코팅 기계로 원단 '양면'을 한 번에 고르게 코팅할 수 있는 방법을 찾아냈다. 이 방법이 성공하면 대부분의 오레일리 코팅 공정에 혁신을 일으켜 생산비용을 놀라울 만큼 절감시킬 수 있었다. 신이 난 팀원들은 이 혁신적인 아이디어를 이용해 시제품을 만들고 기술 이사들에게 보고서를 제출했다.

하지만 반응은 별로 좋지 않았다. 마크 해밀턴은 관심을 보였지만 다른 고위 관리자와 2명의 기술 이사들은 팀이 만들어낸 결과물에 분명히 결함이 있을 거라고 생각했다. 비전 팀의 결과를 뒷받침해 줄 과학적 증거는 없었다. 그들은 해밀턴에게 비전 팀의 코팅 공정 실험에 대한 자금 지원을 중단하고, 팀원들은 원래 목표였던 새로운 코팅재 개발에 집중해야 한다고 주장했다. 새로운 코팅 공정 개발이라는 현실성 없는 일에 매달릴 이유가 무엇이겠는가?

데이브는 천성이 부드러운 사람이지만 '문제에 정면으로 도전해 교훈을 얻는 일'을 두려워하지 않았다. 잠재적인 억제제를 만났을 때 팀장에게는 바로 이런 태도가 필요하다. 데이브는 위기 상황에 즉각 단호하고 단순하게 대응했다. 다음 날, 그는 반대하는 관리자들을 찾아가 우려하는 내용이 무엇인지 묻고 자세한 설명을 해주었다. 그러고 나서 새로운 공정을 이용해 생산한 시제품을 보여주며 그들이 제기한 문제에 대해서 하나하나씩 설명했다.

> 우리 프로젝트의 성공을 의심하는 두 사람에게 시제품의 품질을 확인시켜 줬다. 견본을 보여준 덕에 [우리가] 계획했던 과정을 실행하는 데 필요한 충분한 지원을 받게 되었다. [데이브, 2/6]

문제에 정면으로 맞선 덕에 데이브는 프로젝트를 계속 진행하고 팀이 필요로 하는 새 자원들을 확보할 수 있었다. 뿐만 아니라 자신의 접근방법이 효과를 거두자 데이브의 내면상태는 훨씬 좋아졌다. 데이브는 이 일을 통해 팀원들에게 정면으로 '문제를 해결하는 방식'이 얼마나 중요한지 보여줬다(촉진제 창출과 관련된 팀장의 역할을 더 자세히 알고 싶으면 〈촉진 요인과 관련된 팀장의 특수한 역할〉을 참고하기 바란다.). 톰은 이 교훈으로 인해서 몇 주 후, 윌과 자신이 한 실수를 데이브에게 솔직히 고백했다.

> [데이브에게] 실험 결과를 보여주고 실험 도중에 […] 실수가 있었다는 사실을 고백했다. […] 데이브는 우리가 어떤 실수를 했는지 알고 있다면 너무 신경 쓸 필요 없다고 말했다. [톰, 3/27]

팀장에게 실수를 고백하는 것이 쉽지 않은 일이었음에도 불구하고 톰은 그날 굉장히 좋은 직장생활의 내면상태를 경험했다. 그는 데이브의 반응을 보고 안심했을 뿐 아니라 실수로부터 교훈을 얻을 수 있다는 사실에 동기부여가 되었다.

비전 팀이 새로운 코팅재와 제조 공정 연구에 박차를 가하는 사이 시간 압박은 점점 심해졌다. 프로젝트 마감일이 코앞으로 다가왔지만 팀원들이 할 일은 아직 많이 남아 있었다. 아이러니하게도 이들의 우연한 발견 때문에 업무량이 급격히 늘어났다. 다행히도 비전 팀이 기술 인력의 단기 충원을 요구하자 그날 바로 기사가 채용되었다. 톰과 데이브의 일기를 보면 '시간 압박이 약간 줄어든' 덕분에 동기부여 수준이 놀라울 정도로 높아졌다는 사실을 알 수 있다. 이제 목표 달성이 눈앞에 다가온 듯했다.

기적적으로 프로젝트 팀은 마감일 안에 일을 끝냈고, 비전 팀의 발명 덕에 오레일리의 코팅 원단은 10년 넘게 업계에서 '가장' 혁신적인 제품이라는 자리를 지켰다. 우리가 조사한 26개의 팀 중에서 조사 기간 동안 중요한 업적을 달성한 팀은 비전 팀뿐이었다. 오레일리는 물론 팀원 모두가 뛰어난 성과를 얻었다. 오레일리는 생산 비용 절감으로 높은 순익을 남겼고, 비전 팀은 조직으로부터 인정을 받았으며 프로젝트 기간 동안 훌륭한 직장생활의 내면상태를 경험했다. 프로젝트 마지막 날 팀원들과 함께 '성공을 축하하는' 회식을 한 후, 데이브는 마침내 일기에 자신이 느낀 행복한 감정을 기록했다.

> 프로젝트에 대한 평가를 받았다. 우리 팀이 해낸 일 덕에 굉장한 갈채를 받았다! [데이브, 5/7]

관리자를 위한 팁
촉진 요인과 관련된 팀장의 특수한 역할

연구 결과 다른 조건들이 모두 동일하다면 팀장이나 교류가 많은 동료 같은 '가까운' 촉진 요인이 임원이나 조직체계 같은 '먼' 요인보다 각자가 경험하는 직장생활의 내면상태에 더 강한 영향력을 행사한다. 먼 요인도 구성원들에게 영향을 끼치긴 하지만 가까운 요인인 팀장은 팀원이 경험하는 직장생활의 내면상태를 좌우하는 특별한 능력이 있다. 실제로 팀장은 임원보다 더 중요한 일상의 촉진제가 될 수 있다.[a] 우리의 조사 대상들이 팀장의 어떤 행동에 힘을 얻거나 잃는지 분석한 결과 촉진 요인의 레버리지 포인트 (leverage point, 복잡한 시스템에서 작은 것을 건드렸을 때 큰 변화가 나타날 수 있는 지점-옮긴이) 역할을 하는 행동들을 발견했다.[b]

팀장들이 해야 할 일	팀장들이 하지 말아야 할 일
• 팀의 업무와 관련된 정보를 지속적으로 모은다 • 프로젝트와 관련된 중요한 의사결정을 할 때 팀원에게 의견을 묻는다 • 프로젝트를 도와주고, 중요한 정보를 제공해줄 수 있는 팀 외부 사람들과 관계를 맺는다 • 프로젝트의 가치를 알리며, 프로젝트가 위기를 겪으면 맞서 싸우는 한이 있더라도 지켜낸다	• 팀원에게 프로젝트와 관련된 중요한 내용을 전달하지 않는다 • 팀원들이 자율적으로 일을 처리하지 못하게 사소한 일까지 간섭한다 • 말로 혹은 자신의 업무 방식을 내세워 팀의 사기를 꺾는다 • 소심하거나 거만한 태도로 문제 해결을 회피하거나 문제를 일으킨다. • 명확하고 적절하며 의미 있는 목표나 과제를 제공하지 못한다

a. P. Lok and J. Crawford, "The Relationship between Commitment and Organizational Culture, Subculture, Leadership Style and Job Satisfaction in Organizational Change and Development", 《Leadership and Organizational Development Journal》 20 (1999): 365~373.
b. T. M. Amabile, E. A. Schatzel, G. B. Moneta, and S. J. Krammer, "Leader Behaviors and the Work Emvionment for Creativity: Perceived Leader Support", 《Leadership Quarterly》 15 (2004): 5~32.

4) 최악의 시간: 카펜터 장비 팀

안타깝지만 관리자가 일처리를 현명하게 하지 못하는 경우도 많다. 솔직히 말하면 우리가 조사한 기업 중에 오레일리의 데이브나 임원들만큼 촉진제를 적절하게 이용한 관리자는 없었다. 카펜터사의 관리자들은 그 비슷한 일조차 하지 못했다는 사실을 누구라도 짐작할 수 있을 것이다. 고의는 아니었지만 카펜터의 관리자들은 끊임없이 억제제를 공급했다.

우리가 조사한 카펜터의 다른 세 팀과 마찬가지로 장비 팀도 3년 전 취임한 독재적인 새 경영진이 있는 미시간 본사에서 근무하고 있었다. 행정보조 한 명, 인턴 두 명과 함께 장비 팀은 카펜터사 무동 3층 전체를 사용했다. 밝은 복도를 지나는 대부분의 방문객들은 전시되어 있는 색색의 주방기구 견본들과 장비 팀이 개발한 유명 제품들의 스케치가 걸려 있는 게시판, 최신 CAD 장비에 입을 다물 줄 모른다.

안경을 끼고 있는 에너지가 넘치는 프로덕트 마케팅 담당자 소피는 UCLA에서 MBA를 취득했고 카펜터에서 9년간 근무해 왔다. 소피는 장비 팀의 대표 제품 2개를 담당하고 있었는데 그중 하나는 신제품 소형 믹서였다. 이 이야기에는 4명의 주요 인물이 더 등장한다. 32살의 팀장 스티브는 카펜터에 2년간 근무하면서 마케팅 관련 업무에서 큰 성공을 거뒀다. 비전 팀의 데이브처럼 스티브도 팀장을 맡은 건 처음이었다. 소형 제품 개발 코디네이터인 베스는 20년간 카펜터에서 근무한 베테랑으로 진지한 성격과 효율적인 디자인을 하는 사람으로 알려져 있었다. 와튼에서 MBA를 취득한 35살의 사만다는 네 아이의 엄마로 소피가 맡은 제품을 제외한 장비 팀의 대표 제품 2개를 담당하고 있었다. 30년 이상 카펜터에서 근무해 온 포장재 엔지니어인 건장한 벤은 조직 내외에 중요한 인맥을 가지고 있다.

　1,600킬로미터 이상 떨어진 텍사스에 있는 오레일리의 비전 팀은 달성해야 할 목표를 알고 있었지만 카펜터의 장비 팀은 명확한 목표 설정에 어려움을 겪고 있었다. '명확한 목표의 부재'는 혁신적인 소형 믹서를 개발하는 소피의 프로젝트에 억제제로 작용했다. 믹서 사건은 신제품 개발 과정에서 촉진제의 작용을 없애고 억제제가 활발하게 작용하도록 만드는 상황의 대표적인 예이다(〈벽에 붙은 파리: 업무에서의 억제제 관찰〉을 참고하기 바란다).

　장비 팀의 프로젝트는 매순간 조직 곳곳에 존재하는 장애물과 마주쳤다. 팀의 최대 경쟁자인 볼트만 주식회사에서 머지않아 소피 일행이 디자인한 제품에 뒤지지 않는 신제품을 출시한다는 소문도 있었다. 하지만 그로부터 1년이 더 지난 후에도 소피의 프로젝트는 '명확한 목표의 부재'로 인해서 방치되고 있었다.

회의에서 [⋯] 신형 소형 믹서 기획안을 어떻게 바꿀 지에 대해서 의논했다. 사업본부 경영 팀이 계속 분석과 연구개발을 더 철저히 하라고 요구한 탓에 부드러운 손잡이를 만드는 데 필요한 기술 개발이 늦어져 프로젝트를 시작하는 데만 1년이 넘게 걸렸다. 드디어 우리 팀이 한자리에 모여 프로젝트 계획안을 발표했다. 경영 팀의 승인은 받았지만 COO 혼자 손잡이를 [부드럽게 만드는 대신] 단단하게 만들어 현재보다 5달러 싼 수준의 소비자 가격으로 출시할 것을 요구했다. 스티브는 애매한 태도를 취했다. [⋯] 베스는 둘 중 어떤 방식이 돼도 상관없다는 식의 태도를 보였다. 회사는 물론 경영 팀, 핵심 팀원들까지 [⋯] 프로젝트 진행에 도움을 주지 않아서 속이 많이 상했다. 그러나 경쟁 상황은 점점 더 심각해지고 있다는 사실에는 모두 동의했다. 앨런[장비 팀 재무담당]과 나는 내일 경영 팀에 발표할 제안서를 하나 더 준비했는데 발표 전에 어디로 튈지 모르는 스티브를 내 편으로 만들어야 한다. [소피, 4/26]

소피가 쓴 일기에는 거의 모든 문장에 방해물이 등장하고 있으며 이로 인해 충분히 기운이 빠질 만한 상황이었다.[18] 사업본부 부사장들(경영 팀)이 프로젝트의 '목표에 동의하지 않았기' 때문에 믹서 개발 프로젝트는 개발과 생산에 필요한 '중요한 자원을 제공받지 못하고' 있었다.

그래서 소피는 담당 프로젝트가 헛수고로 끝날 것이며 자신은 윗사람들 기분에 따라 놀아나는 노리개에 불과하다는 생각을 갖게 됐다. 소피는 비협조적인 연구개발 부서의 '도움을 얻기 위해' 노력하는 데 진력이 났다. 서로를 자주 도왔던 오레일리 비전 팀원들과 반대로 소피는 가장 큰 도움을 줘야 할 제품 개발 코디네이터인 베스를 비롯한 팀원들로부터 거의 '도움을 받지 못했다'.

4월 26일, 회의에서 아무런 성과를 얻지 못한 소피는 이 프로젝트와 관련해 어떤 성취감도 느낄 수 없었다. 소피는 당혹감과 무기력감을 느꼈고, '자율성을 억압당했다'는 생각으로 인해 낙담했으며 이 '절망적인 상황'을 헤쳐 나갈 의욕을 내기가 쉽지 않았다. 4월 27일에 열린 부사장들과의 회의 역시 상황을 개선시키지는 못했다.

> 힘이 빠진다. HQ의 정치적 압력 때문에 그들[부사장들]이 모험을 하지 않으려 해 아무것도 결정이 되지 않는다. 스티브는 적극적으로 프로젝트를 이끌지 않고 있으며, 윗사람들의 심기를 불편하게 할까봐 겁내는 것처럼 보인다. [소피, 4/27]

변덕스럽고 독재적으로 보이는 경영진들의 비위를 거스를지 모른다는 두려움에서 비롯된 만성적인 우유부단함은(COO가 부드러운 손잡이 아이디어에 퇴짜를 놓았다는 사실 하나로 모든 결정이 번복된 사건을 봤을 때) 카펜터의 모든 관리자들에게 심각한 영향을 미쳤다. 특히 장비 팀장 스티브가 영향을 많이 받았다. 스티브는 원래 소심한 성격이 아니었지만 과거에 의견을 제시했다가 몇 번이나 경영진으로부터 혹평을 받거나 '아이디어를 무시당한 경험'을 갖고 있었는데 다음 일기는 그 경험을 담고 있다.

> COO[배리 토마스]가 나에게 지난 토요일 아침 [분기말] 회의

에서 내가 헛소리를 지껄였다고 말했다. [스티브, 5/31]

분석 결과와 의견 그리고 새로운 아이디어들이 싸늘한 반응, 공개적인 모욕, 노골적인 조롱을 받는 것은 힘들기 마련이지만 특히 여러 관리자와 팀장이 모인 공식 회의 자리에서 임원으로부터 이런 모진 비난을 받는 경험은 그중에서도 제일 끔찍하다. 이런 경우 가해자는 임원이 대부분이다. 카펜터 관리자들은 옳은 결정을 내리고, 새로운 아이디어를 탐구하며, 적당한 수준의 모험을 하게 만드는 데 필수적인 심리적 안정감을 제공해 주기는커녕 '아이디어를 원천 봉쇄' 시키는 경우가 많았다. 특히 부정적인 사건은 스티브처럼 경험이 부족한 팀장의 내면상태에 더 나쁜 영향을 준다. 결국 스티브는 어떤 문제가 발생해도 상사와 대립하거나 자기 입장을 밝히는 것을 꺼리게 됐다. 그럼으로 인해서 스티브 밑에서 일하는 장비 팀은 마치 선장 없는 배에 타고 있는 느낌을 받았다.

생각할 거리
벽에 붙은 파리: 업무에서의 억제제 관찰

우리는 직장생활을 기록한 일기를 통해 벽에 붙어 있는 파리처럼 온전히 관찰자의 입장에서 조직 내의 생활을 지켜보았다. 그 결과 당사자가 아니면 알 수 없는 일들을 알아차리게 되는 경우가 많았다. 솔직히 당사자들 중에서 당시 상황을 확실히 모르는 사람도 많앴을 거라고 생각한다. 관리자들은 구성원들의 자율성을 짓밟고, 아이디어 전달을 막거나 단순한 실수에 크게 화를 내는 행동이 구성원들에게 어떻게 받아들여지는지 알고 있을까? 좋은 리더가 되기 위해서 노력하고 있는 관리자들이 자신들의 접근방법에 의문을 품은 적이 있을까? 억제제가 부하직원들에게 미치는 영향에 대해 알고 있을까? 당신이라면 자신이 하는 행동이 억제제 역할을 한다는 사실을 알아차릴 수 있을까? 여러분도 과거에 비슷한 일을 했거나, 당한 적이 있기 때문에 우리가 관찰한 사건들이 익숙하게 느껴지는 불편한 감정을 경험할지도 모른다. 다음은 각기 다른 회사의 다른 팀이 경험한 일들이다.

오늘 [연구개발 부사장]이 우리가 그간 해온 일의 많은 부분을 엎어버리려고 했다. […] 그는 구체적인 설명도 없이 '자신이 그러길 원한다'는 이유로 다른 방법을 찾기를 요구했다. [그는] 스팀롤러(도로 공사에 사용되는 롤러가 달린 차량-옮긴이)처럼 자기 방식만 고집하고 다른 사람들의 의견은 듣지 않는다. 완전히 기운 빠진다!! 어차피 다 자기 고집대로 할 거면서 왜 우리가 자율적으로 일하길 바라는 듯이 행동하는 걸까???

며칠 후 경영진에게 전달할 권고사항을 정리하기 위해 팀 회의를 했다. '팀장'은 정치적으로 민감한 일이니 사실과 개인적인 의견은

> 말해도 되지만 […] 권고사항이나 결론은 말하지 않는 게 좋겠다고 '당부했다'. […] 정말 말도 안 되는 […]. 진상을 파악하고, 처리하고, 결론을 내리고 권고하는 게 우리 일인데 말이다. 팀장은 '안 좋은' 내용을 전하기가 겁나는 것뿐이다! 그러고도 팀장이라고 할 수 있는가!!
>
> ───────
>
> 요나[동료인 화학 엔지니어]가 내게 첫 실험 결과의 샘플을 보여줬는데 […]. 처리 과정에서 몇 가지 문제가 있긴 했지만 충분히 실현 가능한 방법이라는 사실을 보여주는 결과가 나왔기 때문에 난 실험이 충분히 성공적이었다고 생각했다. 하지만 요나는 [팀장이] 완벽한 샘플을 만들어내지 못했기 때문에 실험은 실패라고 얘기했기 때문에 좌절했다고 말했다. [팀장도] 성공적인 실험결과를 위해 뼈 빠지게 일하고 있기 때문에 요나에게 왜 그렇게 말했는지는 이해할 수 있지만 […].
>
> ───────
>
> 잘못된 '리더십'의 전형인 이런 행동은 구성원들의 창의성을 억누르기만 할 뿐이다.

오레일리의 데이브와 비전 팀은 별로 어렵지 않게 필요한 자원을 얻었다. 하지만 카펜터에서는 '자원'을 요청할 때마다 문제가 발생했다. 소피는 4월 말 회의 후 2주가 지나서야 믹서 생산에 필요한 형판 구매 비용을 지원받았다. 그러나 형판을 구입한 후에도 생산라인에 형판을 끼워 넣는 과정이 많이 지연됐다. 다른 제품군에서 발생한 문제도 소피의 기운을 빠지게 했다.

> 고객이 대량 주문한 부품을 만드는 것 때문에 연구개발 팀에서 자원[인력]이 부족하다고 하여 [신제품 칼을 생산하는 형판이 설치된] 기계를 이용하지 못했다. [소피, 4/27]

장비 팀이 가려는 길마다 장애물이 놓여 있어 팀원들의 내면상태는 점점 악화되기만 했다. 믹서가 생산되고 주문이 들어오기 시작했지만 제품에 대한 팀원들의 고민은 사라지지 않았다. 연구개발 부사장과 생산 부사장의 불화 때문에 생산 부서에서 제품 생산을 서두르지 않았다. 자신의 생각이나 감정을 표현한 적이 없던 베스조차 일기에 점차 불편한 심기를 드러냈다. 조사가 막바지에 이른 어느 날, 베스는 참지 못하고 불만을 쏟아냈다.

> 빠듯한 마감기한에 맞춰 고객들의 대량 주문 제품을 생산하기 위해 정말 애를 많이 썼다. 어제 드디어 생산설비가 가동돼 모두 한숨 놓았는데 오늘 아침에 출근해 보니 [⋯] 생산부서에서는 장비 가동을 정지시켰고 포장재가 전부 도착한 후에 생산을 재개하겠다고 했다. 포장재는 오늘 입고될 예정이었고, 생산부서에는 만들어진 부품을 보관할 빈 창고도 하나 있었다. 그런데 아무도 팀원들에게 묻거나/으름장을 놓거나/알리지 않고 그냥 자기들 마

음대로 생산을 중단한 것이다. […] 긴급 주문인 걸 알면서도 자신들과는 상관없는 일이며, 주문을 제때 맞추지 못해도 생산부서 탓은 아니라고 말했다. [베스, 6/18]

이 사건에서는 장비 팀을 괴롭히는 두 가지 억제제가 드러난다. 장비 팀은 생산부서의 '도움을 거의 받지' 못했으며 오히려 '방해'를 받았다. 장비 팀이 연구개발과 생산 부서가 벌이는 전쟁에서 인질이 된 것이다. 베스는 카펜터 지도자들에 대한(이상적인 상황이라면 생산 부서가 장비 팀 제품 생산을 공동으로 책임졌어야 한다) 신뢰를 잃었고, 조직이나 팀을 위해 열심히 일하겠다는 의욕도 사라졌다.

지나친 '시간 압박'이라는 억제제도 빈번하게 영향을 미쳤다. 구성원들은 자꾸 예상치 못했던 일들 때문에 한 가지 업무에 집중할 수 없었고 제대로 된 성과를 내지 못하는 '다람쥐 쳇바퀴 도는' 최악의 상황에 처했다. 사만다와 장비 팀 동료들은 딘 피셔와 협의 과정에서 신제품 전기칼 개발 마감 기한을 빠듯하게 설정할 수 밖에 없었다. 그런데 갑작스럽게 그 어떤 경고나 설명도 없이 피셔는 사만다에게 다른 프로젝트들은 접어두고 1달 만에 전기칼 개발을 끝내라고 지시했다.

연구개발 부사장으로부터 [전기칼] 제품을 출시하라는 압박을 받고 있지만 이대로 출시해도 좋을지 확신이 안 선다. […] [딘 피셔가] 이틀 후에 회의를 하자고 해서 빨리 일을 처리해야 한다는 부담을 느끼고 있다. [사만다, 4/26]

같은 기간에 수집된 장비 팀과 비전 팀의 일기를 비교하다 보니 딘 피셔는 오레일리 연구개발 부사장 마크 해밀턴과 정반대 성향을 가진 쌍둥이 같다는 느낌을 지울 수가 없었다. 둘의 나이, 교육 수준, 경력, 조직 내 직위는 비슷하지만 경영 방식은 판이하게 달랐다. 해밀턴은 비전 팀의 업무에 끊임없이 촉진제를 제공했다. 그는 팀과 협력해 비전 프로젝트의 목표를 세웠고, 팀장 데이브와 협의를 거치지 않고서는 목표를 변경한 적도 없었다. 해밀턴은 팀원들이 아이디어를 제안하도록 독려했고 자신도 그 과정에 직접 참여했다.

반면 피셔는 장비 팀의 업무에 끊임없이 억제제를 공급했다. 프로젝트 진행 계획을 세울 때는 답답할 정도로 우유부단했다가 어떤 제품을 어떻게 만들 것인가를 결정할 때는 제멋대로 독단적인 결정을 내리기도 했다. 그 결과 팀원들은 거의 완성돼 가던 프로젝트를 백지화시키거나 시작단계에 있던 제품을 서둘러 디자인하거나 개발해야 하는 상황이 돼 일정에 차질을 빚었다. 결국 소비자들은 독창적이지 않은 진부한 신제품들을 보고 실망했다. 겉으로 드러나진 않았지만 장비 팀원들이 경험하고 있는 직장생활의 내면상태는 심각하게 고통스러웠다.

카펜터사는 제품에 관련된 문제가 발생하면 보통 무시하거나 대충 무마했다. 팀은 '문제에서 교훈을 얻기'는커녕 제대로 해결할 시간이나 자율성도 보장받지 못했다. 장비 팀 포장재 엔지니어인 벤은 일에 대한 의욕을 완전히 잃은 대표적인 사건을 일기에 기록했다.[19] 그는 제품 테스트 과정에서 새로 개발한 제품이 쉽게 고장 난다는 사실을 발견했다(한 팀원이 제품의 내구성이 약할 수도 있다는 사실을 한 달 전에 알아냈지만 후폭풍이 두려워 밝히지 않았다.).

> 우리는 […] 테스트 과정에서 자꾸 고장 나는 제품을 개선할 수 있는 방법에 대해 논의했다. 제품 디자인 자체에 문제가 있다는 의견이 많았지만 디자인을 수정하기엔 이미 늦었기 때문에 포장 용기를 이용해 문제를 해결하는 방법을 찾아야만 한다. [벤, 6/15]

벤의 일기에 묘사된 상황은 카펜터 신제품 개발 과정 전반에서 벌어지는 일이다. 카펜터 개발 팀원들의 직장생활의 내면상태와 마찬가지로 개발 과정에도 문제가 많았다. 한동안은 회사의 명성이 이런 문제들을 가려주겠지만 곧 모두가 현실을 눈치채기 시작할 게 분명했다.

장비 팀은 최악의 시기를 보내고 있었다. 억제제로 가득찬 환경에서 일하는 장비 팀원들이 경험하는 직장생활의 내면상태는 점점 시들어갔다. 리더들이 업무를 도울 생각이 없거나 도울 수 없다는 사실을 알게 되면 구성원들은 마치 안전망 없이 외줄을 타는 곡예사가 된 듯한 느낌을 받게 된다. 리더나 다른 팀이 고의로 업무를 방해하면 자신들이 타고있는 외줄을 누군가 흔든다는 느낌을 받는다. 자신들이 맡은 업무가 주변의 지지를 받지 못하면 그 업무가 중요하지 않거나 결국은 실패할 거라는(혹은 둘 다일 거라는) 불안을 느껴 의욕이 저하된다. 장비 팀원들은 매일 아무리 열심히 일해도 일이 뜻대로 되지 않을 것이며, 결국 성공보다는 실패할 가능성이 크다는 생각을 하면서 출근했다. 팀원들 중에는 카펜터에 오래전부터 몸담고 있던 구성원도 많았으며, 그들은 카펜터가 세계 최고 기업 중 하나로 선정됐을 때 진심으로 기뻐했었다. 한때 자신이 이 회사의 구성원이라는 사실을 자랑스럽게 여겼던 카펜터가 살아남기 위해 최후의 발악을 하는 모습을 지켜보는 구성원들의 일기에는 씁쓸한 감정이 그대로 묻어났다.

계획적인 촉진제, 우연한 억제제

카펜터 장비 팀의 프로덕트 마케팅 담당자 소피가 오레일리 비전 팀 선임 엔지니어인 톰 옆자리에 앉아 장거리 비행을 했다고 상상해 보자. 자기소개를 하고 잡담을 몇 마디 나누다가 각자의 직장생활에 대한 이야기를 꺼냈을지도 모를 일이다. 만약 그랬다면 마치 서로 다른 행성에 사는 듯한 느낌을 받았을 것이다. 소피와 장비 팀원들은 촉진제 불모지에 살고 있었으니 어떤 면에서는 정확한 표현이라고 할 수 있다. 소피가 경험하고 있는 직장생활의 내면상태는 짜증과 무기력으로 가득했고 단단히 비뚤어져 있었다. 반대로 톰과 비전 팀원은 진정한 희망의 땅에 살고 있었다. 팀장과 팀원, 다른 팀들, 혹은 경영진이 프로젝트 성공에 필요한 지원을 아끼지 않는다라는 사실을 날이 갈수록 확실히 느끼고 있는 톰은 직장생활에서 더 만족하며 오레일리를 긍정적으로 바라보게 됐으며 업무에 높은 의욕을 보였다.

자료 수집이 끝난 후, 두 기업의 임원들을 만난 자리에서 우리는 촉진제에 대한 그들의 생각을 엿볼 수 있었다. 우리는 오레일리의 연구개발 부사장인 마크 해밀턴이 계획적으로 조직 전반에 촉진을 유도하는 방법을 사용했다는 사실을 알게 됐다. 다른 임원들 역시 자신이 하는 행동에 대해 인식하고 있는 정도에 차이는 있었지만 모두 구성원들에게 촉진제를 제공하고 있었다. 이렇게 말한 사람도 있었다.

'원래 우리가 일하는 방식일 뿐입니다.' 촉진제 제공은 이미 오레일리 기업문화로 자리잡고 있었다.

카펜터의 CEO와 COO는 기업 전략을 세우고 외부환경을 관리하는 자신들의 업무가 별개의 일이라고 생각했다. 두 사람은 사업 팀에 대한 이야기를 할 때는 듣기는 좋지만 모호한 '기업가정신 entrepreneurship'과 '팀워크' 같은 용어만 늘어놓았다. 카펜터 최고 경영진 중 사업 팀이 조직 내 다른 구성원들로부터 도움을 거의 받지 못한다는 사실에 관심이 있거나 알고 있는 사람은 거의 없었다. 이들은 구성원들에게 혁신적이고 이익을 창출할 제품을 생산하라고 월급을 주는 것이니 당연히 성과를 내야 한다고 생각하는 듯했다. 뿐만 아니라 자율성을 꺾거나, 신제품과 관련된 목표를 멋대로 변경하는 행동이 팀 프로젝트에 큰 혼란을 주고 구성원들의 내면상태를 파괴시킬 수도 있다는 사실을 모르고 있었다. 이는 곧 카펜터에 촉진제가 부족하고 억제제가 많은 상황은 경영진의 무지에서 비롯됐다는 것을 의미한다.

우리가 조사한 연구개발 부사장 딘 피셔는 장비 팀을 프로젝트와 관련해서 올바른 의사결정을 내릴 능력이 없는 통제하기 힘든 아이들이 모인 집단이라 보고 있었다. 그는 자신의 행동 때문에 팀이 필요한 자원과 시간을 얻지 못했으며, 문제를 해결하면서 교훈을 얻을 수 있는 기회를 놓쳤다는 사실을 모르고 있었다. 뿐만 아니라 그는 팀이 이뤄낸 성과를 축하하고 이를 통해 많은 것을 배울 수 있는 기회조차 만들어주지 않았다. 비전 팀의 일기에서는 프로젝트의 성공을 기뻐하는 내용이 자주 발견됐지만 장비 팀이 제출한 600건 이상의 일기에서는 비슷한 내용을 전혀 찾아볼 수 없었다.

물론 피셔 역시 상사로부터 압박을 받고 있었을 것이다. CEO와 COO는 끊임없이 피셔를 비판했고 여타의 설명 없이 '피셔의' 결정을 번복하는 경우가 많았다. 피셔의 행동은 최근 카펜터를 잠식한 기업문화를 반영하고 있었다.

조사 결과 대인관계와 관련된 요소들보다 업무와 관련된 촉진제 혹은 억제제가 직장생활의 내면상태를 긍정적 혹은 부정적으로 만드는 데 훨씬 강력한 영향을 미치는 팀들이 상당수 존재했다. 하지만 어떤 팀들은 사무실 밖에서 경험하는 공감과 웃음, 혹은 다툼과 냉소 같은 개인적, 사회적 상호작용에 더 큰 영향을 받았다. 가끔은 이런 상호작용들이 업무가 끝난 다음에도 오랫동안 머리나 가슴속에 남아 있기도 한다. 7장에서는 이와 관련된 요소를 살펴보겠다.

Notes

01 직장생활의 내면 상태에 영향을 미치는 3개의 주요 요인은 촉진제, 영양 요인, 전진의 법칙이다.
02 많은 연구자들이 효과적인 성공을 위해서 분명한 목적이 매우 큰 중요성을 갖는다는 것을 지적하고 있다. 보편적으로 목적은 분명하고 의미가 있으며 도전적이어야만 하지만 쉽게 획득될 수 없어야만 한다고 강조한다(E. A. Locke, and G. P. Latham, 《A Theory of Goal-Setting and Task Performance》, Prentice_Hall, 1990). 팀이 성과를 내도록 만드는 '강력한 방향성'의 중요성을 다루는 연구도 있다(J. R. Hackman, 《성공적인 팀의 5가지 조건》, 옮긴이 최동석 김종완, 교보문고, 2006.). 불명확한 목적이 팀 성과를 내는데 중요한 걸림돌이라 제시한 초기 연구도 있다(H. J. Thamhain and D. L. Wilemon, "Building High Performance Engineering Project Teams", 《IEEE Transactions on Engineering Management》 34 (1987): 130~137). 관리자가 직장에서 경험한 두려움은 대부분이 불확실성과 관련된 것이라는 연구도 있다(K. Mignonac and O. Herrbach, "Linking Work Events, Affective States, and Attitudes: An Empirical Study of Managers' Emotions", 《Journal of Business and Psychology》 19 (2004): 221~240). 결과적으로 목적의 명확성은 작업 팀 내에 심리적 안도감을 형성하는데 매우 중요하다(A. C. Edmondson and J. P. Mogelof, "Explaining Psychological Safety in Innovation Teams: Organizational Culture, Team Dynamics, or Personality?" in 《Creativity and Innovation in Organizational Teams》, eds. L. L. Thompson and H. S. Choi, Lawrence Erlbaum Associates, 2006.) 분명한 목적이 없다면 우선순위를 설정하는 것이 어려우며 개인, 팀 또는 조직 어떤 경우라도 효과적으로 일하는 것을 불가능하게 한다(H.H. Stevenson and J. L. Cruikshank, 《Do Lunch or Be Lunch: The Power of Predictability in Creating Your Future》, Harvard Business School Press, 1998.)
03 몇몇 연구에 따르면 제한된 자율성은 내재적 동기부여 수준을 낮추는 것으로 나타났다(E. L. Deci and R. M. Ryan, 《Intrinsic Motivation and Self-Determination in Human Behavior》, Plenum Press, 1985. A. M. Grant and J. Shin, "Work Motivation: Directing, Energizing, and Maintaining Research", in 《Oxford Handbook of Motivation》, ed. R. M. Ryan, Oxford University Press, forthcoming; R. M. Ryan and E. L. Deci, "Self-Determination Theory and the Facilitation of Intrinsic Motivation, Social Development, and Well-Being", 《American Psychologist》 55 (2000): 68~78). 자율성이 창의성을 증가시키는 연구도 있다(T. M. Amabile and J. Gitomer, "Children's Artistic Creativity: Effects of Choice in Task Materials", 《Personality and Social Psychology Bulletin》 10 (1984): 209~215).
04 고성과를 위해서는 자원의 이용가능성이 높아야 한다는 연구가 있다(M. Tushman and R.

Nelson, "Technology, Organizations and Innovation: An Introduction", 《Administrative Science Quarterly》 35 (1990) 1~8. B. Wernerfelt, "A Resource-Based View of the Firm", 《Strategic Management Journal》 5 (1984): 171~180). 효과적으로 성과를 내기 위해서는 충분한 자원이 필요하지만 특정 유형의 자원은 지나치게 많은 경우 오히려 부정적인 영향을 미친다고 했다. 예를 들어 한 팀에 너무 많은 팀원이 소속되어 있을 경우에 동기부여 문제를 이끌 수 있으며 소수의 팀이었을 때 보다 덜 노력하게 될 수 있다고 한다(B. Latane, K. Wilians, and S. Harkins, "Many Hands Make Light the Work: The Causes and Consequences of Social Loafing", 《Journal of Personality and Social Psychology》 37 (1979): 822~832). 프로젝트를 성공적으로 완료하기 위해서 충분히 많은 사람을 갖는 것이 중요하지만 지나치게 많은 사람이 참여할 경우에는 의견 조율 문제를 이끌 수 있다고 한다(J. R. Hackman, 《성공적인 팀의 5가지 조건》, 옮긴이 최동석 김종완, 교보문고, 2006). 몇몇 학자들은 어떤 자원이든 과잉되면 리스크 회피, 수동성, 혁신 회피와 같은 결과를 이끈다고 제안했다(D. Levinthal and J. March, "The Myopia of Learning", 《Strategic Management Journal》 14 (1993): 95~112).

05 Jeffrey Peffer 교수는 기업에서 다운사이징의 부정적인 효과에 대해서 언급했다. ("Lay off the Layoffs", 《Newsweek》, Feb. 15, 2010, 32~37.)

06 시간압박은 일에서 복잡한 형식을 완화시킨다고 제안한 연구가 있다(T. M. Amabile, R. Conti, H. Coon, J. Lazenby, and M. Herron, "Assessing the Work Environment for Creativity", 《Academy of Management Journal》 39 (1996): 1154-1184. J. Andrews and D. C. Smith, "In Search of the Marketing Imagination: Factors Affecting the Creativity of Marketing Programs for Mature Products", 《Journal of Marketing Research》 33 (1996): 174~187). 그러나 몇몇 연구는 이들이 긍정적인 관계를 갖고 있음을 보여 주었다(F. M. Andrews and G. F. Farris, "Time Pressure and the Performance of Scientists and Engineers: A Five-Year Panel Study", 《Organizational Behavior and Human Performance》 8 (1972): 195~200). 최근의 한 연구에 따르면 약간의 시간압박과 창의성 사이에는 곡선상관이 있는 것으로 나타났다(M. Bear and G. Oldham, "The Curvilinear Relation between Experienced Creative Time Pressure and Creativity: Moderating Effects of Openness to Experience and Support for Creativity", 《Journal of Applied Psychology》 91 (2006): 963~970).

07 직무의 상호의존성은 점점 더 증가하고 있으며 조직은 팀을 기본적인 작업 단위로 사용하고 있음을 제안하는 논문들이 있다(D. R. Ilgen and E. D. Pulakos, 《The Changing Nature of Performance: Implications for Staffing, Motivation, and Development》, Jossey-Bass, 1999). 팀 내부에서 이루어지는 도움은 팀뿐만 아니라 조직 전반에 걸쳐서 혜택을 준다는 것을 제안하는 논문이 있다(E. Anderson and L. J. Williams," Interpersonal Job, and Individual Factors Related to Helping Processes at Work", 《Journal of Applied

Psychology》 81 (1996): 282–296. W. C. Borman and S. J. Motowidlo, "Expanding the Criterion Domain to Include Elements of Contextual Performance", In 《Personnel Selection in Organizations》, eds. N. Schmitt and W. C. Borman, Jossey-Bass, (1993), 71~98. D. W. Organ, 《Organizational Citizenship Behavior: The Good Soldier Syndrome》, Lexington Books, 1988. L. Van Dyne, L. L. Cummings, and J. McLean Parks, "Extra Role Behaviors: In Pursuit of Construct and Definitional Clarity", in 《Research in Organizational Behavior》, Vol. 17, eds. L. L. Cummings and B. M. Staw, JAI Press, 1995, 215~285). 도움을 제공하는 것은 조직에서 매우 중요하다(S. J. Motowidlo, "Some Basic Issues Related to Contextual Performance and Organizational Citizenship Behavior in Human Resource Management", 《Human Resource Management Review》 10 (2000): 115~126). 또 다른 연구에 따르면 그룹 창의성을 이끌어 내기 위한 시작 단계에서 도움 찾기가 매우 중요하다고 한다(A. B. Hargadon and B. A. Bechky, "When Collections of Creatives Become Creative Collectives: A Field Study of Problem Solving at Work", 《Organization Science》 17 (2006): 484~500). 또한 이 연구에서는 도움 찾기와 도움 주기 모두를 장려하고 보상하는 조직 문화의 중요성을 언급하고 있다.

08 심리학자인 Carol Dweck와 그녀의 동료들은 30년의 연구를 통해서 사람들이 능력을 선천적인 것이 아닌 시간을 통해서 개발할 수 있는 어떤 것으로 보았을 때 성과가 혜택을 제공한다는 것을 보여주고 있다(C. S. Dweck, 《성공의 새로운 심리학》, 옮긴이 정명진, 부글북스, 2011).

09 문화가 심리적 안정성을 제공할 경우 그룹과 조직은 더 효과적이며 창조적으로 업무를 수행한다는 것을 제안하는 논문들이 있다(A. Edmonson, "Psychological Safety and Learning Behaviors in Work Teams", 《Administrative Science Quarterly》 44 (1999): 350~383. W. A. Kahn, "Psychological Conditions of Personal Engagement and Disengagement at Work", 《Academy of Management Journal》 33 (1990): 692~724).

10 조직 내부에서 창의성과 혁신 아이디어가 흘러 다녀야 한다는 것을 다룬 논문이 있다(T. M. Amabile, 《심리학의 눈으로 본 창조의 조건》, 옮긴이 고빛샘, 21세기북스, 2010). Sawyer는 그룹 내에서 그룹의 성과를 만들어 내기 위해서는 공동작업을 통한 아이디어 흐름에 대한 연구를 했다(R. K. Sawyer, 《그룹 지니어스》, 옮긴이 이호준, 북섬, 2008). 창조적인 공동작업에 관심을 갖는 학자들도 많다(V. John-Steiner, 《Creative Collaboration》, Oxford University Press, 2000). 팀 협업의 효과에 대한 보편적인 리뷰는 다음 논문에 언급되어 있다(R. A. Guzzo and M. W. Dickson, "Team in Organizations: Recent Research on Performance and Effectiveness", 《Annual Review of Psychology》 47 (1996): 307~338).

11 많은 조직 학자들이 분위기와 문화에의 차이에 대해서 언급했음에도 불구하고 이 2개의 정의는 많은 부분에서 겹치고 있으며, 지각된 가치, 규범 그리고 절차 등을 동일하게 포함하고 있다(J. R. Rentsch, "Climate and Culture: Interaction and Qualitative Differences in

Organizational Meaning", 《Journal of Applied Psychology》 75 (1990): 668~681. M. L. Tushman and C. O'Really, "Managerial Problem Solving: A Congruence Approach", in 《Managing Strategic Innovation and Change: A collection of Readings》, eds. M. L. Tushman and P. Anderson, Oxford University Press, 2004, 194~205).

12 E. H. Shein, "The Role of the Founder in Creating Organizational Culture", 《Organizational Dynamics》 12, Summer 1983: 13~28.
13 우리가 취합한 모든 일기에서 분위기의 3개 주요 영향력을 포착할 수 있었다. 이들 요소는 7장에서 설명된 영양분에 해당하는 대인관계와 관련된 사건을 이끌었다.
14 코난 도일의 《The Silver Blaze》를 보면 셜록 홈즈는 범죄가 있었던 날 저녁에 개가 짖지 않았다는 것을 발견했다. (셜록 홈즈는 개와 친한 누군가가 살인에 연루되었다고 추론했다. 왜냐하면 그 개는 낯선 사람들에게는 짖었기 때문이다.) 비전 팀이 제출한 일기에서 상대적으로 억제제가 적었던 사실이 우리에게 억제제가 팀 작업에 나쁜 영향을 줄 것이라고 추측하도록 했다. 우리의 연구가 끝난 후에 비전 팀과 만났을 때, 그들의 작업 환경에 대한 설명을 들은 후에 우리의 의문은 해결되었다.
15 짐 콜린스, 《좋은 기업을 넘어 위대한 기업으로》, 이무열 옮김, 김영사, 2002.
16 데이브가 이 날 감정에 대해서 매긴 점수는 그의 평균 점수보다 0.25 표준편차보다 높았다.
17 M. Moskowiz, R. Levering, and C. Tkaczyk, "100 Best Companies to Work For", 《Fortune》, January 13, 2010, 75~88. W. L. Gore사의 여러 자회사들이 이 상을 받았으며, 미국, 영국, 프랑스, 스웨덴, 이탈리아, 독일에서는 "Best Workplace" 목록에 반복적으로 순위에 올랐다.
W. L. Gore사의 웹사이트에 보면 "우리의 동료(Associate, 직원이 아님)들은 근무 지역에서 선발된다. 각자의 스폰서(보스가 아님)의 지도와 기회와 팀 목표에 대한 이해를 증가시키면서 동료들은 그들의 스킬을 연결시킬 수 있는 프로젝트에 참여한다. 이러한 모든 것은 협동과 함께하는 자유 그리고 시너지와 함께하는 자율과 결합된 환경 속에서 발생한다. 고어사는 1958년에 설립된 이후 매년 수익을 내왔다(A. Harrington, 'Who's Afraid of a New Product?", 《Fortune》, November 10, 2003, 180~192).
18 4월26일, 소피의 감정은 그녀 평균에 비해서 표준편차의 2배나 낮았다.
19 이날 벤의 내재적 동기부여는 그의 평균에 비해서 표준편차만큼 낮았다.

영양 요인
구성원간 상호지원이 제공하는 위력

The Nourishment Factor
The power of Interpersonal Support
영양 요인

평소와 다를 바 없는 3월 말의 어느 날, 인포스위트 팀원 헬렌은 월차를 신청했다. 그리고 헬렌은 관리자의 반응이 직장생활의 내면 상태에 얼마나 커다란 영향을 미쳤는지 일기에 기록했다.

> 오늘 월차를 신청했는데 […], 프로젝트 매니저로부터 그간 수고했으며 프로젝트 기간 동안 열심히 해준 보상으로 '하루짜리 프로젝트 휴가'를 월차 대신에 쓸 수 있다는 내용의 쪽지를 받았다. 쪽지를 받자 기분이 좋아졌고, 프로젝트 매니저와 우리 팀이 성과를 낼 수 있도록 더 열심히 일하고 싶은 마음이 생겼다. 너무 감상적이라고 생각하겠지만 정말 그런 기분이었다…. 그간의 노력을 인정받았다는 것에 정말 기분 좋다. [헬렌, 3/22]

헬렌의 내면상태는 크게 향상됐으며 인포스위트 팀과 그날을 기쁘게 만들어준 프로젝트 매니저 루스를 위해 더 열심히 노력하고자 하는 마음으로 가득해졌다. 하지만 루스는 이 일을 별로 특별하게 생각하지 않았고, 일기에 기록하지도 않았다. 물론 루스는 관리자의 의무를 다했을 뿐이라고 말할 수도 있다. 루스는 단지 헬렌에게 보상으로 '하루짜리 프로젝트 휴가'가 '주어졌다'는 사실을 알려줌으로써 귀중한 팀원이 열심히 일한 것에 대해서 보상하겠다는 약속을 이행했을 뿐이다. 평범한 일처럼 보일지 몰라도 이는 관리자가 할 수 있는 매우 중요한 행동이었다. 루스의 이 단순한 행동은 전진의 법칙, 촉진 요인과 함께 직장생활의 내면상태의 질을 향상시키는 3대 요소 중 하나로 밝혀진 '영양 요인nourishment factor'과 관련된 행동이었다.[1]

영양 요인은 모든 사람이 직장에서 경험하길 원하는 인간관계를 가리킨다. 관리자가 부하직원의 공로를 인정해 주고 보상을 제공하며 격려하고 공감해 주면 구성원들이 경험하는 직장생활의 내면상태는 풍요로워진다. 뿐만 아니라 관리자는 대인관계와 관련된 갈등을 해결하고 서로를 이해할 기회를 제공할 수도 있으며, 구성원들이 즐거운 시간을 보내도록 만들 수도 있다. 직장생활에서 가장 행복했던 날들을 골라보라고 하면 인간관계에서 기쁨을 얻었던 날이 포함될 가능성이 가장 크다. 실제로 사람들의 출근길을 즐겁게 만들고 업무에 최선을 다하게 만드는 요소는 (헬렌과 루스 사이에 일어난 사소한 일을 포함해) 인간관계와 관련된 사건들이다. 동료와 즐거운 시간을 보내는 단순한 일에서도 큰 의미를 찾을 수 있다.[2] 하지만 늘 그렇듯이 부정적인 측면 역시 존재한다. 인간관계는 직장생활의 내면상태를 병들게 하는 독극물toxin처럼 작용될 수도 있다. 영양 요인이 부족하거나 또는 좀 더 극단적으로 무시당하고 인정을 못 받거나 모욕당한다는 느낌을 받으면 직장생활의 내면상태는 부정적으로 바뀐다.

영양 요인의 존재에 영향을 받는 정도는 사람마다 다르지만 영양 요인이 전혀 없음에도 불구하고 전진할 수 있는 사람은 없다. 사람은 누구나 타인이 자신을 존중해주고, 인정해주며 자신에게 관심을 가져주고, 자신과 함께 있으면 즐거워하기를 바란다. 원하는 바를 얻으면 사람은 기쁨, 자부심, 심지어는 사랑과 같은 긍정적인 감정을 경험한다. 그리고 뭔가 멋진 일에 도움이 되고 싶다는 마음을 갖게 되고, 이런 직장생활의 내면상태가 지속됨으로써 훌륭한 성과로 이어진다. 다시 말해, 영양 요인은 직장생활의 내면상태의 세 가지 측면 모두에 영향을 줌으로써 업무 성과에 간접적으로 영향을 미친다. 헬렌의 일기만 봐도 루스의 행동은 루스에 대한 헬렌의 인식, 감정, 업무에 대한 동기부여에 긍정적인 영향을 미쳤다는 사실을 알 수 있다.[3]

까칠한 영양 요인

우리가 조사한 팀 전부에서 누군가 영양 요인을 공급해 주려고 한다는 사실을 알게 되면 직장생활의 내면상태는 활력을 얻었고, 업무에서 전진을 이룰 가능성이 높아졌다.[4] 영양 요인을 이용해 직장생활의 내면상태와 전진을 부채질하는 가장 기본적인 방법은 업무에 더 많은 의미를 부여하는 것이다. 사람은 같이 일하는 상대를 좋아하는 경우, 그들을 위해 성과를 내고 싶어한다. 동료들이 가족 같은 존재가 되면 일은 우리 삶에 새로운 의미로 다가온다. 인간관계가 좋으면 사람은 '상대를 위해 더 많이 노력'하길 원하며 이 노력은 결국 창의성과 생산성을 높여준다.

우리는 직장생활의 내면상태에 직접적인 영향을 주는 영양 요인을 네 가지 범주로 나눌 수 있다는 사실을 알아냈다.

1. **존중.**[5] 관리자의 행동은 구성원에게 각자가 존중받고 있다는 느낌을 줄 수도 무시당하고 있다는 느낌을 줄 수도 있다. 그중 가장 중요한 행동은 공로에 대한 인정일 것이다. 업무 성과에 대한 가시적인 보상의 크기가 크든 작든, 그것을 인정해 주는 방식이 공식적이든 비공식적이든 사람은 누군가 자신의 노력을 알아주면 존중받았다는 느낌을 갖게 된다. 관리자가 구성원의 아이디어를 진지하게 받아들여 그 아이디어를 소중하게 생각한다는 느낌을 줘도 구성원들은 존중받았다고 느낀다. 매우 어려운 일이긴 하지만 구성원들을 솔직한 태도로 대하는 것도 상대를 존중한다는 느낌을 줄 수 있다. 구성원들은 관리자가 자신을 속이는 경우(자신의 기분을 상하게 하지 않기 위해서 일지라도) 자신의 전문성을 인정해 주지 않는다고 결론 내릴 수 있다. 마지막으로 구성원은 관리자가 예의를 지키면 존중받는다는 느낌을, 예의를 지키지 않으면(부정적인 사건이 긍정적인 사건보다 더 큰 영향을 미치기 때문에) 무시당한다는 느낌을 강렬하게 받는다.

2. **격려.**[6] 격려는 구성원들이 경험하는 직장생활의 내면상태에 두 가지 방법으로 영양 요인을 공급한다. 첫째, 관리자 각자의 열정은 부하들의 일에 대한 동기부여 수준을 증가시키는 데 도움을 준다. 특히, 업무의 중요성을 언급하면서 격려의 말을 하는 경우 효과가 크다. 둘째, 관리자가 자신의 업무 처리 능력을 믿

고 있다는 사실을 알게 되면 구성원들의 자기 효능감(자신이 능력 있는 사람이라는 믿음)은 높아진다.

3. **공감.**[7] 감정은 직장생활의 내면상태를 구성하는 3대 요소 중 하나이기 때문에 사람들은 감정이 통하면 동료와 더 가까워졌다고 느낀다. 직장에서 해결하기 힘든 전문적 문제로 인해서 좌절을 느낄 때뿐만 아니라 사랑하는 사람의 죽음으로 슬픔을 느끼는 경우에도 이런 경험을 할 수 있다. 구성원들의 기쁨이나 슬픔과 좌절을 쉽게 알아차리는 관리자는 부정적인 감정은 감소시키고, 긍정적인 감정을 증대시킬 수 있다. 공감은 알아차림보다 훨씬 효과가 크다. 비록 관리자들이 구성원의 감정 상태를 보여주는 단서들을 알아차리지 못할 수도 있지만, 구성원들이 어떤 감정을 표현하는지와 그들이 강하게 감정적인 반응을 보이는 사건에 주의를 기울인다면 캐묻지 않아도 많은 것을 알 수 있다. 구성원이 관리자에게 자신의 감정을 직접 표현할 때, 관리자가 상대에 대해 공감해 주는 말을 건네면 구성원이 위안을 얻고 업무로 복귀하는 데 도움을 줄 수 있다.

4. **소속감.**[8] 동료들 간의 상호신뢰와 유대감을 형성해 주고 가끔은 애정으로까지 발전하는 소속감은 직장 내 인간관계가 형성되어 있음을 느끼게 만드는 가장 명백한 방식이다. 특히 소속감은 재택근무나 컴퓨터를 이용한 화상회의나 외부 구성원과 팀을 이뤄 진행하는 프로젝트가 일상화된 현대 조직에서 특히 중요한 요소이다. 구성원들이 공항 라운지나 집에서 근무하는

경우가 많아졌다고 해도 같은 임무를 달성하기 위해서 협력하는 동료들 사이에는 유대감이 꼭 필요하다. 사실 예전보다 더 강화돼야 한다. 관리자는 구성원들이 동료의 얼굴을 익히고 함께 좋은 시간을 보낼 수 있는 기회를 제공함으로써 소속감을 높이고 결속력을 높일 수 있다. 구성원들이 서로 친해지면 업무에 악영향을 미칠 수 있는 인간관계로 발생한 갈등은 좀 더 약해지고 줄어든다. 팀원들 사이에 유대감이 생기면 아이디어가 훨씬 더 잘 전달되고 쉽게 협력하게 된다.

구성원들 사이에 일어나는 상호 지원이 구성원들의 일에 대한 동기부여 수준을 높이고, 감정을 고도화시키는 데 중요하다는 사실을 알고 있는 관리자들은 많다.[9] 하지만 영양 요인의 까다로운 측면은 업무를 성공적으로 처리했다고 등을 두드려주거나 힘든 한 주 동안 애썼다고 격려하는 정도로는 효력을 발휘하지 못한다는 것이다. 영양 요인은 관리자와 부하직원의 직접적인 교류만을 의미하지 않기 때문이다. 그래서 구성원들이 '서로에게' 영양분을 제공할 수 있는 토대를 만들어주는 것도 관리자의 역할이다. 이는 곧 긍정적인 기업 문화를 정착시키고 구성원들을 팀에 배치할 때 능력뿐 아니라 업무 방식과 스킬 그리고 성격도 고려해야 한다는 것을 의미한다. 뿐만 아니라 관리자는 구성원들에게 각자의 역할을 확실히 알려주어 서로 협력하고 솔직하게 의사소통할 수 있도록 만들어야 한다. 그렇게 하지 못한다면 조직을 무너뜨릴 수도 있는 갈등이 생길 가능성이 크다. 아이디어에 대한 활발한 토론과 업무에 대한 민주적인 논의는 업무 생산성에 큰 도움이 되지만 오해와 분노, 서로 다른 성격, 업무 방식

차이에 따른 충돌은 신뢰를 무너뜨리고 팀 전체를 쓰러뜨릴 수도 있다.[10] 훌륭한 경영자는 이런 문제들이 발생하지 않게 하거나 설령 발생할 경우에도 잘 해결해낸다.

하지만 조사 결과 많은 관리자들은 이것을 시행하는 데 많은 어려움을 겪고 있는 것으로 나타났다. 최악의 경우에는 관리자들이 유해한 근무환경을 만들기도 한다(〈벽에 붙은 파리: 일터에서의 독극물 관찰〉을 참고하기 바란다). 독극물은 긍정적인 영향을 주는 영양분과 반대되는 개념이다. 독극물에는 '무시', '좌절', '정서적 방치', '대립', 이렇게 네 종류가 있다. 분기말 회의에서 카펜터 COO가 팀장에게 '헛소리를 한다'는 발언, 혹은 부하직원이나 동료의 기여를 인정해 주지 않는 행위와 같은 부정적인 행동은 직장생활의 내면상태에 해를 끼칠 수 있다.

에드겔 이미징 주식회사의 포커스 팀은 독극물 때문에 직장생활의 내면상태가 엉망이 된 대표적인 팀이었다. 이 조직의 관리자는 영양분의 위력을 모르고 있었으며, 그 결과 기업은 큰 타격을 입었다.

생각할 거리
벽에 붙은 파리: 일터에서의 독극물 관찰

경영자가 업무를 수행하느라 스트레스를 많이 받을 때, 문득 자신이 과거에 제일 싫어했던 관리자의 말이나 행동을 그대로 따라 하고 있는 모습을 발견할 수도 있다. 스트레스를 받지 않을 때도 부하직원의 필요에 공감하거나 까다로운 대인관계 문제를 해결하는 데 어려움을 느끼는 관리자들이 많다.

영양분과 독극물의 관점에서 보면 임원 훈련 과정에는 아직도 부족한 점이 많다. 예를 들어, 업무에서 뛰어난 성과를 내는 데 인간관계가 중요한 영향을 끼치기 때문에 지속적인 관심을 가져야 한다는 내용을 관리자에게 교육하는 경우는 별로 없다.

관리자들이 독극물 역할을 한 사건이 기록된 일기를 몇 개 인용하겠다. 여러분 각자가 이와 비슷한 경험을 몇 번이나 했는지 생각해 보기 바란다. 그리고 스스로가 다정하고, 도움이 되고, 재미있다고 생각했는데 실제로는 부정적인 결과를 가져오는 행동을 저지른 적이 얼마나 되는지 자문해 보라. 이런 행동이 구성원들이 경험하는 직장생활의 내면상태에 미치는 영향을 생각해 보고 앞으로 한 번 더 생각한 후에 행동하기 바란다.

부서 회의 마지막에 COO와 '자유롭게' 질의 응답하는 시간이 있었는데 […], 누군가가 구성원의 사기 문제와 관련해 어떤 노력을 하고 있는지 물었다. COO는 이렇게 대답했다. "우리 회사에는 구성원 사기와 관련된 문제는 없습니다. 혹시 문제가 있다고 생각하는 분들은 더 좋은 처우가 제공되는 직장을 구하세요."

[최고 경영 팀의 일원에게] "다른 지역에 있는 연구개발 부서로 인사이동이 될지도 모른다"라고 들었던 일이 어떻게 됐는지 물어봤다. 그 말이 있었던 지 벌써 2주나 지났는데 […]. 그는 "곧 있을 테니까 안달하지 말게"라고 말해 기분이 상했다. 정말 짜증난다! 인생의 큰 변화를 겪을 수도 있는데 […] 현재 상황이 궁금한 게 당연한 것 아닌가!

―――――――

회의 때 [팀원과] 대화를 나누는 것은 정말 어려운 일이다. 그는 말을 중간에 잘라먹는다. 그를 어떻게 상대해야 하는지 아는 사람은 없는 듯하다. 그 팀원 때문에 회의가 '자꾸' 산으로 간다. 팀원들은 [두 명의 팀장]이 본보기를 보여주고, 도움과 해결책을 주기를 바랐다. 그러나 팀원들은 아무 조치도 취하지 않았고, 그 누구도 엉망진창인 상황을 어떻게 수습해야 할지 알지 못했다.

―――――――

[360도 다면 평가]를 시작한 지 얼마 되지 않아 팀장으로부터 전화가 왔다. 전화를 끊자마자 랜스[팀장]가 내 사무실로 들어와 이야기를 하기 시작했다. 랜스는(늘 나를 화나게 만드는 습관적인 행동을 하면서) 내 모니터 화면에 있는 내용을 읽었고, 내가 자신에게 준 점수를 보았다. 모니터에 평가 설문지를 띄워두었다는 사실을 까먹은 나 자신에게 화가 났다. 이를 어쩌지!

산산조각 난 신뢰: 에드겔의 포커스 팀

바버라는 메릴랜드 주에 자리잡고 있는 평판flatbed 스캐너와 낱장공급sheet-fed 스캐너를 제조하는 에드겔 이미징의 떠오르는 스타였다. 캘리포니아 공과대학에서 석사학위를 취득한 후, 성공적으로 시장에 진입한 신생 의료기기회사에서 5년간 근무했고 특허권을 2개나 갖고 있었다. 그녀는 에드겔에 입사한 지 겨우 3년 만에 최고의 기계 엔지니어 중 한 명이 되었다. 거침없고, 당당하며, 커다란 갈색 눈과 새까만 머리카락이 매력적인 바버라는 업무에도 열정적이었다. 담당 임원이 회사에서 가장 중요한 프로젝트인 일반용 복합기 개발 업무를 주었을 때, 바버라는 너무 기뻤다. 포커스라고 이름 붙은 프로젝트는 기존의 기업고객(잡지사, 도서관, 대기업, 군대 등)을 위한 고가의 맞춤형 제품 시장이 아닌 가정이나 중소기업 시장을 공략하기 위한 신사업 전략의 첫 걸음이었다. 에드겔 경영진은 포커스 팀에게 프로젝트를 시작할 때 조직의 미래가 이 프로젝트에 달려 있다고 얘기했다.

하지만 안타깝게도 포커스 프로젝트 관리자들이 영양 요인을 제공하지 못한 탓에 프로젝트는 실패했고 바버라는 에드겔을 떠났다. 포커스 팀 사례는 영양분과 관련된 문제들이 어떤 방식으로 프로젝트와 기업에 처참한 결과를 가져오는지를 잘 보여준다. 바버라가 회사를 떠나게 된 이유가 무엇인지, 왜 포커스 프로젝트가 엉망진창이 되었는지 살펴보겠다.

포커스 프로젝트가 구상되기 한참 전에 바버라는 안식년을 맞은 존스홉킨스 대학 교수인 남편과 유럽에 가기 위해 6개월 무급 휴가를 신청했다. 바버라를 놓치고 싶지 않은 에드겔 인사부서는 그녀에게 복귀하면 연봉까지 인상해 주겠다고 약속했다.

인사부서에서는 바버라의 능력을 인정해 그녀의 계획을 지지해줬지만 팀원들의 반응은 전혀 달랐다. 휴가 기간이 다가오자 바버라는 팀 내 기계 엔지니어인 로이와 매튜에게 프로젝트 진행 상황과 개발 중인 프로토타입에 대해 설명하기 위해서 애썼다. 하지만 동료들은 '무례' 할 정도로 관심을 보이지 않았다.

> 내가 발의해서 순조롭게 진행되어 왔던 많은 업무들이 있는데 이것들이 완료되어야만 한다. 하지만 관련된 부품 파트 간의 디자인과 세부사항이 너무 복잡하기 때문에 그냥 봐서는 이해할 수 있는 사람이 없을 듯하다. […] 지난주에 몇 번이나 팀원들에게 인수인계를 받을 수 있는 날짜와 방법을 물어봤지만 자꾸 "내용이 적힌 파일을 놓고 가라"고만 얘기한다. [바버라, 5/12]

시간이 흐를수록 바버라의 눈에는 포커스 팀원들 간의 '진정한 소속감 부족' 문제가 확실히 보였다. 일주일이 더 지났지만 바버라의 제안에 관심을 보이는 사람은 아무도 없었다.

> 팀원들은 내 [휴가와] 마지막 근무일과 관련된 개인적인 질문을 한 것 외에는 아무런 말도 하지 않았다. 난 팀원들에게 전달할 많은 정보를 준비해 놓고 누군가 정보를 달라고 요청하기를 기다리고 있다. 팀원들이 중요하다고 생각하지 않는 업무를 그들에게 넘겨주고 싶지 않다. [바버라, 5/19]

바버라는 자신이 담당하는 업무를 팀원들이 가치 있게 여기지 않는다는 느낌을 받았다. 무급 휴가 시작 하루 전인 5월 21일, 바버라는 다시 한 번 업무 내용을 전달하려 했지만 실패하자 팀원들이 자신이 지금껏 이룬 성과를 '무시'한다는 느낌을 받아 속상했다.

오늘이 나에게는 프로젝트 마지막 날인데 업무 내용을 알려달라고 부탁한 팀원이 한 사람도 없어서 굉장히 실망했다. 전체 팀원에게 이메일을 보내 인수인계를 할 수 있는 시간을 정해 달라고 했다. 유일하게 회신을 한 사람은 로이였는데 오늘 아침 내내 사무실을 비울 예정이니 업무 내용을 기록한 파일을 놓고 가라는 내용이었다. […] 이 회사를 떠나게 돼 얼마나 다행인지 모른다.

[바버라, 5/21]

5월 21일, 에드겔 이미징을 떠난 바버라는 다시는 복귀하지 않았다. 서운하면서도 한편으로는 화가 난 바버라는 파일만 남겨두고 회사를 떠났다. 그 결과 에드겔은 바버라가 그간 회사와 제품에 대해 축적한 암묵 지식은 물론 앞으로 그녀의 전문성을 활용할 기회마저 잃었다.

포커스 팀에 큰 문제가 있는 것은 확실했다. 우리가 조사한 팀 중에 잘못된 의사소통 방식을 사용하고 구성원들을 존중하지 않는 팀이 많았지만, 일의 진행을 막은 바버라 동료들의 행동은 최악의 팀워크를 보여주는 사례였다. 왜 이런 일이 일어났을까? 대체 무슨 일이 있었기에 역량이 뛰어난 팀원이 동료들에게 업무와 관련된 중요한 정보를 전달하려고 여러 번 시도했는데도 실패할 수밖에 없었던 걸까? 포커스는 최고의 인재들로 이루어진 팀이었다. 포커스 팀은 기계 엔지니어인 바버라와 로이, 매튜 외에도 기계/전기공학 전문가인 팀장 도널드와 4명의 전기, 하드웨어, 소프트웨어 전문가들로 구성돼 있었다. 바버라와 로이, 그리고 나머지 팀원 5명은 석사학위가 있거나 석사과정을 밟고 있었으며 그중 4명(바버라와 로이, 도널드를 포함해)에게는 특허권도 있었다. 연구 초반에 도널드가 제출한 일기에는 바버라와 로이의 뛰어난 능력을 칭찬하는 내용이 담겨 있었다. 연구 초반에 진행된 팀원들의 특성 조사 결과만 보면 팀원들끼리 잘 어울리지 못하거나 업무에서 협력하지 못할 이유가 없었다. 그래서 우리는 포커스 팀이 신제품 개발이라는 어려운 목표를 향해 모두 함께 노력해 오레일리 코티드 머티리얼즈 팀처럼 특별한 사건 없이 성공적으로 프로젝트를 완수하리라 기대했다.

하지만 포커스 팀의 일기를 읽다 보면 가끔 등장인물들이 각자 서로 다른 대본을 읽고 있는 끔찍한 미니시리즈 드라마를 보는 느낌이 들었는데 서로 다른 페이지를 읽기 때문에 충돌이 일어나는 것 같았다. 경영진의 과실 때문에 불거지고 점점 커진 팀원들 간의 심각한 갈등이 바버라와 다른 기계 엔지니어들을 괴롭혔다. 그 결과 팀은 일상의 업무에서 쉽게 진도를 나가지 못했고, 장기적인 성과 역시 지지부진했다.[11] 실제로 조사가 끝날 무렵 팀이 프로젝트 성공도에 대해 점수를 매기게 한 결과, 포커스 팀의 점수는 우리가 조사한 전체 26개 팀 중 18위였다.

1) 무시와 대립

포커스 팀이 주인공인 드라마 각본은 팀이 처음 구성됐을 때부터 형태를 갖추기 시작했다. 연구개발 부사장인 페리 레딩은 실력은 뛰어나지만 에드젤에서 근무한 지 얼마 되지 않은 도널드를 프로젝트 책임자 자리에 앉혔다. 레딩은 포커스 팀원을 선택할 때 엔지니어로서의 능력은 고려했지만 에드젤에서의 경력이나 문제 해결 방식은 전혀 신경 쓰지 않았다. 뿐만 아니라 레딩은 기계 엔지니어 바버라와 로이 두 사람에게 각자가 기계 디자인 업무에서 리더 역할을 맡았다고 생각하게 만드는 치명적인 실수를 저질렀다. 두 사람 모두 우리가 실시한 사전 설문조사에서 자신을 본 프로젝트의 책임 기계 엔지니어라고 대답했다.

로이는 바버라보다 에드젤에서 일한 경력이 훨씬 짧고, 바버라는 프로젝트 마감 전에 휴가를 떠날 계획이었기 때문에 실제로 두 사람 모두 리더 역할을 맡기에는 적합하지 않았다. 페리 레딩이나 도널드(그외 다른 관리자들도)는 프로젝트가 시작된 지 2달이 지날 때까지 바버라나 로이의 역할을 확실히 정해주지 않았는데 이것이 이후 발생한 문제의 결정적인 원인이 되었다. 마침내 레딩이 로이를 책임 기계 엔지니어로 발표하자 바버라는 레딩과 로이에게 '무시당했다는' 느낌을 받았다. 바버라의 행동이 포커스 팀의 영양분을 없애는 데 영향을 줬을 가능성은 적기 때문에 우리는 무시당했다는 느낌과 그외 다른 독극물들이 그녀가 경험한 직장생활의 내면상태에 미친 영향을 집중적으로 살펴보기로 했다.

[기계 엔지니어 리더]라는 '역할'을 빼앗긴데다 지난 2달간 내가 낸 아이디어를 로이가 존중해주지 않는 것 같아 도널드에게 모욕당한 느낌이라고 얘기했다. 하지만 도널드는 내게 페리(연구개

발 부사장, 내가 신뢰하는 상사)가 결정한 일이라고 대답했다. 지난 2월에도 페리는 내가 진행하던 콘셉트 디자인 작업을 내게 말 한마디 없이 [외부 컨설턴트]에게 넘겼고, 이번 [기계 엔지니어 리더] 자리도 내게 알리지 않고 로이에게 넘겨줬다. 만약 내가 구성원들의 반응을 보고 그 사실을 알기 전에 페리가 미리 내게 알려줬다면 기분이 훨씬 덜 상했을 것이다. […] 6개월의 휴가가 끝난 다음에 이곳으로 다시 돌아오고 싶은 마음이 점점 사라진다. [바버라, 4/14]

상사에 대한 신뢰가 사라지자 바버라는 에드겔에 더 이상 충성할 이유가 없다고 느끼기 시작했다. 그녀는 페리 레딩과 로이에게 무시당한 느낌이었고, 팀에서 리더십을 발휘할 수 있는 역할을 하나도 맡지 못하게 된 것에 크게 '좌절' 했다. 바버라는 분노, 억울함, 좌절감, 실망, 슬픔과 같은 부정적인 감정을 느꼈다.[12] 에드겔을 위해서 업무를 열심히 해야겠다는 동기부여가 줄어들기 시작했다. 이 모든 직장생활의 내면상태에 발생한 변화는 조직에서 '무시' 당했다는 느낌에서 비롯됐다. 바버라가 신뢰하던 상사는 그녀를 진실하게 대하지 않았으며, 프로젝트에 대한 바버라의 노력도 인정해주지 않았다.

무엇보다 상황이 좀 더 복잡해진 이유는(사전조사 설문 내용을 보면 바로 알 수 있을 정도로) 바버라와 로이의 문제 해결 방식이 굉장히 달랐기 때문이었다.[13] 구성원들이 보유하고 있는 문제 해결 방식은 타고난 성격과 경험에 따라 결정되기 때문에 개인마다 큰 차이가 있다. 바버라는 문제를 기존과는 완전히 색다른 관점에서 바라보면서 복수의 혁신적인 아이디어를 생각해 내고 그중에서 실현 불가능한 아이디어들을 제거한 후, 남은 방법들에 대해서 타당성을 가정에 근거하여 파악하면서 문제를 해결하는 방식을 선호했다. 로이는 그녀와는 달리 현재 있는 패러다임 안에서 새로운 아이디어들을 분석하고, 문제를 해결할 수 있는 방법이라는 확신이 들 때, 동료들에게 발표하는 좀 더 방법론적인 문제 해결 방식을 선호했다.

로이와 바버라 모두 뛰어난 전문성을 갖추고 있었으며 창의성을 발휘할 수 있는 잠재능력도 충분했다. 하지만 능력을 발휘하게 하려면 서로 다른 문제 해결 방식을 조율해 줘야만 했다.[14] 그런데 그것이 제대로 해결되지 못했다. 프로젝트가 시작된 지 몇 주 후, 기계 엔지니어 매튜가 포커스 팀에 합류했다. 로이와 비슷한 방식으로 문제를 해결하는 매튜는 곧 바버라에게 반감을 느꼈다. 3명의 문제 해결 방식이 서로 다르다는 사실을 이해시키거나 각자의 장점을 발휘하도록 도와준 사람이 아무도 없었던 탓에 대립은 심해져만 갔고, 결국 세 사람의 갈등은 깊어졌으며 신뢰는 깨졌다.

로이와 바버라의 일하는 스타일은 다양한 업무에서 차이를 보였으며 특히 기계 설계 스케줄 관련 문제에서 가장 큰 갈등을 빚었다. 도널드는 로이와 바버라 중 한 사람의 심기를 거스르지 않기 위해 나중에 스케줄 조정 과정에서 문제가 없길 바라며 둘 모두에게 설계 스케줄을 짜오라고 요구했다. 하지만 도널드의 행동은 로이와 바버라의 '대립'을 완화시키기는커녕 제로섬 경쟁을 유도해 오히려 화를 돋웠다. 그 결과 2월에 작업 스케줄 문제로 시작된 갈등이 2개월 후까지도 지속되었다. 도널드와 3명의 기계 엔지니어 모두 이 사건을 일기에 기록했다. 다음은 처음 갈등의 조짐이 보였을 때 바버라가 작성한 일기이다.

로이가 제안한 스케줄을 두고 토의를 했다. 나는 로이의 계획에 반대했고 다른 계획을 제안했다. 로이와 난 긴밀하게 협조해야 하는 사이임에도 불구하고 마치 누구의 제안이 선택되는지 여부에 따라 이기고 지는 사람이 결정되는 듯한 대결 상황을 만들었다. 이 모든 일이 시간 낭비처럼 느껴졌으며 만약 로이가 제안한 스케줄이 받아들여진다면 과연 이곳에서 일할 필요가 있을까 싶었다. [바버라, 2/24]

프로젝트 시작 2달 후에 합류한 매튜는 아직까지 기계 설계 스케줄이 정해지지 않았다는 사실에 놀랐다.

기계 설계 스케줄이 [아직까지도] 결정되지 않았다. 프로젝트가 시작된 지 이미 한참이 지났는데 어떻게 이런 일이 생길 수 있는지 이해가 안 간다. [매튜, 4/13]

바버라, 로이, 매튜 그리고 도널드는 이런 불쾌한 사건이 발생할 때마다 직장생활의 내면상태에 큰 타격을 입었다. 이런 사건이 업무에서 성과를 내는 데 부정적인 영향을 미친다는 사실을 알면서도 도널드는 구성원 간의 '대립'을 해소시킬 능력이 없어 보였다.

2) 독극물의 여파

독극물이 직장생활의 내면상태에 미치는 부정적인 영향은 대인관계에서 갈등을 빚었던 당사자들로 그 범위가 국한되지는 않는다. 독극물은 팀 전체에 영향을 끼치고, 팀원들의 전진을 저해한다. 포커스 팀이 제출한 일기를 보면 로이와 바버라(가끔은 매튜까지)의 '대립'이 언급된 경우도 꽤 있었다. 하드웨어 엔지니어인 더스틴은 특히 눈치가 빨랐다.

> 최근에 들어 ME[기계 엔지니어링] 담당 구성원들로부터 원하는 기술 정보를 얻기가 쉽지 않다(내가 요구한 건 굉장히 기본적인 수준의 정보였다.). 서로 대화를 별로 하지 않는가 보다. [더스틴, 3/17]

> 사무실들이 개방되어 있어서 기계 엔지니어들이 서로에게 불만을 늘어놓는 소리가 자꾸 들린다. 언제쯤 잠잠해질까 궁금하기는 하지만 이미 싸우는 소리에 익숙해지고 있는 듯하다. [더스팅, 4/10]

> 로이가 바버라의 […] 일에 대해 늘어놓는 불평을 더는 못 들어주겠다. [더스틴, 6/8]

기계 엔지니어들 사이의 갈등을 목격한 날이면 더스틴이 경험한 직장생활의 내면상태는 나쁘게 영향을 받았다.[15] 게다가 갈등의 당사자가 아닌 다른 팀원들과 더스틴의 감정은 '방치' 됐기 때문에 직장생활의 내면상태는 계속 바닥을 쳤다. 도널드는 감정이라는 주제는 논의의 대상이 아니라서 언급할 필요가 없다고 생각했기 때문에 더스틴이 기계 엔지니어들의 갈등 때문에 불편을 겪고 있다는 사실을 알아차리지 못했다. 직장생활의 내면상태에 미친 영향은 업무 성과에도 영향을 미쳤다. 팀 회의는 마치 기계 엔지니어들 간의 싸움장 같았기 때문에 나머지 팀원들은 서로 부딪히지 않도록 피하게 됐고, 결국 팀원들 간의 의사소통이 더욱 부족해졌다. '대립', '무시' 그리고 기계 엔지니어들 사이의 '불신' 때문에 생긴 의사소통 문제는 포커스 팀의 전진을 심각하게 저해했다. 게다가 도널드와 고위 관리자들은 이런 문제에 효과적으로 대응하지 못했다. 포커스 팀 소프트웨어 엔지니어인 닉의 일기를 살펴보자.

> 회의에서 페리 레딩이 엔지니어링 팀의 개편 내용을 발표했는데 우리랑은 별로 상관없는 일 같았다 […] 정작 비현실적인 스케줄, 팀원들 간의 불신, 책임감이 부족한 상사들과 같은 더 큰 문제들은 언급조차 되지 않았다. [닉, 6/3]

대부분의 경우 구성원들은 각자 어려움을 감당하며 혼자서 일하고 있었다.

3) 리더십 부재

처음 포커스 팀의 일기를 읽었을 때, 우리는 이 팀에 독극물이 넘치는 이유가 무뚝뚝한 사람들이 한 팀에 모여 있기 때문이라는 결론을 내리고 싶었다. 하지만 사전조사 때 실시한 성격검사 결과를 분석해 보니 기계 엔지니어 세 사람 중 '친절함' 영역에서 심각하게 낮은 점수를 받은 사람은 없었다.[16] 문제의 원인은 '팀원'들보다는 팀 '리더'에 있었다.

리더들은 팀원들이 경험하는 직장생활의 내면상태에 영양분을 공급해 줄 수 있는 기반을 만들지 못했고, 그럼으로 인해서 구성원들은 리더들에게 크게 실망했다. 페리 레딩은 경험이 부족한 도널드를 팀장으로 임명하고, 로이와 바버라의 전혀 다른 문제 해결 방식을 무시하는 실수를 저질렀다. 무엇보다도 로이와 바버라 '두 사람'에게 스스로를 책임 기계 엔지니어라고 믿게 만든 행동이 가장 큰 문제를 일으켰다. 뿐만 아니라 팀을 다루는 레딩의 행동은 프로젝트 전반에 걸쳐 많은 문제점을 드러냈다. 예를 들어, 레딩은 바버라의 걱정을 누그러뜨리고 절대 실패하면 안 되는 프로젝트에 직접 영향력을 행사하기 위해 그녀의 면전에서는 좋은 얘기(성과를 칭찬하는 말)만 하고, 뒤에서는 바버라의 신뢰를 배신하는 행동(도널드에게 바버라를 질책하라고 명령)을 했다.

무엇보다도 레딩은 팀원들에게 문제가 생기면 도널드가 아닌 자신에게 직접 와서 얘기하도록 권장했다. 이러한 조치 때문에 도널드는 팀장으로서의 권한이 약화돼 팀원들 사이에서 커지는 갈등을 해결하기가 더 어려워졌다. 레딩과 운영 부문 이사인 조셉 칼라한이 바버라를 포커스 프로젝트에서 제외하려는 은밀한 계획을 세우는 탓에 도널드는 그들에게 계획을 수정해 달라고 부탁해야만 하는 처지가 됐다. 이 모든 상황에서 볼 수 있듯이 임원들에게는 팀원들, 그중에서도 특히 도널드를 존중하는 태도가 부족했다.

특허를 몇 개나 갖고 있는 능력 있는 엔지니어 도널드는 친절하고 선한 사람으로 포커스 프로젝트를 성공으로 이끌겠다는 의욕으로 가득 차 있었다. 하지만 포커스 팀에 영양분을 제공하는 데는 실패했다. 도널드는 에드겔에 입사한 지 얼마 안 된 탓에 사내 정치를 제대로 하지 못했고 결과적으로 중요한 프로젝트를 이끌어갈 수 있는 사람이라는 신뢰를 주지 못했다. 도널드는 기술 관련 업무 해결에만 집중했고 기계 엔지니어들 간에 높아가는 긴장감이 장기적으로 프로젝트에 미칠 영향에 대해서는 알지 못했다. 팀원 대부분이 눈치를 챘음에도 불구하고 도널드는 그들이 겪고 있는 대인관계 문제의 심각성을 미처 알아차리지 못했다. 도널드는 로이와 바버라가 공개적으로 충돌하는 일이 증가하고 있는데도 프로젝트(그리고 갈등)가 시작된 지 몇 주가 지날 때까지 두 사람과 따로 면담을 하지 않았다. 게다가 두 사람의 다툼 때문에 팀 회의가 제대로 진행되지 않았음에도 그냥 두고만 보고 있었다. 도널드가 팀원들의 '갈등'을 기록한 일기를 봐도 이 일을 객관적이고, 대수롭지 않으며, 자신과 관련 없는 일로 생각하고 있다는 느낌이 든다. 그는 이를 해결이 불가능한 문제로 보고 있었다.

> [주요 고객]이 자리를 뜬 후 열린 정리 회의에서 로이와 바버라가 또 싸웠다. 바버라와 로이는 인생관이 상당히 다른데 둘 다 상대방의 태도를 인정하지 못하는 듯하다. [도널드, 4/7]

몇 주 후, 바버라를 프로젝트에서 빼라는 경영진의 압력을 두 번이나 더 받은 도널드는 적극적인 조치를 취하기로 결심했다. 그는 칼라한과 레딩에게 팀원을 바꾸기 전에 조금만 시간을 달라고 요청한 후 바버라, 로이, 매튜와 일대일로 또는 함께 모여 갈등에 대해서 대화를 나눴다. 세 사람은 도널드의 말을 대책 없이 순진한 소리로 치부했고, 끝까지 자신의 입장을 고수했다. 도널드는 팀워크를 단단하게 하기 위해 회의 시간에 모든 팀원에게 짧은 자기소개를 하게 했으나 세 사람은 이 기회를 이용해 농담을 하는 척하면서 공개적으로 상대를 조롱했다. 도널드가 나섰을 때는 이미 해결이 가능한 시기가 지나 있었다.

내가 알아듣게 얘기했는데도 로이와 바버라는 스케줄 회의 내내 상대에게 비난을 퍼부었다. [도널드, 5/7]

도널드는 영양분, 독극물과 관련하여 관리자들이 가장 보편적으로 하는 실수를 저질렀다. 팀의 유대감을 쌓는 것과 같은 긍정적인 영향을 줄 수 있는 행동을 너무 소극적으로 했고 게다가 문제가 겉잡을 수 없이 커진 후에야 시도했는데 이런 노력은 오히려 팀에 부정적인 영향만 끼쳤다.

결국 신제품 복합기 개발은 1년 넘게 지연된 끝에 새로운 리더와 새로운 구성원들로 구성된 새로운 팀에 의해 개발되었다. 포커스 팀이 실패한 이유는 무엇일까? 바로 프로젝트 기간 동안 독극물이 영양분에 비해 월등히 많았기 때문이다. 포커스 팀이 제출한 일기는 모욕을 느낀 사건, 불쾌한 논쟁, 팀원들 사이에 만연한 불신과 관련된 내용으로 가득했다. 팀원들이 경험하는 직장생활의 내면상태는 분노, 사기 저하, 팀, 업무, 조직에 대한 비판적인 인식으로 가득 차 있었다. 업무의 진척 상황을 확인할 수 있는 프로젝트 스케줄조차 합의하지 못하는 팀원들이 모인 팀에서 전진을 기대하기는 어렵다.

포커스 팀의 사례가 극단적이기는 하지만 그렇다고 자신과 전혀 관련 없는 일로 치부하는 실수를 저지르면 안 된다. 영양분이 부족해 실패를 맛보게 되는 경우는 일상적으로 발생한다. 우리가 조사한 결과 관리자들은 이런 문제를 현명하게 해결하기보다는 제대로 다루지 못하는 경우가 비일비재한 것으로 나타났다. 관리자들은 팀을 구성

할 때, 비생산적인 갈등이 발생할 가능성을 간과한다. 또한 팀을 관리할 때, 대인관계에서 발생하는 문제의 중요성을 과소평가하는 경우가 많다. 포커스 팀의 사례에서 자신이 속한 조직의 모습을 보는 사람도 많을 것이다. 대인관계를 관리하는 일은 굉장히 어렵기 때문에 차라리 무시하고 싶은 마음이 들기 쉽다. 하지만 조직에 영양분이 부족하면 직장생활의 내면상태는 질적 수준이 낮아지게 되고 이로 인해 업무 성과 역시 낮아진다는 사실을 반드시 기억해야 한다. 한번 신뢰를 잃고 나면 회복하기 어렵다.[17] 극단적인 경우에는 이미 되돌릴 방법이 없을 수도 있다.

인간관계: 드림스위트의 인포스위트 팀

7장의 앞부분에서 설명된 헬렌의 일기를 보면 드림스위트 호텔의 인포스위트 팀은 영양 요인의 제공에 일가견이 있었다. 비록 인포스위트 팀은 창고 속에 창문도 없는 비좁은 사무공간에서 근무하고 있었고 드림스위트 경영진으로부터 부당한 대우를 받는 경우도 많았지만 서로에게 영양분을 제공하면서 긍정적인 직장생활의 내면상태를 유지해 나갔다. 다른 팀원에게 고의로 피해를 주려 했던 포커스 팀과는 완전히 반대였다.

인포스위트와 포커스 팀은 여러 면에서 정반대였다. 포커스 팀원들은 프로젝트 성공도에 낮은 점수를 매겼지만 인포스위트 팀이 매긴 점수는 조사 대상 26개 팀 중 2등이었다. 두 팀의 영양분에 대한 분석 결과 역시 극명한 차이를 보였다. 포커스 팀에서 발견된 다수의

관리자를 위한 팁
영양 요인과 관련된 팀장의 특수한 역할

팀장들은 업무를 진행할 때 부하직원들과 밀접한 관계를 유지하기 때문에 영양분을 제공하느냐 못하느냐에 따라 구성원들의 직장생활의 내면상태에 특히 많은 영향을 미친다. 만약 당신이 팀장이라면 팀원들이 인지하는 근무환경의 질을 높이거나 떨어뜨리는 데 고위 관리자보다 더 많은 영향력을 갖는다. 심지어 당신은 비협조적인 임원이 주는 부정적인 영향을 감소시킬 수도 있다. 우리 조사는 영양 요인을 활용해 팀원이 경험하는 직장생활의 내면상태를 향상시키고 싶을 경우에 취해야 할(혹은 취하지 말아야 할) 행동들을 밝혀냈다.[a] 팀장이 아닌 이들도 얼마든지 아래 제시된 방법들을 사용할 수 있다.

각각의 행동지침 다음에는 이와 관련된 일기를 예로 제시했다. 너무 당연한 지침이라 생각되더라도 마음에 새겨두면 유익할 것이다. 우리 조사에 참여한 팀장들 중 놀라울 정도로 많은 숫자가 본인이 구성원들을 잘 관리하고 있다고 '생각함'에도 불구하고 아래 지침들을 일관되게 지키고 있지 않았다.

팀장이 해야 할 일	팀장이 하지 말아야 할 일
구성원뿐만 아니라 구성원들이 맡은 업무를 존중한다는 메시지를 전달하라. 세스[팀장]가 자신이 해결해야 할 문제에 대해서 나의 의견을 물었다. 질문을 받았다는 사실 때문에 세스가 내 능력을 신뢰하고 있다는 생각이 들었다.	구성원을 무시하거나, 무례하거나 깔보는 태도로 대하기. 매트[팀장]가 아침에 내 사무실로 찾아와서 재러드를 우리 프로젝트에서 빼서 다른 프로젝트에 투입할 생각이라고 말했다. 재러드가 나보다 먼저 프로젝트에서 빠지는 건 상관없다. 하지만 재러드의 몫이었던 지루한 단순작업까지 내가 해야 한다는 사실은 짜증난다. […] 매트는 단순작업은 어차피 재러드보다 내가 더 잘한다면서 날 달래려고 했다. 짜증이 솟구쳤는데, […] 이런 창의력 따위 필요 없는 단순한 일을 잘하는 사람이 되고 싶지는 않다. 꼭 청소부가 된 기분이었다.
구성원이 성취하는 것을 인정하고 포상하라. 팀 회의에서 진[팀장]이 내가 추진한 작업을 인정해 줬다. 굉장히 기분이 좋았고 의욕이 샘솟았다.	팀원이나 프로젝트에 무관심하기. 기운이 조금 빠졌다…. 어제 스펜서[팀장]에게 실험과 관련된 아이디어를 얘기하려고 했지만 바쁘다며 오늘 연락을 주겠다고 했다…. 그런데 아직까지도 연락이 안 온다.
필요한 경우, 부하 구성원에게 정서적 지지를 보내라. [전략적 제휴 파트너와의 대화로 기분이 상했지만] 롭[팀장]이 날 위로해 주고 지지해 줬다는 점에서는 다행이었다. 상사가 내 편을 들어줘서 기분이 좋았다.	역할, 책임, 공식적인 관계를 애매하게 만들거나 무턱대고 바꾸기. 회의 중에 [팀장]이 내가 앞으로 2주 내에 [전혀 다른 일을 하게 될 것]이라고 말해 주었다. 더 자세한 얘기는 없고 […] 단지 '더 큰 변화가 있을 거다'라는 얘기가 다였다. 이것은 우리 회사에서 매우 흔한 일이다. 6개월 혹은 그 이상 소문만 무성하다가 갑자기 어느 날 짠!하고

팀장이 해야 할 일	팀장이 하지 말아야 할 일
	새로운 상사가 있는 새로운 팀에서 근무하게 된다. […] 이런 식의 변화는 기존 팀에 큰 혼란을 가져온다.
팀원들이 우정과 동지애를 쌓을 수 있는 기회를 제공하라. 오늘 팀원 전체가 모여 6월 달력 사진을 촬영했다. 1월부터 매달 달력 사진을 찍고 가장 잘 나온 사진을 다음 달 '달력 사진'으로 사용해 왔다. 사진을 찍는 과정도 굉장히 재미있고, 찍고 나면 기분도 좋아진다! 오늘 팀원들과 굉장히 즐겁게 작업을 했다.	

T. M. Amabile, E. A. Schatzel, G. B. Moneta, and S. J. Krammer, "Leader Behavior and the Work Envionment for Creativity: Perceived Leader Support", 《Leadership Quarterly》 15 (2004): 5~32.

---

a. 6장에서 팀 리더들이 촉진제를 사용함으로써 오히려 임원들보다 구성원이 경험하는 직장생활의 내면상태에 더 큰 영향을 미친다는 것을 언급했다. 그리고 이것은 영양분에서도 마찬가지이다.

부정적 요인은 인포스위트 팀에서 발견되지 않았고, 인포스위트 팀에서 발견된 다수의 긍정적 요인은 포커스 팀에서 찾아볼 수 없었다. 두 경우 모두 팀 리더의 행동이 큰 영향력을 끼쳤다. 포커스 팀에서는 모든 관리자가 독극물 같은 역할을 함으로써 팀에 부정적인 영향

을 줬지만 임원들이 인포스위트 팀에 미친 영향은 무시해도 괜찮을 정도로 매우 적었다. 부정적인 영향을 주는 임원들의 행동에 대항해 인포스위트 팀에 긍정적인 변화를 가져다준 이들은 팀의 공동 리더들이었다(이런 경우가 대부분이다. 자세한 내용은 〈영양 요인과 관련된 팀장의 특수한 역할〉을 참고하기 바란다).

우리가 조사한 대상들 중에서 팀 전체에 최고의 지원을 제공함으로써 긍정적인 영향을 준 대표적인 인물은 팀원들의 개성을 인정하고, 서로 존중하며, 격려하고, 따뜻하게 대하는 팀 문화가 자리 잡도록 노력한 루스와 해리이다. 헬렌의 일기는 인포스위트 팀에서 루스 혹은 해리가 활용한 영양 요인 수십 개 중에서 드러난 하나의 예에 불과하다. 루스가 '하루짜리 프로젝트 휴가'가 있다는 사실을 알려 줬을 때 헬렌이 그랬던 것처럼 영양분을 공급받으면 직장생활의 내면상태가 활기를 띤다. 그런데 우리가 드림스위트 팀원들과의 면담을 통해 알아낸 바에 따르면 인포스위트 팀에 훌륭한 팀 문화가 자리 잡는 데 임원들의 역할은 크지 않은 것으로 나타났다. 경영진은 특별한 고민 없이 대충 9명을 골라 팀을 구성했다. 드림스위트는 회사 차원에서 보았을 때, 매우 운이 좋았을 뿐이었다.

포커스 팀의 경우를 회상해 보면 바버라와 로이는 문제 해결 방식이 상당히 달랐다. 흥미롭게도 루스와 해리 역시 정반대는 아니었지만 문제 해결 방식이 어느 정도 서로 달랐다. 하지만 문제 해결 방식이 다르다 해서 무조건 바버라와 로이처럼 충돌하지는 않았다. 바버라와 루스는 완전히 새로운 관점에서 다양한 아이디어를 생각해 냈기 때문에 이중에 터무니없는 아이디어도 들어 있었다. 이때 로이와 해리의 꼼꼼한 문제 해결 방식을 사용하면 터무니없는 아이디어를 걸러내고 좋은 아이디어들만 선택해서 체계적으로 추진시키는 데 도움이 될 수 있다. 하지만 협업에 성공하려면 문제 해결 방식이 다른 구성원들이 상대의 방식도 유용하고 효과적이라는 사실을 인정해야만 한다. 루스와 해리는 서로의 방식을 인정했다. 그 결과 두 사람은 업무에서 큰 성과를 올렸으며 이들이 조사 대상 중 가장 뛰어난 공동 리더였다고 판단된다.[18]

포커스 팀과 달리 인포스위트 팀원들 간의 관계가 좋았던 이유는 무엇일까? 포커스 팀과의 큰 차이점 중 하나는 인포스위트 팀의 해리와 루스가 프로젝트 초반에 각자가 맡은 역할에 대해 합의를 했다는 점이다. 엄밀히 말하면 프로젝트 매니저라는 직함을 단 루스가 해리의 상사였지만 루스는 해리를 부하로 취급하지 않고 동등하게 대우했다. 루스가 팀 하나를 더 관리해야 하는 상황이 되자 인포스위트 팀의 일상 관리를 해리에게 맡겼다. 뿐만 아니라 두 사람은 인포스위트 팀과 진행 중인 프로젝트들 그리고 발생할 수 있는 문제들에 대해 자주, 솔직하게 의견을 교환했다. 해리의 일기를 살펴보자.

> 프로젝트 매니저인 루스가 관리해야 할 팀이 하나 더 생겼기 때문에 둘이 같이 태스크/담당 책임/자원을 나누는 방법에 대해서 전략을 수립했다. 꽤 괜찮은 방법을 생각해 낸 것 같다. [해리, 2/18]

처음에는 서로 의견이 다른 경우도 많았지만 두 사람은 상대의 의견을 존중했고 좋은 해결책을 찾기 위해 열심히 노력했다. 그 결과 팀원들도 루스와 해리를 믿고 따르게 됐다. 뿐만 아니라 팀원들은 인포스위트 팀에 팀원에 대한 '존중', '소속감' 그리고 '공감'이라는 세 가지 필수 영양분을 제공한 공동 리더 두 사람을 롤모델로 삼았다. 마지막 한 가지 영양분인 '격려'도 자주 발견되었다. 팀원들은 서로에게 직장생활의 내면상태를 비옥하게 하는 영양분을 제공했다.

1) 상호 존중

'존중'은 명확하게 혹은 넌지시 타인의 가치를 표현하는 것과 관련된다. 해리가 5월 말에 몸이 아팠기 때문에 병가를 냈다. 해리를 아끼는 여러 팀원이 그의 건강상태를 걱정했고 그가 돌아왔을 때는 기뻐했지만 가장 격하게 반응한 사람은 소프트웨어 엔지니어인 톰이었다.

> 드디어 해리가 돌아왔다!!!! 드디어 해리가 돌아왔다!!!! 앞으로는 모든 일이 잘 풀릴 것이다. 약간 호들갑을 떤 건 인정하지만 (병가로 인해) 거의 2주 만에 복귀한 해리 덕에 우리의 부담이 조금 줄어들었다. 해리는 우리를 이끌어주고, 보호해 주며, 격려해 주는 큰형과 같은 존재다. [톰, 6/7]

톰을 비롯한 인포스위트 팀원들은 해리를 촉진제(6장에서 설명했던 업무에 도움을 주는 요인들)와 영양분(구성원들을 '격려'하고 챙겨주는) 모두를 제공해 주는 뛰어난 리더라고 느끼고 '존중했다'. 그랬기 때문에 해리가 출근했다는 사실만으로도 톰의 감정과 인식은 더 긍정적으로 바뀌었다. 톰은 해리에게 상당한 애정을 느끼고 있었으며, 해리의 리더십은 톰이 일에 의욕을 느끼도록 만드는 데 큰 역할을 하는 게 분명했다. 다른 팀원들 역시 비슷했다.

    루스 역시 팀원들의 존경을 받았다. 팀원들의 요구를 '존중하고' 수용하는 태도는 상호 존중을 가능하게 한 여러 요인 중 하나였다. 어린 자녀들 때문에 종종 재택근무를 해야 했던 헬렌이 작성한 일기를 살펴보자.

> 난 재택근무가 정말 좋다. 직장에 있을 때는 일상적인 잡무들 때문에 업무에 방해를 받는다. 하지만 집에서는 걸려오는 전화나 다른 구성원들의 질문에 방해받지 않고 해야 할 일에 집중할 수 있다. 게다가 편한 슬리퍼를 신고, 옆에 애용하는 커피잔을 두고 라디오 볼륨을 빵빵하게 높인 채 프로그램을 짤 때 더 결과가 좋은 것 같다!! 프로젝트 매니저가 재택근무를 허락해 줘서 정말 기쁘다. 내가 전쟁터 같은 사무실에 나가지 않고도 열심히 일하리라는 것을 믿는다는 것, 그리고 만약 내 업무 능력이 팀에 도움이 된다고 생각하지 않았다면 재택근무를 허락해주지 않았을 것이다. 정말 멋진 상사다! 루스 같은 상사는 어디에도 없을 것이다.
>
> [헬렌, 3/29]

    헬렌의 일기를 보면 루스에 대한 감사와 신뢰뿐 아니라 루스가 '헬렌에게' 갖고 있는 인식과 신뢰도 엿볼 수 있다. 루스가 자신의 특수한 상황을 '존중' 해 주자 헬렌이 경험하는 직장생활의 내면상태는 확실히 향상됐다. 헬렌은 감사와 기쁨을 느꼈으며 스스로를 가치 있고, 능력도 있으며, 운 좋은 구성원이라고 인식했다. 헬렌의 형편을 배려한 루스의 조치는 헬렌의 내면상태에 직접적인 영향을 줬고 결국 재택근무를 하는 날 헬렌의 업무 성과에도 긍정적인 영향을 미쳤다.

장기적으로 봤을 때 헬렌의 업무성과취도(창의성, 생산성, 업무에 대한 몰입, 협조 능력)는 매우 높았다. 특히 네 번째 요소인 협조 능력은 굉장히 중요하다. 루스는 재택근무에 대한 헬렌의 요구를 수용함으로써 그녀가 존중받고 있다는 느낌을 갖게 했다. 그리고 헬렌은 팀원들에게 자신의 지식과 기분 좋은 에너지를 나눠주는 방식으로 팀원들을 '존중'한다는 사실을 보여줬다. 헬렌과 함께 새로운 프로젝트에 투입된다는 소식을 들은 마샤는 일기에 이렇게 기록했다.

> 내가 전혀 알지 못하는 시스템을 배우고 새로운 처리 과정을 개발하는 기회가 될 [새 프로젝트]가 기대된다. 이번에 헬렌과 함께 작업하게 됐다. […] 헬렌과 함께 일하면 즐거울 뿐만 아니라 많은 걸 배울 수 있기 때문에 더욱 기대된다. [마샤, 3/9]

3월 9일, 마샤의 직장생활의 내면상태는 놀라울 정도로 활력을 얻었고, 헬렌과 함께 투입됐던 프로젝트도 대성공을 거뒀다.

2) 소속감

인포스위트 팀을 다른 팀과 차별되게 만드는 두 번째 영양분은 강력한 '소속감'이었다. 일반적으로 팀원들끼리 유대감이 강할수록 팀의 전체적인 직장생활의 내면상태는 향상되고 진척 정도 역시 높아진다. 단순히 업무나 프로젝트와 관련된 행동 외에 팀을 돕거나 팀의 감정적 유대감을 높이기 위한 행동을 하거나 직장이나 직장 밖에서 팀원들과 즐거운 시간을 보내며 팀원이나 팀 전체에 자부심, 애정을 표현하면 팀의 '소속감'이 높아진다.

물론 이 요소들을 다 갖추고 있어야만 팀의 소속감이 높다고 할 수는 없다. 한 예로, 우리가 조사한 오레일리 코티드 머티리얼즈 소속 4개 팀의 팀원들은 사이가 꽤 좋았지만 직장 밖에서 어울리거나 팀원들에게 애정 어린 말을 건네는 경우는 드물었다. 하지만 이들은 팀의 일원이라는 데 자부심을 느꼈고 가끔씩 함께 어울려 즐거운 시간을 보내곤 했다.

우리가 수집한 일기를 보면 인포스위트 팀원들의 '소속감'은 놀라울 정도였다. 톰의 일기를 살펴보자.

[…] 솔직히 말하면 모두 사무실에서 오랜 시간 동안 굉장히 어려운 업무를 수행하면서도 긍정적인 마인드를 잃지 않고 있다. 맙소사, 난 우리 팀원들이 너무 좋다! [톰, 5/28]

팀원들이 꾸준히 성실하게 업무에 임하도록 돕고, 팀에 온화한 분위기, 유머, 즐거움, 투철한 직업의식이 가득하도록 만든 주인공은 루스와 해리였다. 관리해야 할 팀이 늘어나면서 루스의 일이 많아지자 해리는 불평 없이 루스 대신 팀을 이끌어주었다. 팀원들은 루스의 자학개그(팀 회의 도중 말이 꼬여 실수를 했을 때 부끄러워하며 회의실에 있던 커다란 배송상자에 기어 들어갔을 때처럼)에 깔깔대며 웃었다. 뿐만 아니라 팀원들은 루스가 빅딜 프로젝트를 완료하기 위해 메모리얼 데이 연휴 동안 팀원 둘과 함께 일하면서도 짜증내지 않고 시종일관 유쾌함을 잃지 않는 모습도 목격했다.

인포스위트 팀원 중에 루스의 긍정적인 태도에 가장 많이 영향을 받은 사람은 아마도 마샤일 것이다. 루스가 업무에서는 높은 기준을 요구하면서도 팀을 아끼고, 존중하며, 보호한다는 사실을 잘 알고 있는 마샤는 루스의 장점을 따라 행동하려고 노력했다. 마샤의 일기에는 팀과 루스에 대한 신뢰와 자신의 업무에 대한 강한 자부심이 드러나 있었다.

> [현재 진행 중인 프로젝트의 고객들]은 프로젝트에 대한 요구사항을 기록한 서류를 준 적도 없으면서 5월 6일인 마감날짜를 지킬 수 있겠냐고 물어왔다. 그래서 정신없이 프로그램을 짜고 있다. 우리가 만들어낸 프로그램이 마음에 들기를 바랄 뿐이다. 루스는 고객들이 요구사항을 확실히 결정하도록 만들려고 최선을 다하고 있다. 내 업무 덕에 루스가 부끄럽지 않게 고객을 대할 수 있다는 사실은 내게 큰 의미가 있다. 우리 팀은 팀원이 나쁜 일을 겪지 않도록 서로서로 도와준다. [마샤, 4/6]

팀의 '소속감'이 강하면 이런 현상들이 벌어진다. 마샤가 4월 6일뿐만 아니라 다른 날 제출한 일기에서 직장생활의 내면상태와 관련된 굉장히 흥미로운 사실을 발견했다. 마샤가 다른 팀원들, 특히 루스가 직장생활의 내면상태를 어떻게 인식하고 있느냐에 따라 마샤의 직장생활의 내면상태도 변화를 보였다. 마샤의 직장생활의 내면상태는 팀이 행복하고 잘 굴러간다고 인식할 때 긍정적이었다. 이런 인식은 긍정적인 감정을 유발했고, 결국 마샤의 업무에 대한 의욕을 상승시켰다. 다시 말해, 마샤가 경험한 직장생활의 내면상태에 직접적으로 영향을 준 영양분들이 간접적으로 업무에서 전진을 거듭하게

한 것이다.[19]

　인포스위트 팀원들이 제출한 일기를 보면 팀원 모두가 동료에 대한 신뢰와 자부심을 느끼고 있다는 사실을 알 수 있었다. 서로를 존경하는 이 태도는 팀원들이 매긴 점수에서도 확실하게 드러났다. 인포스위트 팀원들은 평균적으로 개인이 이뤄낸 성과보다 팀의 성과에 더 높은 점수를 매겼다. 에드겔 이미징의 포커스 팀이 매긴 점수는 정반대였다.

　조사가 끝난 후, 인포스위트 팀과 마지막 만난 자리에서 팀이 강한 '소속감'을 가졌던 가장 큰 원인은 루스와 해리였다는 사실을 다시 한 번 확인했다. 인포스위트 팀의 성공에 대한 얘기를 꺼내자 많은 팀원들이 팀장들에게 공을 돌렸고, 팀장들의 리더십이 워낙 뛰어나서 다른 팀에서 부러워했다고 이야기했다. 하지만 루스와 해리는 인포스위트 팀 전체에 모든 공을 돌렸다. 해리는 이렇게 말했다.

　"팀이 워낙 훌륭했어요. 바보만 아니라면 누구나 이 팀을 잘 운영했을 겁니다."

　우리는 해리의 말이 사실이 아니라는 것을 너무 잘 알고 있다. 카펜터 주식회사의 관리자들은 머리는 똑똑했지만 영양분을 제대로 공급해주지 못해 수년 동안 잘 협력하며 일해 오던 훌륭한 팀을 비난과 불신으로 가득 찬 팀으로 변질시켜 버렸다.

　인포스위트 팀원들이 훌륭한 직장생활의 내면상태를 경험했다는 사실은 표면적으로도 여실히 드러났다. 서로 사이가 좋다 보니 직장에는 팀원들이 자신의 진정한 모습을 숨기지 않고 드러낼 수 있는 환경이 조성됐다. 보통 다양한 개성을 지닌 사람들이 모여 일하면 더 창의적으로 업무를 수행할 수 있게 된다.[20] 인포스위트 팀의 사례는 높은 소속감이 높은 업무 성과로 이어진다는 사실을 분명히 보여준다.

3) 공감

인포스위트 팀에서 발견되는 세 번째 중요한 영양분은 '공감'이다. 인포스위트 팀은 어떤 상황에서나 구성원의 감정이나 의견을 인정하고, 업무나 사적인 일에 대해 서로 지지하거나 위로해 주었다. '공감'은 두려움을 가라앉히고, 좌절감을 줄이며, 절망을 없애주는 등 부정적인 감정을 완화시켜 직장생활의 내면상태를 향상시킨다.

> 루스가 아침에 상사로부터 또 한 번 불필요한 독촉 통지를 받고 눈물을 터뜨려서 위로해 주었다. [해리, 5/7]

> 아버지가 병원에 입원해 계시는 팀원이 오늘 출근했다. 얼굴을 보니 반가웠고, 팀원들 모두 그 사람에게 관심을 표현했다. 우리는 정말 멋진 팀이다!! [헬렌, 3/22]

헬렌의 일기를 보면 '공감'이 이것을 받는 사람이 경험하는 직장생활의 내면상태를 풍요롭게 해줄뿐만 아니라 주는 사람의 내면상태에도 긍정적인 영향을 준다는 사실을 알 수 있다. 특히 자신이 속한 팀 사람들이 아버지가 아픈 팀원을 위로하려 애쓰자 팀에 대한 인식이 좋아졌다고 기록한 이날의 일기는 직장생활의 내면상태에 의미가 부여되는 과정을 잘 보여준다. 이런 긍정적인 인식들은 매우 긍정적인 감정들과 밀접하게 관련돼 있다.[21]

이처럼 강한 사회적, 정서적 지지는 서로를 신뢰하게 만들고, 자유로운 의견 교환을 가능하게 한다. 인포스위트 팀원들은 팀장뿐만 아니라 다른 팀원들과 업무와 관련된 일과 함께 사적인 일 대부분을 의논할 수 있다고 말했으며 상대가 진솔하게 반응하리라 믿었다. 인포스위트 팀원들은 다른 팀원과 솔직한 대화를 나눔으로써 그들이 당면한 어려운 문제들에 대한 두려운 감정을 줄일 수 있었고 맡은 업무에 더 집중할 수 있었다.

영양 요인에 기반해서 부하직원 이끌기

유능한 리더들은 부하직원들이 경험하는 직장생활의 내면상태에 어떻게 영양분을 공급해야 하는지 안다. 1915년, 남극 탐험대 HMS 인듀어런스enduarance 호 대장이 된 어니스트 섀클턴 경Sir Ernest Shackleton은 탁월한 리더였다.[22] 섀클턴은 인간관계를 다루는 뛰어난 능력을 통해서 인듀어런스 호의 대원 27명을 전원 생존할 수 있게 함으로써 인류 역사상 가장 위대한 생존 기록을 세웠다.[23]

1915년 1월 18일, 인듀어런스 호가 부빙들 사이에 갇혔다. 8개월 후, 부빙 때문에 배에 금이 가기 시작하자 섀클턴과 대원들은 배를 버리고 가까운 부빙으로 이동했다. 탐험대는 남극의 한가운데에서 혹독한 환경을 버텨내고 1916년 8월 30일, 552일만에 전원 구조됐다.

탐험대가 전원 생존한 데는 섀클턴의 리더십이 큰 역할을 했다. 섀클턴은 직관적으로 영양 요인을 활용했다. 그는 항해 초반에 선원 한 사람, 한 사람에게 배에서 해야 할 일을 지정해 주었다. 이것으로 지위에 따른 차별이 줄어들었으며 소속감은 더 높아졌다. 또한 섀클턴은 대원들을 만족시키기 위해 많은 노력을 했다. 섀클턴은 탐험대가 고립된 후에도 게임을 하고, 음악을 즐기며, 콩트 공연을 하도록 장려했다. 인듀어런스 호를 버린 지 2달이 지났을 무렵, 섀클턴은 먼저 왔다 간 탐험대가 놓고 간 식량이 남아 있을 수도 있는 육지를 향해 떠나기로 결정했다. 그때가 크리스마스 직전이었기 때문에 섀클턴은 길을 떠나기 전에 축하파티를 하기로 결심했고, 가지고 있던 식량을 최대한 활용해 파티 음식을 마련했다. 대원들을 단결시키려는 섀클턴의 노력은 서로 협력해야만 목숨을 구할 수 있는 상황이 닥쳤을 때 가장 큰 효과를 냈다.[24]

섀클턴처럼 유능한 경영자들은 구성원들의 인간적인 요구를 만족시켜 줌으로써 그들을 이끈다.[25] 에드겔 포커스 팀의 이름뿐인 팀장 도널드는 팀원들과 인간적인 교류가 활발하지 못했기 때문에 팀원들의 내면상태에 필요한 영양분을 제대로 공급하지 못했다. 반면 인포스위트 팀의 공동 리더인 루스와 해리는 팀원들과 진심으로 교감하며 네 종류의 영양분을 제공했다. 두 사람이 서로의 요구는 물론 팀원들의 요구를 충족시켜 주는 모습을 본 다른 팀원들 역시 둘의 행동을 따라 했다.

위대한 경영학자 피터 드러커Peter Drucker는 이런 글을 남겼다. "'경영'의 목적은 기업의 고유한 강점과 개인의 지식을 생산적으로 활용하는 것이다."[26] 드러커의 관점에서 보면 도전의식을 불러일으키는 업무를 담당하고, 만족스러운 직장생활을 하고자 하는 구성원들의 욕구를 만족시킬 수 있도록 그들에게 봉사하는 것이 관리자의 역

할이다. 서번트 리더십은 관리자가 자신의 책무를 버린다는 것을 의미하는 것이 아니다. 단지 경영에 대한 마인드 셋을 부하직원들을 통제하려는 전통적인 방식에서 구성원들이 업무에서 진정한 전진을 이루도록 돕는 방향으로 완전히 전환해야 한다는 것이다.

지금까지 관리자들이 촉진제와 영양분에 대한 부하직원들의 요구를 충족시킴으로써 긍정적인 직장생활의 내면상태와 전진을 가능하게 만든다는 사실을 확인했다. 뿐만 아니라 관리자들이 요구를 들어주지 않으면 구성원들은 냉대 받는다는 느낌을 받고, 고통을 느끼며, 업무에서 실패할 확률이 높아진다는 사실도 알게 됐다. 8장에서는 매일 간단한 실천요강을 따름으로써 직장생활의 내면상태를 가꾸고, 뛰어난 성과를 이뤄내는 방법을 알아본다.

Notes

01 증거의 3가지 근원이 있다. 첫 번째, 4장에서 설명된 최고의 날과 최악의 날 연구에서 직장생활의 내면상태가 최고인 날과 최악의 날을 가장 크게 구분 짓는 요인이 영양요인이었다. 동료로부터 정서적 도움의 형태를 제공받거나 격려받고, 편안하게 만들어 주는 것과 같은 지원을 받았다는 개인의 보고를 영양요인(대인관계로부터 제공되는 지원)으로 정의했다. 사회 정서적 도움은 개인의 감정 또는 관점이 각자가 수행하고 있는 업무 또는 개인적인 문제에 대해서 어떤 방식으로 검증받거나 어떤 종류의 편안함과 격려가 주어지는 것을 의미한다. 종종 이것은 동료와 즐겁게 지내거나 그들의 존재를 즐기는 것을 의미할 수도 있다. 두 번째 근거는 최고의 날과 최악의 날 연구에서 협업과 관련된 증거였다. 협업은 최악의 날 보다는 최고의 날에 좀 더 빈번하게 나타났다. 세 번째는 근거는 매일 발송했던 질문지의 점수 질문에 대한 통계분석으로부터 나타났다. 초기 연구에서 감정은 사람들이 협업을 기록했던 날에 좀 더 긍정적인 것으로 나타났다. 그러나 사람들이 그들이 누군가와 함께 했을 때 더 많은 전진을 만들었기 때문에 사람들이 협업과 전진을 함께 보고한 모든 날을 분석에서 제거시켰다. 그래서 감정은 협력이 있었던 날에 확실하게 긍정적이라는 것을 발견했으며, 이것은 동료와 함께 있다는 사실만으로도 행복감을 느낄 수 있는 뭔가가 있다는 것을 제안하게 되었다.

02 어떤 연구들은 연구대상자가 자신이 담당하는 업무를 면담자와 이야기할 때 일 자체의 의미보다 동료와 연결되어 있다는 것이 주는 의미에 더 많이 집중한다는 것을 발견했다 (L. E. Sandelands and C. J. Boudens, "Feeling at Work", in 《Emotion in Organizations》, ed. S. Fineman, Sage, 2000, 46.63).

03 동료와 부하들에게 영양요인을 제공하는 사람들은 타인이 경험하는 직장생활의 내면상태로부터 혜택을 받을 뿐만 아니라 조직과 자신의 경력에 혜택을 제공한다. 동료가 에너지를 느낄 수 있도록 하는 구성원은 더 높은 성과 평가 결과를 받으며 에너지를 감소시키는 사람들 보다 훨씬 혁신적이며 빠르게 발전했다(R. Cross and A. Parker, 《The Hidden Power of Social Networks: Understanding How Work Really Gets Done in Organizations》, Harvard Business School Press, 2004).

04 소아 병동, 약물중독 치료 센터, 호스피스 센터와 같이 전문적인 대인 서비스를 제공하는 사람들은 감정적으로 더 충만감을 느낄 뿐만 아니라 자신이 느끼는 부정적인 감정을 동료에게 말했을 때, 그것을 동료들이 인정해 주면 그들의 업무처리를 보다 효과적으로 하게 된다는 연구가 있다(C. N. Handley, "The Social Processing of Positive and Negative Emotions in Work Groups", PhD diss. Harvard University, 2005).

05 존중, 직장생활의 내면상태, 성과 간에는 중요한 관계가 있음을 발견했다. 183개 연구 결과를 정리한 한 연구에 따르면 상대로부터 공손하게 존중받으면 직무만족도, 조직 헌신, 성과가 더 높아지는 것으로 나타났다(J. A. Cologyutt, D. E. Conlon, M. J. Wesson, O.

L. H. Porter, and K. Y. Ng, "Justice at the Millennium: A Meta-Analytic Review of Organizational Behavior Research", 《Journal of Applied Psychology》 86 (2001): 425~445). 존중이 더 커지면 감정적 고갈 수준은 낮아지는 것으로 나타났다(L. Ramarajan, S. G. Barsade, and O. R. Burack, "The Influence of Organizational Respect on Emotional Exhaustion in the Human Services", 《Journal of Positive Psychology》 3 (2008)l 4-18). 리더와 부하간의 상호 존중은 높은 만족, 헌신, 명확한 역할, 지각된 경쟁력과 연결되어 있다(C. R. Gerstner and D. V. Day, "Meta-Analytic Review of Leader-Member Exchange Theory: Correlates and Construct Issues", 《Journal of Applied Psychology》 82 (1987): 823~844). 무례함과 존중 부족은 낮은 만족, 열악한 정신 건강을 가져온다(S. Lim, L. M. Cortina, and V. J. Magley, "Personal Workgroup Incivility: Impact on Work and Heath Outcomes", 《Journal of Applied Psychology》 93 (2008): 95~107).

06 성과에 대한 높은 기대감과 함께 부하를 자랑스럽게 생각하는 것은 강한 권한위임과 높은 동기부여를 이끈다(W. Burke, "Leadership as Empowering Others", in 《Executive Power》, ed. S. Srivastra, Jossy-Bass, 1986, 51~57. J. A. Conger, "Leadership: The art of Empowering Others", 《Academy of Management Executive》 32 (1989): 17~24). 의미있는 또는 영감을 불러일으키는 목적을 설정하는 것 역시 구성원에게 권한위임과 더 높은 동기부여를 이끈다(W. Bennis and B. Nanus, 《리더와 리더십》, 옮긴이 김원석, 황금부엉이, 2008. J. A. Conger and R. N. Kanungo, 《Charismatic Leadership in Organizations》, Sage Publications, 1998).

07 리더가 걱정하고 있음을 보여주고 지지를 표명하면, 추종자들은 좀 더 만족하고 동기부여된다(T. A. Judge, R. F. Piccolo, and R. Ilies, "The Forgotten Ones?, The Validity of Consideration and Initiating Structure In Leadership Research", 《Journal of Applied Psychology》 89 (2004). 36~51). 상사의 지원은 조직 지원의 선행 사건으로 나타나며 결과적으로 높은 헌신, 직무 만족도, 긍정적인 감정과 관련되며 이직과 부담감을 감소시키는 것으로 나타났다(L. Rhoades and R. Eisenberger, "Perceived Organizational Support: A Review of the Literature", 《Journal of Applied Psychology》 98 (2002): 698~714).

08 팀 빌딩이 직무 만족도를 증가시키고 작업 태도를 개선시키는 가장 효과적인 방법이다(G. A. Neuman, J. E. Edwards, and N. S. Raju, "Organizational Development Interventions: A Meta Analysis of Their Effects in Satisfaction and Other Attitudes", 《Personnel Psychology》 42 (1989): 461~489). 소속감은 신뢰감을 형성함으로써 직장생활의 내면상태에 영향을 미친다. 지각된 신뢰는 더 높은 직무 만족과 몰입으로 연결된다(K. T. Dirks and D. L. Ferrin, "The Role of Trust in Organizational Settings", 《Organization Science》 12 (2001): 450~467).

09 T. M. Amabile and S. J. Kramer, "What Really Motivates Workers", 《Harvard Business Review》, January 2010, 44~45.

10 K. A. Jehn, "A Multimethod Examination of the Benefits and Detriments of Intragroup Conflict", 《Administrative Science Quarterly》 40 (1995): 256~282.
K. A. Jehn, "A Qualitative Analysis of Conflict Types and Dimensions in Organizational Groups", 《Administrative Science Quarterly》 42 (1997): 530~557.
11 팀 내부의 갈등은 성과를 떨어뜨리며 갈등이 다루어지는 방식은 장기간에 걸쳐서 팀의 성과에 중요한 차이를 만든다(K. J. Behfar, R. S. Peterson, E. A. Mannix, and W. M. Trochim, "The Critical Role of Conflict Resolution in Teams: A Close Look at the Links between Conflict Type, Conflict Management Strategies, and Team Outcomes", 《Journal of Applied Psychology》 93 (2008): 170~188).
12 바버라의 전반적인 감정은 그녀 평균에 비해서 1표준편차만큼 낮았다.
13 The kirton Adaption Innovation Inventory(KAI)를 통해서 바버라와 로이가 문제 해결 스타일에 큰 차이가 있음을 파악했다. KAI 조사에 따르면 바버라는 극단적인 '혁신가'였고 로이는 극단적인 '수용자'였다. 이 수용 혁신 이론에 따르면 문제 해결 스타일은 잠재적인 창의성 정도와는 독립적이며 어떤 스타일을 갖던 상관없이 창의적일 수 있다. 팀 내에 서로 다른 스타일을 가질 경우, 이 차이가 잘 관리될 수 있다면 장점이 될 수 있다. 만일 그렇지 못할 경우에는 대인관계 갈등을 유발시킬 수 있다(M. J. Kirton, "Adaptor and Innovators: A Description and Measure", 《Journal of Applied Psychology》 61 (1976): 622-629. M. J. Kirton, "Adaptors and Innovators in Organizations", 《Human Relations》 33 (1980): 213~224).
14 수용 혁신 이론에 따르면 2명의 팀원 사이에 존재하는 문제 해결 스타일 차이는 다양한 방법에 의해서 해결될 수 있다. 예를 들어서 중재자가 팀원간의 차이를 이해하도록 도와줄 수 있다. 또한 중재자가 2명의 의사소통을 중재하기 위해서 다리 역할을 할 수도 있다. 포커스 팀에서 도널드는 이 역할을 맡았다. 그러나 불행하게도 도널드는 이 회사에서 너무 신참이었기 때문에 다리 역할을 하기에는 역부족이었다. 만일 팀원들 사이에 두드러진 스타일 차이가 효과적으로 관리되지 못한다면 파괴적인 대인관계 갈등이 팀의 업무를 탈선시킨다(M. J. Kirton, "Adaptor and Innovators: A Description and Measure", 《Journal of Applied Psychology》 61 (1976): 622-629. M. J. Kirton, "Adaptors and Innovators in Organizations", 《Human Relations》 33 (1980): 213~224)
15 3월 17일, 더스틴의 내재적 동기부여는 그의 평균보다 1표준편차만큼 낮았으며 전반적인 상태는 그의 평균보다 0.5 표준편차만큼 낮았다.
16 "마음에 듦"은 우리가 사용했던 테스트의 5개 개성 차원 중에 하나이다(P. T. Costa and R. R. McCrae, NEO-PI-R: 《Professional Manual》, Psychological Assessment Resources, 1992). 마음에 듦에는 진지함과 타인에 대한 선량함에 대한 개인의 믿음, 다정한 표현, 타인의 안녕에 대한 적극적인 고려, 대인관계 갈등에 대한 중도적인 대응, 성취한 것에 대한 겸손함, 타인에 대한 연민을 포함한다.

17 신뢰를 재구축하는 것은 맨 처음에 쌓는 것보다 더 어렵다. 이것은 긍정적인 기대를 재구축해야할 뿐만 아니라 부정적인 기대를 먼저 지워야 하기 때문이다.(P. H. Kim, D. L. Ferrin, C. D. Cooper, and K. T. Dirks, "Removing the Shadow of Suspicion: The Effects of Apology vs. Denial for Repairing Ability vs. Integrity-Based Trust Violations", 《Journal of Applied Psychology》 89 (2004): 104~118).
18 연구에 참여했던 26개 팀 중에서 5개 팀이 공동 리더를 갖고 있었다.
19 26개 팀에 공통으로 나타난 패턴이었다.
20 C. Y. Chen, J. Sanchez-Burkes, and F. Lee, "Connecting the Dots Within: Creative Performance and Identity Integration", 《Psychological Science》 19 (2008): 1178~1184.
21 헬렌의 감정 점수는 그녀 평균에 비해서 거의 2배 표준편차만큼 높았다.
22 섀클턴 리더십에 대한 정보는 다음 책으로부터 도출했다.(M. Morrell and S. C. Capparell, 《Shackleton's Way: Leadership lessons from the Great Antarctic Explorer》, Viking 2001. D. Perkins, M. Holtman, P. Kessler, and C. McCarthy, 《섀클턴의 서바이벌 리더십》, 옮긴이 최종옥, 뜨인돌출판사, 2001. N. Koehn, "Leadership in Crisis: Ernest Shackleton and the Epic Voyage of Endurance", Case 9-803-127, Harvard Business School, 2002).
23 PBS의 2002년도 TV 시리즈인 "Shackleton's Voyage of Endurance"에서 좀 더 확인이 가능하다.
24 섀클턴은 본능적으로 전직의 법칙, 촉진요인, 그리고 영양요인을 사용했다. 무엇보다도 그는 의미있는 과업에서 중요한 전진을 이루는 것에 대해서 잘 이해하고 있었다. 육지를 향해 떠나는 긴 여정에서 물자를 가득 실은 2대의 생명보트를 거친 빙판 위에서 끌어야만 했다. 얼음이 단단한 밤에만 걸을 수 있었고 따뜻한 낮 동안에는 잠을 잤다. 그들의 전진은 매우 힘들었고 속도는 느렸다. 선원 중의 한 명이 빙판이 녹아 해변에 닿을 때까지 그냥 기다릴 것을 제안했다. 그러나 섀클턴은 계속 앞으로 나아가도록 했다. "그냥 빙판 위에 앉아서 언젠가 빙판이 북서 해안의 어딘가로 데려갈 때까지 기다리기 보다는 비록 그 전진의 속도가 매우 느릴지라도 육지를 향해 그들의 길을 가는 것이 우리에게 더 나을 것이다"(《섀클턴의 서바이벌 리더십》 중에서) 선원들이 계속해서 행진을 그만둘 것을 요구했지만, 섀클턴은 최종적인 구조가 이루어질 수 있도록 선원들을 계속해서 이끌었다.
25 R. K. Greenleaf, 《The Power of Servant Leadership Essays》, Berrett Koehler, 1998.
M. J. Neubert, D. S. Carlson, J. A. Roberts, K. M. Kacmar, and L. B. Chonko, "Regulatory Focus as a Mediator of the Influence of Initiating Structure and Servant Leadership on Employee Behavior", 《Journal of Applied Psychology》 93 (2008): 1220~1233.

F. Jaramillo, D. B. Grisaffe, L. B. Chonko, and J. A. Roberts, "Examining the Impact of Servant Leadership on Sales Force Performance", 《Journal of Personal Selling & Sales Management》 29 (2009): 257~275.
26 P. F. Drucker, 《미래경영》, 옮긴이 이재규, 청림출판, 2002.

8 일과를 마친 후에

At the End of the Day
일과를 마친 후에

얼마 전, 우리는 애틀랜타 호텔의 화려한 대연회장에서 노키아 Nokia, 마이크로소프트Microsoft, 인튜이트Intuit, 코카콜라Coca-Cola를 비롯한 여러 유명 기업의 임원들을 대상으로 개최된 컨벤션에서 강연을 했다. 회사에서 발생하는 사건들이 구성원들의 생각, 감정, 의욕에 미치는 영향에 대해서 참석자들에게 의견을 물어보았다. 더불어 직장생활의 내면상태가 성과에 영향을 미친다고 생각하는지도 물었다. 참가자 대부분은 그렇다고 대답했다. 임원들의 대답을 들은 우리는 구성원들이 자신이 속한 조직에 만족하며, 애정을 갖고, 매일 업무에 열중하도록 의욕을 높이기 위해 관리자들이 할 수 있는 일이 무엇이라고 생각하는지를 물었다. 몇 사람이 손을 들고 높은 급여, 보너스, 포상 시스템, 개인적으로 어려움을 겪고 있는 구성원에 대한 지원 프로그램 같은 다양한 혜택과 인센티브 제도를 이야기했다. 다른 임원들 역시 이러한 제도를 통해서 회사가 구성원을 아낀다는 사실을 보여줄 수 있다는 데 동의했다.

우리는 인센티브와 혜택이 구성원들에게 영향을 줄 수 있다고 인정한 후, 임원들에게 구성원이 매일 업무에서 전진을 이루도록 만드는 것도 중요한지 물었다. 많은 수의 참석자들이 어리둥절한 표정을 지었다. 셋째 줄에 앉은 한 남자가 여러 사람의 마음을 대변하는 질문을 던졌다. "무슨 뜻입니까? '당연히' 매일 일에서 전진을 이뤄내면 사기가 높아지죠. 하지만 회사에서 최고의 인재들을 채용했고, 조직이 체계적으로 구축돼 있다면 업무와 관련된 전진을 이뤄내는 건 구성원들의 몫이잖아요. 매일 구성원들이 전진을 '이루도록 만들기' 위해서 굳이 회사가 따로 노력할 필요는 없습니다."

그렇지 않다. 조직의 구성원들이 의미 있는 업무에서 지속적인 전진을 이뤄내지 못하고 있다면 좋은 직장생활의 내면상태를 누릴 수가 없다. 구성원들은 촉진제와 영양분의 공급이라는 도움 없이는 전진을 이뤄내지 못하며 이 도움을 제공할 수 있는 사람은 관리자이다. 많은 수의 관리자들이 전진의 중요성을 모르고 있기 때문에 전진 정도가 낮은 걸 걱정하거나 이를 높이기 위해 노력하는 경우가 적다. 우리는 전진이 직장생활의 내면상태에 중요한 영향을 미친다는 것이 너무 당연한 사실이기 때문에 대부분의 관리자들이 매일 전진에 대해서 별다른 생각을 안 하는 것이라고 확신했다.

실제로 우리가 일기를 조사했던 7개의 기업 중 단 한 곳, 오레일리 코티드 머티리얼즈O'Reilly Coated Materials의 임원들만이 구성원들이 전진하도록 끊임없이 도움을 주었다. 연구개발 부사장인 마크 해밀턴은 카리스마가 넘치는 사람도 '온화하지만 두루뭉술한' 사람도 아니었다. 회사의 다른 고위 관리자들처럼 해밀턴도 연구개발 연구실 구성원으로 시작해 경력을 쌓아온 다소 과묵한 과학자였지만 그는 남들보다 통찰력이 뛰어났다. 해밀턴과 면담을 하면서 연구원으로 시작하여 팀장, 연구실 책임자, 그리고 최근의 기술 이사까지 그가 일해 온 경험으로부터 배운 교훈들을 듣고 감명을 받았다.

해밀턴은 오레일리가 성공하려면 구성원들과 팀의 성공이 전제돼야 하는데 그러려면 관리자가 구성원들의 업무를 지속적으로 지원해 줄 때 이것이 가능하다는 사실을 정확하게 알고 있었다. 그렇다고 모든 프로젝트를 반드시 끝까지 완료해야 하는 건 아니다. 해밀턴은 그보다는 구성원들이 중요한 업무에서 조금씩 앞으로 나아가고 있다는 것을 감지하고 관리자들이 자신들의 아이디어를 존중하며 의미 있는 일을 위해 노력하는 자신들을 지지해 준다는 느낌을 받도록 해야 한다고 주장했다.

해밀턴은 기술 이사들이 프로젝트 리뷰 과정을 간결하게 수행하도록 독려하며, 새로운 실험에 대한 팀장들의 아이디어를 열린 태도로 받아들이고, 전체 구성원이 모인 자리에서 팀이 이뤄낸 성공을 칭찬하는 등 관리자로서 맡은 역할을 충실히 수행했다. 해밀턴이 구성원들에게 취하는 행동을 보면 그가 직관적으로 전진과 촉진제 그리고 영양분이 직장생활의 내면상태에 영향을 주고 업무 성과를 높여 준다는 사실을 인식하고 있다는 것을 알 수 있었다.

알아차림은 행동으로 가는 첫 걸음이다. 매일 경험하는 직장생활의 내면상태가 업무 성과에 미치는 중요성을 깨달으면 직장생활의 내면상태가 자신은 물론 주변 사람들의 업무에 어떤 역할을 하는지 알 수 있다. 아무리 작은 성공이라 해도 전진을 이룬 날 만족을(작은 실패는 불만을) 느끼게 된다는 사실을 알게 되면 전진과 좌절에 더 많은 주의를 기울이게 된다. 이번 장에서는 전진과 좌절을 관찰하고 조심하는 방법과 이를 직장생활의 내면상태에 도움을 주는 방향으로 활용하는 방법을 소개하겠다.

방법을 제대로 알고 있는 리더

마크 해밀턴과 오레일리 최고경영진은 구성원들이 경험하는 직장생활의 내면상태를 제대로 이해하고 있었다. 하지만 이들이 우리가 조사한 프로젝트 팀들과 매일 상호작용하지 않았기 때문에 그들의 경영 방식이 효과적이었는지 자세히 확인할 방법은 없었다. 우선 무능한 최고경영진 밑에서 뛰어난 팀장이 근무하는 기업에서 벌어지는 일들을 통해 관리자가 구성원들의 전진을 위해 할 수 있는 일을 살펴보기로 한다. 이 이야기에서 관리자가 일상에서 긍정적인 변화를 가져오는 다양한 방법을 확인할 수 있을 것이다.

체격이 다부진 49살의 화학 엔지니어인 그래험은 크루거-번 케미칼Kruger-Bern Chemicals에 근무하고 있었으며 4명으로 구성된 뉴폴리 팀의 팀장이었다. 에너지 넘치는 팀장 그래험은 펜실베이니아 북부에 있는 회사 실험실에서 근무할 때, 고객사를 방문할 때, 팀의 업무 진행 상황은 물론 업무가 진척되는 걸 돕거나 막는 요인을 계속해서 확인했다. 여기에서 그치지 않고 그래험은 수집한 정보를 전진에 도움이 되는 쪽으로 활용했다.

이야기를 더 진행하기에 앞서 팀의 전진을 돕기 위해서 취했던 그래험의 '구체적인' 행동들은 크루거-번 케미칼과 뉴폴리 팀, 그들이 맡은 프로젝트에만 적용되는 내용이었다는 사실을 밝혀둔다. 어떤 팀이 특정 프로젝트를 성공시키기 위해서 필요한 요소들이 무엇인지 자세히 설명하지는 않겠다. 이를 설명하려면 프로젝트 관련 분야에 대한 전문적인 지식과 프로젝트 요건에 대한 정보(두 가지 모두 팀과 팀장은 알고 있어야 한다)를 알아야만 하기 때문이다. 그래험의 예를 모든 사람들에게 적용할 수는 없겠지만 그래도 그래험의 행동은 구성원들이 전진을 경험하게 만들려는 모든 관리자들이 참고할 만하다.

그래험과 뉴폴리 팀원들은 어려운 과제를 맡게 됐다. 유럽에 본사를 두고 있는 다국적 기업인 크루거-번의 최고경영진들은 우리의 조사 대상이었던 미국 내 부서를 대대적으로 조직 개편하게 이끌 전략적 변화를 고려하고 있었다. 화장품에 들어가는 석유화학 물질을 대체하고 다양한 소비재에 사용될 수 있는 자연 분해되는 안전한 폴리머를 개발하겠다는 뉴폴리 프로젝트의 목표는 새로운 전략 방향과 일치하는 것처럼 보였지만 유럽 간부들은 명백한 언급을 하지 않고 있었다.

게다가 그래험은 미국 지사에 있는 2명의 부사장으로부터 뉴폴리 팀을 평가하는 방법에 대해서 상반된 의견을 전달받았다. 연구개발 부사장은 그래험에게 최대한 기술 특허를 많이 신청하고, 팀이 개발한 신기술을 모두 미국 특허상표청U.S. Patent and Trademark Office에 등록하기 전까지는 고객이 될 가능성이 있는(거대 화장품 제조사들) 기업들과는 제휴를 맺지 말라고 지시했다. 신기술 개발은 매우 복잡한 과정이었지만 성공하면 다양한 분야에 적용할 수 있기 때문에 부사장은 크루거 번이 지적재산권을 보유하기를 바랐다.

하지만 크루거 번의 신사업 개발 부사장은 그래험에게 즉시 고객들과 제휴를 맺어 가능한 많은 수익을 창출하라고 압박했다. 하지만 사내 특허팀과 고객관리팀의 핵심인력들은 특별한 조치를 취하지 않고 계속 꾸물대고 있었다. 부사장 두 사람 모두 뉴폴리 프로젝트 초반에 약속했던 추가 인력을 투입해 줄 생각은 없어 보였다. 뉴폴리 팀은 자신들이 맡은 프로젝트가 중요하며 기술 개발이나 고객과의 관계 모두에서 성과를 내고 있다는 사실을 알고 있었지만 불명확한 목표와 부족한 자원 때문에 전진이 멈추게 될 위기에 놓여 있었다.

이런 어려움들에도 불구하고 뉴폴리 팀은 우리가 조사하는 기간 동안 프로젝트에서 훌륭하게 전진해 나갔다. 크루거-번이라는 조직과 적절한 자원을 공급해 주길 꺼리는 태도에 대한 팀원들의 인식은 부정적이었지만 그래도 직장생활의 내면상태는 대부분의 측면에서 양호했다. 팀원들은 자신들이 맡은 어려운 업무를 긍정적으로 평가했고 팀장(그래험)의 지원, 팀 내 상호 지원, 자율성 항목에 높은 점수를 줬다.[1] 팀원들의 일상에 대한 긍정적인 감정과 내재적 동기의 평균점수는 높은 편이었다. 이런 결과가 나온 데는 그래험의 공이 컸다.

1) 한 번에 한 사건씩, 기업문화 형성하기

뉴폴리 프로젝트가 시작된 지 1달이 채 지나기 전인 6월 5일, 위기상황이 발생했다. 금요일 늦은 오후, 뉴폴리 팀의 가장 중요한 잠재 고객 밍크 인더스트리즈의 마케팅 부사장이 전화를 걸어 팀이 주초반에 보낸 빨간색 립글로스 샘플에 대해 크게 화를 냈다. 밍크 인더스트리의 가장 중요한 고객인 거대 화장품 소매업체의 수석 바이어가 샘플의 색상과 질감에 대해서 불평을 늘어놓았다는 것이었다. 부사장은 샘플이 최종 제품이 아니며 아직 실험이 끝나지 않았다고 설명했지만 바이어는 밍크에게 크루거-번의 능력이 그 정도밖에 안 된다면 제휴를 끊는 편이 낫겠다고 말했다고 전했다.

대부분의 팀원들은 소매업자의 협박에 충격을 받았고, 이 일 때문에 프로젝트가 무산되지 않을까 걱정했다. 그래험은 빠르게 대처하겠다고 고객사에 약속하고, 즉시 팀을 움직였다. 그는 긴급회의를 열어 고객이 제기한 불만 내용을 팀원들에게 자세히 설명한 후, 기술과 고객관리 문제에 대한 자신의 분석을 말해 주고 팀원들에게 어떻게 생각하는지를 물었다. 그래험은 회의과정 내내 팀원들이 개인의 잘못을 비난하는 대신 이슈 자체에만 집중하도록 했다. 그래험을 포함한 팀원 몇 사람이 샘플을 제작하거나 고객과 커뮤니케이션을 할 때 저지른 실수들을 찾아냈다. 팀은 배달 중국요리와 블랙커피로 기운을 보충하며 금요일 저녁 내내 상황을 분석하고 후속조치 계획을 세우기 위해 회의를 했다.

월요일 오전, 그래험과 어두운 얼굴을 한 엷은 갈색머리의 연구원인 브래디는 밍크 인더스트리 마케팅 부사장과 후속조치 계획을 의논했고, 다행히도 상황을 진정시킬 수 있었다.

> 그래험과 함께 고객과 컨퍼런스 콜을 하면서 이번 불만 상황에 대한 정보를 교환하고, 우리의 대응계획에 대해서도 얘기를 나눴다. 또한 프로젝트를 계속 진행하기 위해 화장품 소매업체에 […] 어떻게 대처해야 할지에 대해서도 의논했다. 이것은 새로운 사업 기회를 찾기 위해 애쓰는 두 제휴사 간의 원만하면서도 생산적인 회의였다. [브래디, 6/8]

그래험이 문제 상황을 빠르고 솔직하게 알리자 브래디를 포함한 나머지 팀원들은 그가 부정적인 정보를 모른 척 묻어두지 않았다는 사실을 알게 됐다. 팀원들은 어떤 상황에서든 그가 솔직한 대화를 중요시하고, 환영한다는 점을 깨달았다. 그래험은 이슈를 분석하고 계획을 짜는 데 모든 팀원을 참석시킴으로써 업무에서 위기가 발생했을 경우 우왕좌왕하거나 책임을 따지는 대신 문제를 분석하고, 원인을 규명하며, 후속조치 계획을 세우고 어떻게 대처해야 하는지를 직접 보여줬다.

그 다음 주 금요일, 그래험은 다시 한 번 팀을 회의실로 불러 모았다. 그래험은 매직펜을 들고 화이트보드 앞에 서서 팀원들과 함께 최근에 겪은 위기를 디브리핑하고, 팀의 솔루션을 평가하며, 이번 일로 배운 교훈을 검토했다. 모두 함께 머리를 맞댄 끝에 몇 가지 교훈을 얻어냈다. 이번 경험으로 뉴폴리 팀은 앞으로는 밍크 인더스트리의 잦은 샘플 요청에 보다 신중하게 대응해야한다는 교훈을 얻었다. 뿐만 아니라 팀은 샘플의 색상은 물론 질감에도 더 신경을 쓰고, 밍크 사에게 향후에 뉴폴리 팀이 '소비자에게 소개해도 괜찮다'고 동의한 경우가 아니면 실험 단계의 샘플을 고객에게 전달하지 말 것을 요청하는 공문을 작성하기로 했다. 그래험은 팀에게 실수로부터 교훈을 얻는 법을 가르쳐준 셈이다. 문제가 발생하면 팀이 함께 노력해 문제를 해결하고, 그 과정에서 얻은 교훈을 앞으로의 업무에 적용하면 된다는 사실을 깨닫게 도와줌으로써 그래험은 순조롭게 협업하는 팀 문화를 강화시켰다.

크루거 번에서 15년간 근무하고 유기화학으로 석사학위를 딴 브래디의 조직에 대한 헌신은 동료 연구원들 사이에서 굉장히 유명했다. 브래디는 밤샘 실험을 하는 날 사용하기 위해 차에 침낭을 싣고 다닌다는 소문도 있었다. 브래디는 자신이 뛰어난 팀의 중요한 일원이라는 사실이 좋았다. 만약 그래험이 샘플의 품질이 완벽하지 않았다는 사실과 준비가 덜 된 상태에서 고객에게 전달했다는 것으로 팀원들을 비난했다면 브래디가 그 사건을 어떻게 받아들였을지 생각해 보라. 카펜터사에서는 그런 일이 비일비재했다. 만약 그랬다면 브래디와 팀원들은 이후 발생한 문제를 그래험에게 비밀로 했을 수도 있다. 그렇다면 의사소통의 기회는 줄어들고, 협업이 힘들어졌을 수도 있다. 하지만 그래험은 팀의 전문성을 존중하고, 팀원들의 노력을 신뢰하고 있다는 걸 보여줬다. 그리고 위기를 해결하는 전 과정에 팀원들을 참여시킴으로써 그들의 생각을 존중한다는 느낌을 심어줬다. 그래험의 말과 행동은 당면한 문제를 해결하는 데 도움을 주었을 뿐 아니라 프로젝트 기간 내내 지속된 긍정적인 기업문화를 확립시켰다.

2) 조화로운 일상에 머물기

정확한 정보가 없다면 구성원들이 전진을 이루기 위해서 필요한 맞춤형 촉진제와 영양분을 제공할 수 있는 관리자는 없다. 프로젝트에서 위기 상황이 발생했을 때 의사소통과 관련해 심리적 안정감을 느낄 수 있는 문화를 구축한 그래험은 남들보다 정보 획득 면에서 앞서 있는 상황이었다. 팀원들은 그래험이 사무실에 있을 때는 언제든지 찾아갔고, 외근 중일 때는 언제든 전화를 해도 괜찮다는 사실을 알고 있었다. 게다가 그래험은 팀원들과 함께 일할 때도 많았다. 그는 매일 팀원들과 함께 일하면서 팀의 전진과 니즈 모두와 함께 조화롭게 머물고 있었다.

한 예로, 그래험은 브래디 그리고 뉴폴리 팀의 유머러스한 마케팅 전문가 커티스와 함께 고객사를 방문하곤 했다. 스탠퍼드 MBA 출신에 12년차 직원인 커티스는 미니애폴리스에 있는 쉘턴 컨슈머 프로덕츠의 관심을 끌기 위해 노력 중이었다. 그래험은 쉘턴이 밍크 사보다 더 큰 고객이 될 수도 있을 것이라고 파악했기 때문에 커티스를 돕기 위해 쉘턴을 함께 방문하자고 제안했다. 커티스는 바로 제안을 수락했고 출장은 기대보다 훨씬 큰 성과를 냈다.

> 브래디, 그래험과 함께 주요 고객이 될 가능성이 큰 […]를 만났다. [고객은] 최근에 통화했을 때보다 우리와 공동작업하는 데 [오늘] 더 관심을 보이는 듯했다. 우리는 […] 이번이 매우 좋은 기회일 수도 […] 있겠다고 생각했다. 모두 회의 결과에 흡족해했다. [커티스, 5/21]

그래험은 팀원들과 함께 쉘턴사를 직접 방문했기 때문에 5월 21일에 팀이 그 회의에서 어떤 성과를 냈는지 궁금해 할 필요가 없었다.

업무에서 발생한 문제를 얘기해도 비판하지 않는 그래험의 태도 덕에 팀원들은 누가 묻지 않아도 자신들이 겪은 좌절, 전진, 계획 등을 이야기했다. 한번은 브래디가 장비에 변수를 제대로 입력하지 못하는 바람에 신규 원자재를 대상으로 한 실험을 중단할 수밖에 없는 사건이 벌어졌다. 뉴폴리 팀이 그 장비를 사용할 수 있게 허용된 횟수는 일주일에 한 번뿐이기 때문에 이 일로 일정이 많이 미뤄졌다. 브래디는 이 소식을 바로 그래험에게 알렸다.

> 그래험에게 장비 운영 문제 때문에 실험 일정을 다시 잡아야 한다고 [말했다]. 한 주를 허비한다는 사실이 언짢긴 해도 이해해 주는 것 같았다. [브래디, 7/8]

그래험은 약간 실망하긴 했지만 브래디를 탓하지는 않았다. 그래험은 그 일을 안타깝지만 어쩔 수 없는 일로 받아들였다. 그는 누구를 탓하기보다 문제를 분석하고 바로잡는 데 더 관심을 쏟았다.

> 주요 고객이 요구한 새로운 물질을 만들기 위한 우리 실험이 중단됐다. 문제의 원인을 알아내 수정하기는 했지만 어쨌든 모든 일이 일주일 더 미뤄지게 됐다. [그래험, 7/8]

그래험은 일기에 이 실험을 '브래디의 실험' 대신에 '우리 실험'이라고 기록했다는 점에서 자신도 함께 문제에 책임을 지겠다는 태도를 엿볼 수 있었다.

3) 대상을 정해서 지원하기

그래험은 최근 팀과 프로젝트에서 발생한 사건에 대해 보거나 들은 내용을 바탕으로 매일 자신이 도움을 줄 대상을 '정했다'. 그래험은 팀과 매우 조화롭게 프로젝트를 추진하고 있었기 때문에 7월 중순에 조직이 개편될 수 있다는 소식을 들은 구성원들이 초조해 하지 않도록 그들을 격려(중요한 영양분 중 하나)해 주었다. 유럽 본사로부터 당황스러운 내용의 공문을 받자 그래험은 즉시 미국 지사 관리자들에게 설명을 요구했고, 희망적인 정보를 얻자마자 휴가 중임에도 불구하고 팀원들에게 전달했다. 이 조치는 팀원들이 경험하는 직장생활의 내면상태에 큰 영향을 미쳤다.

> 그래험이 전화로 지연되고 있는 조직 개편은 루머들보다는 긍정적인 측면이 더 많다는 소식을 전해줬다. 휴가 중인데도 망망

대해의 한 줄기 빛 같은 소식을 전해 준 그래험이 정말 고마웠다.
[브래디, 7/17]

그래험이 제공한 대상에 따른 맞춤형 촉진제도 영양분만큼이나 중요한 역할을 했다. 그는 팀과 돈독한 관계를 유지하고 있었기 때문에 프로젝트와 관련해 어떤 도움이 필요한지 직접 파악한 후 적절한 조치를 취했다. 그래험은 명확한 목표 설정, 자율성 보장, 풍부한 자원과 합리적인 작업시간 확보, 업무와 관련된 직접적인 도움 제공, 아이디어 교환 장려, 문제 상황과 성공 사례에서 배움의 기회 찾기 등 어떤 종류의 촉진제도 도외시하지 않았다.

그래험은 프로젝트와 관련된 중대한 문제(고객의 불만 제기 같은)는 물론 일상적인 문제에도 의식적으로, 자주 대상에 맞춘 촉진제를 제공했다. 그래험은 고객이나 고위 관리자를 만나러 출장을 가더라도 이삼 일에 한 번씩 팀에 전화를 걸어 사무실 상황을 파악하고, 자신이 도울 일이 있는지 물었다. 그리고 종종 멀리 떨어져 있을 때도 팀을 돕곤 했다.

그래험이 나에게 전화를 걸어 이번 한 주를 어떻게 보냈는지 물었다. 그래험이 나와 대화를 나누던 중 문제가 된 효소의 빈약한 질감이 〈과학 논문집〉에 기록된 물질이 보유하고 있던 이슈와 연관되어 있을 수 있으며 어제 실시한 실험에 […] 그 물질의 양이 조금 적게 들어갔던 듯하다고 말했다. 그래험이 말한 내용이 실험 결과를 설명할 수 있는지를 확인해 봐야겠다. [브래디, 6/19]

그래험은 자신의 전문지식을 활용해 팀을 도와주면서도 생색을 내지 않기 때문에 브래디와 팀원들은 그의 도움을 환영했다.

대부분의 경우 그래험은 팀원들과 협업하는 경우가 많기 때문에 팀이 뭘 필요로 하는지 알고 있었음에도 불구하고 가끔씩은 직접 '묻기도 했다'.

> 그래험이 프로젝트를 좀 더 빨리 진행시키기 위해서 필요한 것이 무엇인지를 물었다. 우리는 입을 모아 인원이 더 필요하다고 말했다. 조직 개편을 한다는 마당에 인원을 늘려달라는 요구가 말이 안 된다고 느꼈지만 그래험은 엔지니어 한 사람과 기술자 두 사람을 충원해 달라고 강하게 요구하겠다고 말했다. 경영진의 프로젝트 실행 의지를 시험해 볼 수 있는 요구이다. 이런 시기에 [...] 그런 요구를 하다니 그래험의 용기를 존경하지 않을 수 없다. [브래디, 8/3]

3일 후, 그래험은 본사를 방문해서 추가 인력을 요청했다. 그래험은 계속해서 팀이 겪는 좌절, 억제제, 독극물을 파악하고 이들을 경감시키기 위해 노력했다. 그래험의 조치는 프로젝트가 앞으로 나아가는 데 도움을 줬을 뿐 아니라 팀원들이 담당하고 있는 일은 물론 자신들이 매우 중요한 존재라는 느낌을 받도록 만들었다.

하나씩 따로 살펴보면 그래험의 행동이 특별히 비범한 것은 아니다. 단지 그는 문제가 발생하면 대처하고 팀이 업무를 진행하는 데 필요로 하는 자원과 도움을 제공해 줬을 뿐이다. 하지만 그래험이 뛰어난 리더가 된 이유는 바로 이를 하루도 빠짐없이 수행했다는 사실이다. 그는 팀에 끊임없이 촉진제와 영양분을 제공했고, 무엇보다도 억제제나 독극물이 프로젝트나 팀원들이 경험하는 직장생활의 내면 상태에 악영향을 끼치지 않게 막았다. 안타깝게도 우리가 조사한 리더들 중 그래험처럼 행동한 사람은 소수에 불과했다.

4) 검사하지 말고 확인만 한다

부하직원들의 업무 진행 상황을 파악하는 것과 사소한 일까지 간섭하는 것은 종이 한 장 차이다. 우리가 조사한 팀장 중에도 잘못하고 있는 이들이 있었다. 그들은 관리자 참여에 대한 개념을 잘못 알고 있는 상태에서 부하직원들을 대하다가 결국 거리만 벌어지게 만들었다.[2] 이 팀장들은 그래험처럼 팀과 협력해 일하고 정기적으로 팀원들의 상황을 '확인'하는 대신 구성원들이 일을 제대로 하고 있는지 '검사'하는 데 많은 시간을 들였다. 구성원들은 확인과 검사의 차이를 확실히 구분할 수 있으며, 검사는 직장생활의 내면상태에 좋지 않은 결과를 가져온다.

자신의 역할을 제대로 이해하지 못하는 관리자들은 네 종류의 실수를 저지른다. 첫째, 업무를 진행할 때 구성원들의 자율성을 보장해 주지 않는다. 그래험은 뉴폴리 팀에 명확한 목표를 정해 줬고 목표를 달성하는 방법과 관련해서 팀원들의 의견을 존중했지만 마이크로 매니저micromanager들은 모든 것에 대해서 시시콜콜한 내용까지 지시를 내린다. 둘째, 이런 관리자들은 부하들에게 빈번하게 업무 진행 상황을 묻기는 하지만 문제가 발생했을 때 제대로 된 도움을 주지는 않는다. 그래서 이들은 코치나 동료보다는 심판이나 독재자와 비슷한 경우가 많다.

셋째, 마이크로 매니저들은 문제가 발생하면 부하직원들이 문제의 원인과 가능한 해결책을 찾을 수 있게 대화의 장을 마련하기보다는 담당자에게 책임을 묻는다. 이런 관리자 밑에 있는 부하직원들은 솔직하게 문제와 해결방안을 의논하는 대신 자신의 체면을 지키기에 급급하게 된다. 이런 구성원들은 늘 두려움 속에서 지내고, 관리자에 대한 인식은 별로 좋지 않다.

넷째, 우리가 조사한 대상 중 관리자의 역할을 제대로 이해하지 못한 팀장들은 '팀원들'의 업무와 관련된 정보조차 당사자들에게 전달해 주지 않았다. 그래험을 비롯한 다른 유능한 팀장들은 자신들의 지위를 이용해 팀의 업무와 관련된 많은 중요한 정보를 비공식적으로 얻을 수 있다는 사실을 알고 있었다. 이들이 알아낼 수 있는 이슈에는 프로젝트에 대한 최고경영진의 생각, 고객의 의견과 요구사항, 조직 내외에서 도움이 되거나 방해가 될 수 있는 이해관계자에 대한 정보 등이다. 일부 팀장은 자신의 지위 덕에 알게 된 이런 비밀 정보를 혼자만 알고 있다가 기분에 따라 팀원들에게 알려주었다. 자녀를 심하게 통제하려 하는 부모처럼 자신들에게 유용할 수도 있는 정보를 관리자가 숨겼다는 사실을 깨닫게 되면 부하직원들은 어린애 취급을 당했다고 느끼게 되며 그럴 경우 일에 대한 의욕은 정체되고 업무에서 성과도 내기 힘들어진다.

마이크로 경영micromanagement은 직장생활의 내면상태를 망칠 뿐 아니라 장기적으로는 창의성과 생산성도 억누른다. 전진을 하기 위해서 필요한 전문가의 도움과 정보, 자율성을 충분히 제공받지 못하면 구성원들의 생각, 감정, 의욕은 부정적으로 바뀌어 시시한 아이디어만 제시하게 되고 성과 면에서도 큰 소득을 얻지 못한다. 관리자들은 성과가 정체상태에 빠지면 당황해서 부하직원들이 하는 일에 더 많이 간섭하고, 더 심하게 비판하기 때문에 구성원들이 경험하는 직장생활의 내면상태는 더 불만족스러워진다. 이런 경우, 구성원들은 위기 상태가 되기 전까지는 관리자들에게 문제를 숨기려 하며, 마이크로 매니저는 촉진제와 영양분을 공급하고 싶어도 부하직원들이 진정 필요로 하는 것이 무엇인지 충분한 정보가 없기 때문에 제대로 된 도움을 주기 힘들어진다. 이렇게 악순환은 계속된다.

그래험은 이런 실수를 저지르지 않았다. 그는 팀원들의 사소한 업무에까지 관여하지 않고서 전진에 영향을 주는 조건들을 효과적으로 관리했다. 그래험은 가끔씩 팀원들의 내면상태를 직접 확인했고 가능한 선에서 도움을 주었다. 그 결과 뉴폴리 팀은 활력이 넘쳤고, 많은 성과를 냈다. 우리는 그래험을 비롯한 훌륭한 리더들을 조사한 결과, 팀의 성공은 특정 리더의 성격이나 배경이 아니라 그가 취하는 일련의 행동에 달려 있다는 사실을 알아냈다. 우리가 알아낸 내용들을 담아 관리자를 위한 간단한 일일 체크리스트를 만들어 보았다.[3]

일일 전진 체크리스트

가끔은 작은 것들이 큰 변화를 가져오기도 한다. 하버드 의대 외과 조교수이자 작가인 아툴 가완디Atul Gawande는 2009년에 출간한 《체크! 체크리스트》에서 숙련된 외과의라도 수술 종류별로 만들어진 간단한 체크리스트를 활용하면 수술 팀의 실적을 크게 향상시킬 수 있다는 사실을 보여줬다.[4] 안전한 수술을 위한 체크리스트의 내용은 전혀 특별할 게 없어 보인다. 체크리스트에는 수술 팀 전원이 자기소개를 하고 수술 위치가 신체의 어느 쪽인지, 봉합 전에 환자에게 사용된 외과용 스펀지를 다 꺼냈는지 등을 확인하는 과정까지 포함되어 있다.

하지만 결과는 놀라웠다. 전 세계 8개 병원에서 3개월에 걸쳐 실험한 결과 체크리스트 도입 후 외과수술 환자의 심각한 합병증 발생 비율이 36퍼센트 감소했고, 사망률은 47퍼센트 감소했다. 수술실에서 수년간 근무해 온 고도로 훈련된 외과의 가완디조차 체크리스트를 사용한 후로 실적이 크게 향상됐다는 사실을 깨달았다. 가완디는 수술처럼 복잡한 업무를 처리할 때는 팀이 예상하지 못한 상황이 발생해도 영향을 받지 않고 업무 자체에만 집중할 수 있도록 모든 기본 사항을 철저하게 확인해야 한다고 강조했다.

경영은 뇌수술과는 다르지만 복잡한 업무인 것은 확실하다. 임원이라면 항상 경제, 과학, 사회는 물론 경쟁환경에 속한 자사의 비즈니스 모델과 자사가 속한 산업 내에 등장하는 신규 트렌드와 같은 큰 그림에 집중하고 있어야 한다. 뿐만 아니라 조직의 장기적인 비전과 비전을 달성할 전략, 조직의 미래 변화에 대응할 계획도 마련해야 한다. 또한 자원을 조달하고, 기업의 운명에 영향을 주는 다양한 문제들에 대응할 창의적인 방법도 생각해 봐야 하며, 위기 상황에도 잘 대응해야 한다. 직위가 그리 높지 않아 프로젝트 팀 하나만 이끌고 있는 관리자도 자신이 맡은 업무 추진 외에 프로젝트 전략을 짜는 일부터 팀의 업무에 도움을 줄 수 있는 신기술을 파악하는 일까지 다양한 문제를 고민할 것이다.

그러나 지위와 상관없이 관리자가 세운 전략은 이를 실행에 옮기

〈표 8-1〉 일일 전진 체크리스트

전진	좌절
• 작은 성공이나 문제의 돌파구 발견과 관련해 오늘 일어난 사건 한두 개는? (간략하게)	• 작은 좌절이나 위기 상황으로 발전할 수 있는 일과 관련해 오늘 일어난 사건 한두 개는? (간략하게)
촉진제	**억제제**
• 팀은 의미 있는 업무가 될 수 있도록 확실한 단기, 장기적 '목표'를 갖고 있는가? • 팀원들이 프로젝트에 주인의식을 가지고 있으며 문제를 해결할 수 있는 충분한 '자율성'을 갖는가? • 팀이 업무를 효율적으로 추진해 나가기 위해서 필요한 모든 '자원들'을 가지고 있는가? • 의미 있는 일에 집중할 수 있는 충분한 '시간'을 갖고 있는가? • 팀이 필요로 하거나 요구했을 때 적당한 '도움'을 주었는가? • 팀원들이 서로를 돕도록 독려했는가? • 오늘 겪은 문제나 얻은 성공에서 배울 수 있는 '교훈'을 팀원들과 함께 나눴는가? • 팀원들이 자유롭게 '아이디어를 교환'하도록 도왔는가?	• 의미 있는 업무와 관련해서 단기, 장기적 '목표'에 혼란스러운 점은 없는가? • 팀원들이 프로젝트에 주인의식을 가지고 있으며 문제를 해결할 능력을 '억압' 당하고 있지는 않은가? • 팀이 업무를 효율적으로 추진해 나가기 위해서 필요한 '자원들' 중에서 부족한 것이 있는가? • 의미 있는 일에 집중할 수 있는 '시간'이 부족하지는 않은가? • 팀이 필요로 하거나 요구한 적당한 '도움'을 주는 데 실패하지는 않았는가? • 오늘 겪은 문제나 얻은 성공에서 '교훈'을 얻거나, 얻을 수 있는 기회를 놓치거나 팀원들의 잘못을 '꾸짖'지는 않았는가? • 팀원들이 '아이디어'를 제시하거나 논의하지 못하도록 조급하게 막지는 않았는가?
영양분	**독극물**
• 전진을 이루도록 기여한 팀원의 노력을 인정하고, 아이디어에 관심을 보이며, 팀원들을 믿음직한 전문가로 '존중'하고 있다는 사실을 보여줬는가? • 어려운 문제에 직면하고 있는 팀원을 '격려' 했는가? • 개인적 혹은 업무적 어려움을 겪고 있는 팀원에게 '공감' 해 주었는가?	• 전진을 이루는 데 기여한 팀원의 노력을 인정하지 않고, 아이디어에 관심을 보이지 않으며, 팀원들을 믿음직한 전문가로 대하지 않아 '무시' 당하고 있다는 느낌을 받게 했는가? • 어떤 방식으로든 팀원을 '낙담' 하게 했는가? • 개인적 혹은 업무적 어려움을 겪고 있

• 팀원들 간에 개인적, 업무 관련 '소속감'이 형성되어 있는가?	• 는 팀원을 '방치' 했는가? • 팀원들끼리, 혹은 팀원들과 내가 '대립'하고 있지는 않은가?
직장생활의 내면상태	
• 오늘 부하직원의 내면상태를 보여주는 징후를 파악했는가? • 업무, 팀, 경영진, 조직에 대한 인식 • 감정 • 동기부여 • 오늘 직장생활의 내면상태에 영향을 줬을 만한 특별한 사건들이 있는가?	
후속조치 계획	
• 부족하다고 확인된 촉진제와 영양분을 제공하기 위해 내일 할 수 있는 일은 무엇인가?	• 오늘 발견된 억제제와 독극물을 줄이기 위해 내일 할 수 있는 일은 무엇인가?

는 구성원들을 고려하지 않는다면 성공을 거둘 가능성이 낮다. 이 사실은 기업의 최고경영진에게도 신제품을 개발하는 프로젝트 팀의 일원에게도 똑같이 적용된다. 구성원들이 높은 성과를 내기 바란다면 직장생활의 내면상태가 순탄하도록 도와줘야 한다. 그것을 매일 빠짐없이 해야 한다는 것이 가장 중요하며 이때 일일 체크리스트를 활용하면 큰 도움을 받을 수 있다. 일과가 끝날 무렵 5분만 시간을 할애하면 된다.

일일 전진 체크리스트(표 8-1)에 있는 항목들은 수술 쟁반에 놓인 외과용 스펀지 개수를 세는 것만큼 간단하지는 않지만 그렇다고 매우 복잡하지도 않다. 체크리스트는 팀의 전진을 측정하는 지표와 이에 영향을 미치는 사건들에 계속 주의를 기울이게 하는 역할을 한다. 관리자는 직장생활의 내면상태와 관련된 신호들에도 늘 관심을 기울여야 하지만 너무 자주 세세하게 따질 필요는 없고, 확실한 징후가 나타날 때만 경계하면 된다. 인포스위트 팀장인 루스와 해리는 대규모 구조조정으로 구성원들이 책상에 앉아서 울고 있었던 날 팀원들의 내면상태가 어땠는지 알기 위해 그리고 어떤 감정이었는지를 파악하기 위해 어떤 특별한 지식을 가질 필요는 없었다. 대게는 평소보다 실수가 좀 더 잦거나 팀원들이 서로에게 성질을 내는 등 자세히 살피지 않으면 알기 힘든 형태로 이런 징후가 나타나기 때문이다. 이런 단서는 구성원들에게 주의를 집중하고 있을 때에만 발견할 수 있다.

체크리스트 활용하기

업무가 끝날 무렵, 일일 전진 체크리스트를 사용해 하루를 되돌아보고 다음 날 관리자로서 수행할 행동을 계획한다. 며칠 동안 종이나 파일 형태의 체크리스트에 생각을 기록해 보면 작은따옴표 안에 든 단어만 슬쩍 봐도 그날의 중요한 사건들을 파악할 수 있게 될 것이다. 우선 그날의 전진과 좌절을 확인하고 전진에 영향을 미친 구체적인 사건(촉진제와 영양분을 비롯한)을 생각해본다. 그 다음에는 그날 직장생활의 내면상태가 어땠는지 알 수 있는 단서가 있었는지 생각해 보고. 마지막으로 후속조치 계획을 세운다. 계획을 세우는 일이 일일 점검 과정에서 가장 중요하다. 전진을 가능하게 하기 위해 당신이 가장 잘할 수 있는 일은 무엇인가?

그래험처럼 일상적인 업무 중에 얻은 정보를 활용해 본다. 업무 시 부하직원들과 긴밀하게 협조하면서 구성원들의 말에 귀 기울이면 정보는 물론 구성원들이 경험하는 직장생활의 내면상태에 대한 직접적인 징후도 자연스럽게 알아차리게 될 가능성이 높다. 팀원들과 협력하는 그래험의 태도 덕에 팀원들은 업무 진행 상황을 거리낌 없이 의논했고 이 과정에서 많은 양의 정보를 얻었기 때문에 그래험은 필요한 정보를 얻기 위해 팀원들에게 별도로 질문할 필요가 없었다. 아래 두 건의 일기는 그래험과 팀원간의 상관관계를 잘 보여준다.

> 그래험이 프로젝트의 현재 추진 상황을 검토하고 추가 업무를 맡기기 위해 잠시 들렀다. [브래디, 7/28]

> 브래디가 프로젝트를 새 국면으로 이끌 수 있는 물질과 장비를 확보하는 일을 많이 전진시켰다는 사실을 알게 됐다. [그래험, 7/28]

이런 단순한 상호작용만으로도 그래험은 그날 팀의 업무 진행 상황에 대한 새로운 정보를 얻었다.

만일 당신이 가완디의 체크리스트를 사용하는 데 별로 관심이 없던 의사들(가완디 자신도 처음에는 그랬다)과 생각이 비슷하다면, 자신은 체크리스트 따위를 사용하지 않아도 될 정도로 뛰어나다고 여기고 있을 것이다. 물론 여러분은 이런 간단한 보조물의 도움이 필요하지 않을 정도의 전문가일 것이다. 하지만 생각해야 할 일이 많은 전문가이기 때문에 5분을 할애해 체크리스트를 확인하는 일이 매우 중요하다. 우리의 경험과 많은 리더들과 나눈 대화 내용에 비추어 본 결과, 업무의 압박 때문에 다음 번 돌파구를 제공할 수 있는 작은 성공들을 놓치고 넘어가기가 굉장히 쉽다는 사실을 알게 됐다. 게다가 작은 좌절을 무시하다 보면 일을 망치기가 더 쉬워진다.

　대부분의 사람은 긍정적 혹은 부정적 성향 중 하나를 더 강하게 갖고 있다. 긍정적인 성향의 사람은 체크리스트를 활용하면 문제를 무시하고 대충 넘어가는 일을 줄일 수 있다. 반대로 부정적인 성향의 사람은 체크리스트를 활용하면 잘 진행되고 있는 일들을 되새겨볼 수 있다.

　며칠 체크리스트를 사용하고 나면 각 항목을 기록하지 않고 머릿속으로만 확인해도 될 것이라는 생각을 할 수도 있다. 이유를 물으면 내용이 워낙 간단해 이미 외웠다고 대답할 것이다. 하지만 그런 충동에서 벗어나야 한다. 매일 습관처럼 체크리스트를 확인하고, 필요한 내용을 기록하지 않으면 결국에는 아예 활용하지 않게 될 가능성이 크다. 그러다 보면 매일의 전진, 촉진제, 영양분에 대한 내용은 머릿속에서 지워지게 될 것이다.

　체크리스트에 있는 문제에 답을 할 때는 모든 사건을 고려해야 한다. 작고 부정적인 사건의 위력을 잊어서는 안 된다. 사소해 보이는 일은 물론 긍정적, 부정적 사건 모두를 고려해야 한다. 팀이나 개인의 업무에서 좋은 성과나 기대보다 나은 성과를 낸 경우는 모두 전진으로, 업무에서 실패를 겪거나 실망스러운 결과를 얻은 경우는 모두 좌절로 보면 된다.

　촉진제와 억제제도 모두 고려해야 한다. 팀의 명확한 목표 설정이나 업무 수행과 관련된 자율성, 필요한 자원에 대한 접근성, 창의성을 발휘할 수 있는 시간 여유, 필요한 도움을 받을 수 있는 접촉 기회, 문제 상황과 성공에서 교훈을 얻을 수 있는 기회, 구성원들의 생각을 전달할 수 있는 기회 등을 필요한 만큼 제공하는 걸 돕거나 막는 일이 일어나진 않았는가? 가끔씩 '구성원들이' 업무를 추진하기 위해서 '관리자'가 도움을 줄 일이 없는지 구성원들에게 물어봐야 한다. 그러면 다음에 체크리스트를 작성할 때, 후속조치에 어떤 내용을 써야 할지 확실해질 것이며 질문을 받은 구성원들은 자신이 중요한 업무를 하고 있다는 느낌을 받을 것이다.

체크리스트의 영양분 관련 문항에 답할 때는 구성원들이 하루 동안 존중, 인정, 격려와 지지를 받았는지 생각해봐야 한다. 뉴폴리 팀 마케팅 전문가 커티스는 일기나 우리와의 면담에서 감정을 거의 드러내지 않은 '남자 중의 남자'였다. 커티스는 문제가 발생해도 담담하게 서술했으며 사실 위주로 접근했다. 하지만 뉴폴리 팀을 대상으로 한 9개월간의 연구가 중간쯤 접어들었을 때, 커티스는 어린 아들이 백혈병 진단을 받았기 때문에 개인적인 위기를 경험했다. 그래도 커티스는 자신이 겪고 있는 어려움을 별로 표현하지 않고 거의 빠지지 않고 회사에 출근해 좋은 성과를 냈지만 그래험은 커티스가 힘들어하고 있다는 사실을 눈치챘다. 그래험은 여러 번 커티스에게 도움의 손길을 내밀었다.

> 관련된 프로젝트를 진행하고 있는 매사추세츠에서 온 두 팀을 만났다. 고객사를 [방문했던] 얼과 대화를 나눴다. 커티스와 개인적으로 겪고 있는 문제에 대해 상담을 했다. [그래험, 11/23]

커티스가 일기에 그래험에게 어떤 도움을 받았는지 기록한 경우는 많지 않았지만 팀장이 자신의 사적인 고민을 함께 나눈다는 사실을 고마워하는 건 확실했다.

그날 회사에서 일어난 의미 있는 사건을 찾을 때, '당신이' 한 행동, '우연치 않게 얻은' 기술적인 결과, 팀 내 상호작용, 다른 관리자, 구성원, 집단의 행동, 조직의 규정이나 절차와 같은 '시스템', 조직 외부에서 벌어지고 있는 일 등 다양한 것이 중요한 사건의 근원이 될 수 있다는 사실을 기억해야만 한다. 그래험의 일기에는 이 모든 종류의 사건들이 기록돼 있었다.

체크리스트의 각 항목에 대해 바로 조치를 취할지 조금 더 두고 볼지도 고민해야 한다. 당신은 그날그날 발생한 일의 배경에 대한 정보가 부족할 수도 있다. 조금 더 지켜보고 싶은 내용이 있으면 꼭 메모해 두고 지속적으로 관심을 가져야 한다.

체크리스트를 활용하는 목적은 '의미 있는 전진을 관리'하는 관리자의 진짜 역할을 제대로 수행하기 위해서인데 그러려면 생각을 전환할 필요가 있다. 경영대학원이나 경영서는 물론 관리자들도 경영을 '조직 경영' 혹은 '인재 경영'으로 생각하는 경우가 많은데 의미 있는 업무에서 매일 전진을 이루는 데 집중하기만 해도 구성원이나 조직 전체를 더 잘 경영할 수 있게 된다. 구성원들이 의미 있는 업무에서 꾸준한 전진을 이루게 도와주고, 자신이 전진하고 있다는 사실을 깨닫게 해주며 그들을 인간적으로 대하면 구성원들이 뛰어난 성과를 내는 데 필요한 인식, 감정, 일에 대한 동기부여를 '경험하게 될 것'이 분명하기 때문에 관리자가 부하직원들이 경험하는 직장생활의 내면상태가 어떤지 자세히 들여다보기 위해서 추가 방법을 찾지 않아도 된다. 구성원들이 업무에서 뛰어난 성과를 내면 조직 성공에 크게 기여하게 될 것이다. 또한 성과를 내다 보면 자신이 맡은 일에도 더 열정을 가지게 된다.

체크리스트의 기대효과를 알면 깜짝 놀랄 것이다. 업무를 체크리스트와 함께 마무리하면 직장생활의 내면상태에 도움을 주는 요인들인 전진의 법칙, 촉진 요인, 영양 요인을 되새기게 된다. 뿐만 아니라 그날 가장 특징적이었던 사건이나 최근에 발생한 사건, 혹은 그날에 대한 전반적인 느낌에만 집중하지 않도록 도와준다.[5] 그리고 하루 종일 구성원들의 내면상태를 걱정하는 대신 체크리스트를 작성할 때를 제외하고는 맡은 업무에 집중할 수 있게 된다. 하지만 무엇보다 중요한 건 부하직원들이 매일 경험하는 성공에 공감하고 어려움을 놓치고 넘어가지 않도록 도와준다는 점이다.

모순적이지만 자유로운 의사소통, 원활한 협업 그리고 구성원과 그들의 아이디어를 진심으로 이해해 주는 기업문화를 확립하고 유지하기 위한 가장 좋은 방법은 매일 일어나는 사건들을 자세히 관찰하는 것이다. 기업문화는 매일 일어나는 비슷한 사건들이 모여 형성된다. 특히 관리자가 유발하는 사건들은 영향력이 크다. 관리자의 행동은 부하직원들의 본보기가 되며 집단의 분위기를 결정하기 때문에 관리자는 한 번에 한 사건씩, 부하직원들의 행동에 기준이 될 문화를 만들어가야 한다.

선순환 유지와 악순환 중지

하루도 빠지지 않고 직장생활의 내면상태에 관심을 기울인다면 그날의 문제를 찾아낼 수 있다. 하지만 사람들은 발생한 사건들을 예전에 경험한 뒷이야기에 근거해 이해하기 때문에 제한된 기간에 벌어진 사건에만 초점을 맞춘다면 직장생활의 내면상태나 전진과 관련해 어떤 일이 벌어지고 있는지 큰 그림을 볼 수가 없다. 직장생활의 내면상태와 전진은 서로에게 영향을 미치기 때문에 긍정적 전진 순환고리(선순환)는 최대한 오래 유지하고 부정적인 순환고리(악순환)는 가능한 멀리하는 게 가장 이상적인 방법이다. 관련된 일들을 지속적으로 지켜보지 않는다면 이런 패턴을 찾아내기는 어렵다. 만일 우리가 따로 떼어놓으면 중요하지 않는 것처럼 보이는 일기 속 '오늘의 사건'을 주의 깊게 분석하지 않았다면 전진의 법칙이라는 개념을 발견해 내지 못했을 것이며 조사하는 팀에서 매일 발생하는 사건에 집중하고, 한 발 물러서 그 안에서 드러나는 패턴을 찾아본 덕에 현상을 확실히 이해할 수 있었다.

선순환이 일어나고 있다는 사실을 인식할 때 이를 유지할 수 있다. 그날 일과 중에 있었던 사건들을 되돌아보았을 때, 며칠 동안 좌절보다 전진과 관련된 사건이 더 많이 일어났고, 직장생활의 내면상태가 부정적이라는 눈에 띄는 징후도 없다면 팀이 선순환 상태에 있을 가능성이 크다. 운 좋게 팀이 선순환을 경험하고 있다면 직장생활의 내면상태를 악화시키거나 전진을 저해할 부정적인 사건들(특히 사소한 소동들)이 일어나지 않게 조심해야 한다. 무엇보다도 좌절을 불러오는 사건이 발생하는지를 지켜보고 대처해야 한다. 그래험은 고객이 불만을 제기했을 때, 시비를 가리거나 팀원들을 혼란스럽게 하지 않고 문제에 단호하게 대응했다. 우리가 조사한 다른 뛰어난 팀장들도 그래험처럼 침착하게 문제에 대응했다.

오레일리 코티드 머티리얼즈의 비전 팀은 우리의 조사 대상 중 최고의 팀이었다. 비전 팀원들은 전진과 직장생활의 내면상태에서 선순환을 많이 경험했다. 하지만 비전 팀이 매일 좋은 사건만 경험했다고 말할 수는 없다. 비전 팀의 업무는 기술적으로 매우 복잡했기 때문에 데이브와 나머지 팀원 세 사람은 수많은 좌절을 경험했다. 네 사람 모두 실험 과정에는 우여곡절이 따른다는 사실을 알고 있는 전문 과학자와 기술자들이긴 했지만 그래도 좌절을 겪을 때마다 실망했고 직장생활의 내면상태에 부정적인 영향을 주었다.

데이브는 팀원들이 이런 부정적인 영향에 잘 대처할 수 있도록 돕는 능력이 뛰어났다. 그는 문제가 발생해도 소란을 떨거나 허둥대지 않고 평소와 다를 바 없는 사건처럼 다뤘으며 모든 사건은 새로운 교훈을 얻을 수 있는 기회로 간주했다.

비전 팀의 선임 엔지니어인 톰이 실험 과정에서 저질렀던 실수를 떠올려보자. 톰이 자신이 한 실수를 고백하자 데이브는 이성을 잃지 않고 침착하게 말했다. "무슨 실수를 했는지 알고 있다면 걱정 안 해도 되네."

데이브의 말을 꼭 기억해 두기 바란다. 관리자가 부하직원의 실수를 꾸짖는 대신 실수 그 자체와 이를 통해 배울 수 있는 교훈에 초점을 맞춘다면 팀 내에 심리적 안정감을 조성할 수 있다. 복잡한 프로젝트를 진행할 때 어쩔 수 없이 겪게 되는 좌절에 굴하지 않고 긍정적인 직장생활의 내면상태와 전진의 선순환을 유지하려면 관리자들은 데이브처럼 행동해야 한다. 비전 팀과 정반대였던 카펜터사에는 비난과 두려움이 조직내부에 가득했다. 카펜터 도메인 팀의 한 팀원은 이렇게 말했다. "우리 회사에서는 해결책을 못 찾으면 능력이 없는 사람으로 간주해요."

두 회사의 이러한 차이는 우리에게 중요한 사실을 알려준다. 의미 있는 일은 어려울 수밖에 없고 사람들은 가장 어려운 문제를 극복할 때 만족감을 느낀다. 혁신으로 가는 길에는 실패가 뒤따르기 마련이다. 장애물이나 좌절을 최소화하려고 아무리 노력해도 부하직원들에게 문제가 전혀 발생하지 않는 환경을 마련할 수는 없다. 그러나 문제를 발생시키지 않으려고 팀이나 자신을 몰아붙이다 보면 직장생활의 내면상태에 영양분을 공급할 수 없다. 그렇기 때문에 문제를 피하려고만 하기보다는 차라리 피할 수 없는 장애물이 나타났을 때 이를 극복하기 위해 필요한 촉진제와 영양분을 구성원들에게 제공하는 데 집중하는 편이 낫다. 전설적인 기업가 헨리 포드Henry Ford는 이렇게 말했다. "실패는 보다 현명하게 다시 시작할 수 있는 기회다."

나쁜 상황을 반전시키는 일은 좋은 상황을 유지하는 것보다 늘 더 어렵지만 불가능하지는 않다. 드림스위트 호텔의 무심한 경영진들조차 본의는 아니었지만 일시적으로나마 인포스위트 팀이 겪고 있는 부정적인 직장생활의 내면상태와 좌절의 악순환을 중지시키는 데 성공했다. 인포스위트 팀원들은 자신들을 방치하고, 무시하며, 비호의적으로 대하면서도 요구는 많은 모기업 때문에 여러 번 부정적 순환 고리에 빠졌다. 인포스위트 팀 사업부문을 재인수하고 구조조정을 실시하는 과정에서 드림스위트 경영진은 팀을 마치 일회용품처럼 취급했다.

하지만 1,450억 원이 걸린 소송에서 질까봐 애가 탄 고위 경영진은 빅딜 프로젝트가 추진된 메모리얼데이 연휴 기간 동안 인포스위트 팀에게 많은 관심을 쏟았다. 프로젝트가 추진된 8일 동안 인포스위트 팀원들은 밤낮 없이 일했고, 임원들은 팀이 빅딜 프로젝트에만 집중할 수 있도록 다른 업무들을 면제해 주었으며, 팀의 노력에 감사를 표했고, 따뜻한 말과 생수 그리고 간식거리를 가져가 응원해 주었다.

인포스위트 팀이 경험한 직장생활의 내면상태는 프로젝트 진행 기간 동안 최고 수준에 달했고, 기대를 뛰어넘는 성과를 냈다. 악순환의 고리가 끊어진 것이다. 프로젝트 종료 후에 경영진이 다시 팀의 요구를 묵살하는 태도를 취하지 않았더라면 선순환이 어떻게 계속되었을지 상상해 보라.

1) 오아시스를 만들어내는 팀장들

드림스위트처럼 근무환경이 열악한 조직에서도 하위 관리자의 능력이 뛰어나면 종종 부정적 직장생활의 내면상태와 좌절의 악순환을 끊을 수 있다. 인포스위트 팀 공동 리더였던 루스의 경우가 그렇다. 사실 루스는 혹독하고 건조한 사막 같은 기업문화에 지지라는 오아시스를 만들어냈다. 드림스위트의 임원들은 팀을 무시하고 평가절하했으며 인포스위트 팀의 내부 고객이었던 타 부서의 리더들은 요구사항을 확실히 밝히지 않거나 팀의 성과를 인정해 주는 경우가 별로 없었다. 그래도 루스는 포기하지 않고 이런 부정적인 사건들을 막아냈고, 팀원들의 내면상태를 악화시키지 않는 데 성공했다.

루스의 성공 비결은 조직에서 벌어지는 부정적인 사건들이 쌓이기 '전에' 일상적인 좌절을 겪을 때마다 서로를 격려하는 팀 문화를 확립시켰다는 것이다. 루스는 여러 번 팀에 촉진제를 주입했다. 우리가 조사를 시작한 지 얼마 안 됐을 때 인포스위트의 소프트웨어 엔지니어인 헬렌이 드림스위트 마케팅 부서로부터 받은 데이터 파일을 해독하지 못해 골머리를 앓은 적이 있다. 담당자는 헬렌에게 파일을 빨리 분석해 줄 것을 요구해 놓고도 데이터에 대한 정제를 요구한 헬렌의 요청에는 아무런 대처를 하지 않았다. 헬렌은 더 이상 업무를 진행시킬 수가 없었다. 루스는 다음 날 헬렌의 사정을 알게 되자마자 IT 팀원 중에서 그녀를 도와줄 수 있는 사람을 찾아주었다.

> IT 팀에서 마케팅 팀이 제공한 파일을 판독할 수 있도록 도와줄 수 있는 사람을 찾아냈다. [⋯] 마케팅 팀에서 2주 전에 보낸 문제의 파일과 끙끙대고 있던 헬렌을 도울 수 있어 정말 보람 있었다. [루스, 2/12]

루스의 행동은 헬렌이 맡은 일을 빨리 해결할 수 있도록 도왔고, 루스 '자신의' 내면상태도 향상시켰다.[6] 관리자의 행동 덕에 생긴 긍정적인 효과가 관리자 본인에게 다시 영향을 미치는 경우가 종종 관찰되었다.[7]

7장에서 보았듯이, 루스는 처음부터 인포스위트 팀원들에게 충분한 영양분을 공급했다. 루스는 무엇보다도 팀원들이 열심히 노력하도록 격려하고, 성과를 냈을 때 감사를 표했다. 한번은 놀라운 전진을 이뤄낸 인포스위트 팀 소프트웨어 엔지니어인 마샤를 포옹해 주기까지 했다.

> 오늘 드림스위트 내부 사용자들로부터 두 가지 요청사항이 들어왔다. 내가 예측했던 것보다 빨리 요청사항을 해결해 준 덕에 사용자들이 비용을 절감할 수 있었다. 프로젝트 매니저[루스]가 너무 기뻐하며 날 포옹해 줬다. 루스가 기뻐해서 나도 기뻤다! [⋯] 오늘 내가 해낸 일들이 굉장히 자랑스럽다. [마샤, 2/18]

이날 마샤가 경험한 직장생활의 내면상태가 얼마나 긍정적이었을지 상상할 수 있을 것이다. 팀원과 신체접촉까지 하는 경우는 드물었지만 루스가 뛰어난 성과에 대해 열광적으로 반응하는 일은 종종 있었다.

루스가 훌륭한 관리자로서 보여준 사소한 행동들 덕에 인포스위트 팀원들은 그녀가 계속해서 팀을 지원해 줄 것이라는 믿음을 가지게 됐고, 이 믿음은 조사 시작 몇 주 후 드림스위트가 구조조정을 시작한 후에도 계속 유지됐다. 프로젝트 매니저 40명 가량이 해고된 날, 마샤의 감정은 바닥으로 가라앉았다. 마샤의 내면상태가 큰 위기를 맞자 루스는 마샤에게 짧지만 공감을 표현함으로써 그녀가 평정을 되찾고 업무에 집중할 수 있게 해주었다.

> 오늘 아침, 프로젝트 매니저가 내 옆에 앉아서 어제 많은 사람들이 해고되는 모습을 보고 마음이 많이 상하지는 않았냐고 물었다. 정말 고마웠다. 어제 일은 모두에게 충격이었지만 오늘은 기분이 한결 나아졌다. 45일 후면 우리도 어떻게 될지 결정이 날 테고 그에 따라 우리의 인생도 변할 것이다. 우리가 어떤 노력을 해도 결과를 바꿀 수는 없다. 내가 통제할 수 '있는' 일, 즉 내가 맡은 업무에 집중할 생각이다. [마샤, 5/21]

루스가 인포스위트 팀의 팀장을 맡은 후로 리더의 역할을 잘 수행한 덕에 마샤를 비롯한 동료들은 업무에 집중할 수 있었다. 대규모 해고 사건을 겪은 후 1주일도 지나지 않아 인포스위트 팀은 빅딜 프로젝트에 혼신을 다해 매달렸다. 팀이 흔들리지 않게 탄탄한 기반을 다진 루스의 사전 준비 작업이 빛을 발했다. 좌절과 열악한 직장생활의 내면상태에 존재하는 악순환을 빨리 끊고 싶은 관리자들은 부하직원들의 어려움과 성과를 계속해서 확인하고, 촉진제와 영양분을 매일 끊임없이 제공한 루스를 본받아야만 한다.

2) 책임을 져야 하는 임원들

만약 당신이 임원이라면 인포스위트 팀의 사례에 현혹되지 않기 바란다. 루스가 몇 번이나 팀의 악화된 직장생활의 내면상태를 회복시키긴 했지만 그렇다고 해서 드림스위트 임원들이 팀에게 한 행동 때문에 대가를 전혀 치르지 않았다는 뜻은 아니다. 인포스위트 팀원들이 경험하는 직장생활의 내면상태는 반복해서(조직과 경영진이 야기한) 부정적인 영향을 받았고 이는 팀의 단기적인 전진을 계속 방해했다. 장기적인 영향은 훨씬 심각했다. 우리 연구가 진행된 1년 사이 루스는 부정적인 사건들이 팀에 미치는 부정적인 영향을 중화하다 지친 나머지 다른 회사로 이직했다. 팀의 여러 핵심 멤버들도 루스와 함께 회사를 떠났고, 드림스위트는 귀중한 인력을 잃었다.

물론 팀장이나 부장들이 팀이나 부서 혹은 전체 사업부문에 일시적인 오아시스를 만들어줄 수는 있다. 하지만 그렇다고 해서 임원들에게 구성원이 자유롭게 의견을 낼 수 있는 긍정적인 기업문화를 만들어야 하는 책임이 사라지는 것은 아니다. 구성원들이 경험하는 직장생활의 내면상태를 긍정적으로 유지하는 책임을 팀장이나 부장 같은 하위, 중간 관리자에게 전가하는 행위는 이들의 에너지와 재능을 낭비하는 일일 뿐이다. 아무리 노력해도 결국에는 문제가 생길 수밖에 없다. 부정적인 사건은 긍정적인 사건보다 영향력이 훨씬 강력하기 때문에 임원들이 노력하지 않는다면 결국에는 적대적인 기업문화가 자리잡게 된다.

전진은 분기 보고서나 중대 마일드스톤에서뿐만 아니라 우리의 일상 곳곳에서 관찰된다. 건전한 기업문화는 일회성으로 끝나버리는 중요한 사건들이 아닌 매일의 말과 행동에 의해 확립된다. 관리자들은 부하직원이 경험하는 직장생활의 내면상태에 영향을 미치기 때문에 어떻게 영향을 미칠 것인지가 중요하다. 그러니 당신이 관리자라면 매일 구성원들이 전진을 이루었는지 확인해야 한다. 그래야 직장생활의 내면상태에 큰 영향을 미치는 작은 요소들을 조금씩 제공할 수 있다.

조직 내에서 자신의 위치가 어떠하든, 심지어 맡은 일만 하면 되는 사원이라 해도 주위 사람들의 내면상태에 대한 책임을 지고 있다. 모두가 촉진제와 영양분을 만들어낼 수도 있고 억제제와 독극물을 감소시킬 수도 있다. 매일 이 점을 염두에 두고 업무를 마무리한다면 조직이 성과를 내도록 돕고, 조직에 긍정적인 문화를 정착시키는 데 좀 더 기여할 수 있을 것이다. 당신이 팀원이든 CEO든 상관없다. 자신이 경험하는 직장생활의 내면상태를 관찰하는 일을 소홀히 해서는 안 된다. 다음 장에서는 자신의 내면상태를 돌보는 구체적인 방법을 소개하겠다.

Notes

01 뉴폴리 팀은 26개 팀 중에서 자신들의 도전적인 업무를 가장 높게 긍정적으로 인식하고 있는 것으로 나타났다.
02 우리 연구에 참여한 모든 팀 리더들은 팀 작업에 풀타임으로 참여하고 있었다.
03 이 책에서 소개한 모범적인 리더는 오렐리 사업부의 마크와 데이브, 인포스위트 팀의 루스와 해리, 뉴폴리 팀의 그래헴 등이 있다.
04 A. Gawande, 《체크 체크리스트》, 옮긴이 박산호, 21세기북스, 2010.
05 결론을 도출하거나 의사결정을 위한 통제된 접근방법이 없다면, 모든 인간은 특정 인지 편향과 에러로 인해서 주관적이 된다. 그러한 편견과 에러가 관리자에 어떻게 영향을 미치는 가에 대한 훌륭한 검토가 다음의 연구에 있다(M. Bazerman and D. Moore, 《Judgment in Managerial Decision Making》, 7th ed., John Wiley and Sons, 2008).
06 루스의 내재적 동기부여는 그녀 평균에 비해 1.62 표준편차 만큼 높았다.
07 이러한 혜택은 직장생활의 내면상태를 확대시켰다. Rob Cross는 동료가 힘이 나게 만드는 사람들은 보다 높은 성과평과 결과를 받는 경향이 있다(R. Cross and A. Parker, 《The Hidden Power of Social Networks: Understanding How Work Really Gets Done in Organizations》, Harvard Business School Press, 2004).
08 5월 20일, 마샤의 기분은 그녀 평균에 비해 2.13 표준편차만큼 낮았다. 5월 21일에는 그녀 평균보다 0.43 표준편차만큼 낮았다.

9

자신의 직장생활의 내면상태 돌보기

Tending Your Own Inner Work Life
자신의 직장생활의 내면상태 돌보기

지금까지 직장에서 일어나는 사건들이 직장생활의 내면상태에 어떤 영향을 주는지를 집중적으로 살펴보았다. 이제 여러분도 구체적인 사건들이 직장생활의 내면상태에 어떤 영향을 미치는지, 직장생활의 내면상태가 업무 성과에 어떤 영향을 미치는지 이해했을 것이다. 모든 사람들이 직장생활의 내면상태를 경험하기 때문에 지금까지 살펴본 원칙들은 모든 조직의 구성원에게 적용된다. 당신도 예외는 아니다. 관리자는 부하직원들이 매일 전진을 이루고 그들의 내면상태를 돌봐주어야 하지만 그렇다고 자신의 내면상태를 소홀히 해서는 안 된다. 관리자들 역시 본인이 경험하는 직장생활의 내면상태가 긍정적이고 활기를 띨수록 맡은 일을 잘할 수 있다.

2000년부터 2009년까지 제록스Xerox를 이끌었던 앤 멀케이Ann Mulcahy는 자기 밑에서 일하는 5만 명의 구성원은 물론 자신이 경험하는 직장생활의 내면상태 역시 잘 돌봐야 한다는 사실을 이해하고 있었다. 멀케이는 기업의 운명을 바꿔놓은 가장 위대한 CEO 중 한 사람으로 꼽힌다. 멀케이는 1976년, 제록스 영업사원으로 입사해 영업부 대표까지 승진했지만 CEO 자리를 제안 받았을 때 그녀는 물론 재계 전체가 깜짝 놀랐다.

당시 제록스는 혼란 그 자체였다. 제록스의 순익과 업계 내 시장 점유율은 오래전부터 감소하고 있었으며 한 분기 동안 2,530억 원의 손실을 입었다. 부채는 1조 8,000억 원이었고 계좌는 텅 비어 있었으며, 채권은 하향조정됐다. 게다가 미국증권거래위원회(SEC)의 조사를 받고 있었으며 1999년에 68달러였던 주가는 2000년 10월에는 6달러 88센트까지 하락했다. 2000년 10월 23일에 열린 회의에서 외부 자문단은 파산 신청을 할 것을 권고했다.

그러나 멀케이는 자문단의 권고를 거절했다. 거절의 주된 이유가 무엇이었을까? 바로 파산 신청이 구성원들에게 줄 충격 때문이었다.

"이해를 못하시는군요. 이 회사의 구성원이라는 게 어떤 의미인지 모르고 계세요. 맞서 싸우고, 앞으로 나아가 승리해야 합니다. 파산은 승리를 가져올 수 없어요. 어쩔 생각이냐고요? 방법이 전혀 없다고 판단될 때까지는 절대로 파산 신청을 하지 않을 겁니다. 아직 시도해 볼 방법은 많이 남아 있습니다." 나는 성공하기 위해서는 한없는 열정과 투지가 필요하다는 것을 알고 있는 사람들이 파산 신청이 구성원들에게 미칠 영향을 알지 못한다는 사실에 화가 났다. 그래서 난 이렇게 말했다. "우리가 우리를 위해서 해야 하는 것은 이 전쟁에서 우리가 충분히 승리할 수 있다는 것을 믿는 것입니다."[1]

멀케이가 옳았다. 제록스가 파산 신청을 하면 구성원들의 의욕이 사라질 것이 뻔했다. 회사를 재기시킬 수 있는 건 그들의 무한한 열정뿐이라는 멀케이의 신념 덕에 제록스는 4년간의 고된 과정을 이겨내고 다시 성공할 수 있었다.

멀케이는 제록스 구성원들뿐만 아니라 자신이 경험하는 직장생활의 내면상태에도 주의를 기울였다. 그녀는 매일 업무를 마무리하며 그날 있었던 사건들과 자신이 한 일들을 되새겨보았다. 그날 실망스럽고 어려운 사건이 벌어졌거나, 자신이 성취한 일이 매우 적었어도 멀케이는 자신이 무언가를 성취 '해냈다'는 사실에 집중하며 만족해했다. 제록스를 회생시키기 위해 그날 하루도 최선을 다했다는 자신감이 생기면 다음 날을 맞이할 힘이 생겼다.

> 가장 힘든 시기임에도 불구하고 푹 자고 일어나면 다시 전력을 다해 일할 수 있었다. […] 나는 매일 그렇게 생각하며 잠자리에 든다. 그날 있었던 일을 되돌아봤을 때, 다른 방식으로 대처했어야만 했다는 아쉬움이 남는 일이 하나도 없다면 걱정을 내려놓고 내일을 위해 푹 자야 한다.[2]

CEO든 작은 팀의 관리자든 앤 멀케이처럼 하면 된다. 경영자가 어떻게 행동하느냐가 일상의 인식, 감정, 동기부여에 타격을 줄 수 있다. 팀장들이 제출한 일기를 분석할 때마다 이 사실을 반복해서 관찰할 수 있었다.[3] 대부분의 관리자들은 누군가로부터 보고를 받는 상사인 반면 누군가에게는 보고를 올리는 부하직원이다(CEO도 이사회의 부름에 응해야 한다). 우리가 조사한 팀장들 역시 마찬가지였다. 팀과 프로젝트를 관리하는 책임을 지고 있는 팀장들은 팀원들보다 조금 더 많은 영향력을 가지고 있었다. 그들은 더 높은 위치에 있는 관리자들의 요구를 만족시키는 동시에 팀원들이 필요로 하는 정보, 도움과 자원을 제공해야 했으며 회사 내 다른 사람들과 고객들에게 자신의 팀이 수행하는 업무를 알리는 데 챔피언이 되어야만 한다.

도메인 팀의 공급망 관리자인 마이클의 사례는 여러 문제로 압박을 받는 관리자의 딜레마를 아주 잘 보여준다. 팀이 제품 생산을 의뢰한 위탁 제조업체가 주문 물량을 제대로 생산해 내지 못해서 주요 고객이 긴급하게 주문한 스프레이 제트 대걸레 생산이 지연될 위기에 처했다. 8월 2일, 마이클은 일기에 이렇게 기록했다. "[…] 두 번째로 제품을 많이 구매한 고객사에게 광고 날짜에 맞춰 물품을 선적하지 못할 것 같다는 말을 전해야 했다." 그리고 4일 후, 똑같은 상황이 다시 한 번 반복됐다. 그러자 카펜터의 담당 임원들은 마이클을 크게 나무랐고, 마이클은 팀원들을 심하게 질책했다.

사건은 […] 끝나지 않고 […] 위탁 제조업체로부터 대걸레의 포장 상자가 부족하다는 연락이 왔다. 금요일 현재, 우리는 두 번째로 중요한 고객에게 3만 원짜리 대걸레 1,500개를 보내기 위해 항공화물비로 280만 원을 지출했다. 이대로라면 남은 2,800개의 물량도 항공편으로 보내야 할 가능성이 크다. [나는] 친절한 공급망 관리자에서 검은 복면을 쓴 사형 집행인으로 돌변했다. 이제 막다른 골목에 다다랐기 때문에 좋은 말로 일을 해결하려고 노력할 여유가 없다. 또다시 비싼 항공화물비를 지출할 수는 없기 때문에 싸워서라도 제품을 긴급히 생산하도록 다그쳐야 한다. 부사장들이 공격할 기회를 엿보는 독수리처럼 힘없는 우리의 머리 위에서 빙빙 돌고 있다. 희생제물을 찾는 것이다. [마이클, 8/6]

팀장들이 경험하는 직장생활의 내면상태는 사실 거의 모든 면에서 팀원들과 거의 비슷하다. 팀원들과 마찬가지로 팀장들도 전진과 관련된 사건을 겪게 되면 긍정적인 직장생활의 내면상태를 경험할 가능성이 높아졌다. 하지만 이 전진과 관련된 사건은 팀장 자신보다는 '부하직원들'(팀)이 이루어낸 전진과 관련되어 있다는 사실은 매우 흥미로웠다.

여기서 얻을 수 있는 교훈은 무엇일까? 바로 관리자가 자신이 경험하는 직장생활의 내면상태를 향상시키려면 구성원들이 매일 전진을 이루도록 촉진제와 영양분을 제공하고 억제제와 독극물의 영향을 최대한 완화해 줘야 한다는 것이다. 그래야만 관리자도 관리 업무에서 전진을 경험하고, 긍정적 전진 순환고리를 만들 수 있다.

중간과 하위 관리자들은 종종 부하직원들을 관리하는 일 때문에 시간이 낭비돼 자신들의 '진짜' 업무인 엔지니어링, 마케팅, 제품 개발 등을 하는 데 불편을 겪는다고 얘기한다. 당신도 그렇게 느낄지 모른다. 만약 그렇다면 인식을 바꿀 필요가 있다. 부하직원을 관리하는 일이 중요하다는 것을 받아들이면 '관리 업무에서 의미를 찾고 직장생활의 내면상태를 향상시킬 수' 있다. 현대사회에는 효과적이고 안정적인 경영지원을 받지 않고 할 수 있는 일이 많지 않다. 부하직원들을 지원해 주는 일을 자신의 사명으로 받아들인다면 조직과 고객 모두에게 큰 도움을 줄 수 있다. 부하직원들을 잘 지원해 주면 그들의 인식, 감정, 동기부여에 변화를 일으켜 직장생활의 내면상태를 향상시킬 수 있다.

이와 동시에 자신이 경험하는 직장생활의 내면상태를 활기차게 해줄 수 있는 다음 단계로 나갈 수 있다. 앤 멀케이가 매일 실천한 습관(8장에서 언급한 체크리스트와 비슷한)을 따라 할 경우 자신이 맡은 업무에 대한 흥미를 유지하는 데 얼마나 도움이 될지 생각해 보라(《웰빙을 위해서 일기 쓰기》를 참고하라). 관리자든 아니든 그날 있었던 사건들을 정기적으로 검토하는 습관은 당신은 물론 동료들이 만족스런 직장생활의 내면상태를 유지하거나 나쁜 직장생활을 개선시키는 데 도움을 준다. 직장에서의 일과를 마무리하기 전에 최대 5분만 할애한다면 놀라운 효과를 얻을 수 있다.

연구 참여자들은 우리에게 직장에서 일어난 사건들을 되돌아보는 것이 제공하는 가치를 알려줬다. 연구가 끝날 무렵, 우리는 참여자들에게 연구에 참여한 경험이 자신에게 어떤 영향을 미쳤는지 물어보았다. 다수가 연구에서 배운 점이 많다고 답했다. 대부분은 '오늘의 사건'을 작성하면서 통찰력을 얻었으며 이 점이 매일 '일기'를 제출하게 만드는 동기가 되었다고 응답했다. 또한 많은 이들이 우리가 연구를 종료하고 얼마 지나지 않아 각자에게 발송한 시간 순으로 정리된 일기를 보고 '아하'의 순간을 경험했다고 전했다. 구성원들이 팀이나 조직에 대해 새로운 사실을 알게 된 경우도 많았지만 전반적으로 봤을 때 자신에 대한 통찰력을 가지게 된 경우가 가장 많았다.[4]

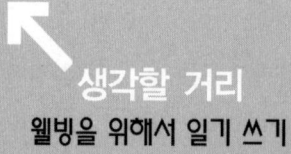

생각할 거리
웰빙을 위해서 일기 쓰기

만약 당신이 일기를 계속 써왔거나 그날 있었던 특별한 사건을 간단히 기록해 본 적이 있다면 이 습관이 지닌 영향력이 얼마나 대단한지 느꼈을지도 모른다. 15년에 걸친 조사 끝에 심리학자들은 살면서 벌어진 사건들에 대해 정기적으로 기록하는 습관은 다양한 상황에 놓인 사람들에게 도움을 줄 수 있다는 사실을 밝혀냈다.[a] 한 실험에서 자신이 상상하는 '가장 멋진 자기 모습'을 간단하게라도 4일 연속으로 기록한 사람들이 그러지 않은 사람들에 비해 행복도가 훨씬 높다는 사실을 알아냈다.[b] 다른 실험에서는 인생에서 겪은 충격적이거나 고통스러운 사건에 대해 글을 썼을 경우 면역기능이 강화되고, 신체가 건강해지며, 대학 생활에도 더 잘 적응하고, 행복감도 증진하며, 실직한 후에도 재취업이 빨라진다는 결과가 나왔다.[c]

신체가 건강하면 스트레스가 줄어들고 업무 능력이 향상된다는 사실을 인식한 후 많은 관리자들이 구성원들에게 헬스클럽 이용권이나 요가 수업을 제공하고 있다. 그런데 이 연구 결과에 따르면 일기 쓰기 세미나도 구성원들이 경험하는 직장생활의 내면상태와 업무 능력을 향상시키는 데 도움이 될 듯하다.

a. J. W. Pennebaker and S. Beall, "Confronting a Traumatic Event: Toward an Understanding of Inhibition and Disease", 《Journal of Abnomal Psychology》 95 (1986): 272~281.
b. L. A. King, "The Health Benefits of Writing About Life Goals", 《Personality and Social Psychology Bulletin》 27 (2001): 798~807.
c. J. M. Smyth, "Written Emotional Expression: Effect Sizes, Out Come Types, and Moderating Variables", 《Journal of Consulting and Clinical Psychology》 66 (1998): 174~184.

참가자들이 자신에 대해 알게 된 점은 무엇일까? 어떤 이들은 그날 있었던 사건들을 되새겨보고 일기에 기록함으로써 자신들이 프로젝트와 관련해 경험한 성취, 실패, 기여한 바를 계속 염두에 둘 수 있었다고 대답했다. 다른 이들은 일기 덕분에 업무 목표를 잊지 않게 됐으며 목표를 좀 더 확실하게 달성할 수 있는 방법에 대한 통찰력을 가질 수 있었다고 답했다. 또 어떤 이들은 회사에서 어떤 일이 왜 일어났는지에 대해 더 잘 알게 되었다고 말했다. 일하는 동안 회사에서 예상치 못했던 사건이 발생하면 사람들은 무의식에 깔려 있는 자신만의 사고방식을 통해서 사건을 이해하려고 한다. 하지만 일기를 쓰면 사건을 있는 그대로 이해하고, 더 발전적인 방향으로 나아가는 데 활용할 수 있다.

조사 대상들은 자신이 팀원들과 팀의 전반적인 업무 수행 능력에 영향을 줄 수 있는 방법과 대인관계에 문제가 발생할 때의 대처 방법 그리고 직장 내 개인적 상호작용을 증진시키는 방법도 알게 됐다. 또한 여러 사건들이 업무에 어떤 영향을 주는지를 알게 됐고 자신들의 업무 방식과 강점 등에 대한 정보도 얻었다. 이들은 가끔 이번 연구를 통해 얻은 통찰력 덕에 자신의 행동에 어떤 변화가 생겼는지를 우리에게 알려주기도 했다. 한 사람은 후속 설문조사에 이렇게 기록했다. "내가 쓴 일기는 부정적인 내용이 많았는데 지금 생각해 보면 굳이 그럴 필요가 없었던 것 같다. 이제는 좀 더 긍정적인 마음가짐으로 프로젝트에 접근하려 노력하고 있다."

일일 점검을 위한 지침

앞서 제시한 조사 결과(〈일기 작성 지침〉에 내용이 요약돼 있다)와 연구 참여자들로부터 받은 피드백을 바탕으로 매일의 사건을 점검할 때 활용할 수 있는 지침을 제시하겠다. 전반적으로 좋은 하루를 보냈다면 그 이유를 생각해 보고, 만족감을 누린다. 단지 자신이 혹은 팀이 얻어낸 성취감을 즐기면 된다. 하지만 형편없는 하루를 보냈다고 해서 그냥 기억에서 지워버려서는 안 된다. 그날 기분이 엉망이었다 하더라도 몇 분 정도 시간을 내 자신이나 동료들이 이뤄낸 전진이 '하나라도' 있는지 떠올려봐야 한다. 성취한 일을 찾아내면 자신이 해낸 일에 스스로도 깜짝 놀랄 것이다. 일에서 좌절을 겪은 날은 그 이유를 생각해 본다. 만약 좌절을 겪은 이유가 일이 기술적으로 복잡하기 때문이라면 낙담하는 대신 문제를 해결하는 데 도움이 될 후속 계획을 세우면 된다. 그리고 기계적으로 반복되는 지루한 일에 비해 도전의식을 불러일으키는 업무가 가진 장점을 인식한다. 좌절에서 얻은 교훈을 전진에서 얻을 수 있는 가치 있는 부분으로 여기면 된다.

 모두를 위한 팁

일기 작성 지침

일기를 쓰기에 앞서 매일 일과를 마무리하며 다음의 질문들에 대해서 답을 해 본다.

- 업무 중 있었던 일 중 가장 기억에 남는 사건은 무엇이며, 그 사건이 직장생활의 내면상태에 어떤 영향을 미쳤는가?
- 오늘 내가 달성한 성과는 무엇이며, 이 성과가 내가 경험한 직장생활의 내면상태에 어떤 영향을 미쳤는가?
- 오늘 나나 내 업무에 도움을 준 영양분과 촉진제는 무엇인가? 이를 내일까지 유지할 방법은 무엇일까?
- 내일 중요한 일에서 성과를 내기 위해서 할 수 있는 일들 중에서 한 가지만 고른다면?
- 오늘 내가 겪은 좌절은 무엇이며 이 좌절이 직장생활의 내면상태에 어떤 영향을 미쳤는가? 그리고 좌절로부터 얻을 수 있는 교훈은 무엇인가?
- 오늘 나나 내 업무에 영향을 준 독극물이나 억제제는 무엇인가? 내일 이들을 약하게 하거나 피할 수 있는 방법은 무엇일까?
- 오늘 나는 동료들이 경험하는 직장생활의 내면상태에 긍정적인 영향을 주었는가? 내일 동료들에게 긍정적인 영향을 주려면 어떻게 해야 할까?

우리가 제시한 지침을 따르면 자신이 동료의 전진이나 직장생활의 내면상태에 긍정적인 영향을 주었는지의 여부를 알 수 있고 동료들을 더 효과적으로 도울 수 있는 방법도 생각해 낼 수 있다. 이 지침을 따를 것을 권하는 이유는 단지 '친절한' 동료가 되기 위해서가 아니다. 구성원 모두가 의사소통, 협력, 배려 등의 기업문화를 형성하는 데 기여하기 때문이다. 구성원들의 업무수행을 돕고 자존감을 높여주는 문화가 성립된다면 구성원 모두가 혜택을 누릴 수 있게 된다.

질문이나 형식은 자신에게 가장 유용한 형태로 조금씩 수정해 나가면 된다. 예를 들어, 만일 원한다면 매일 직장생활의 내면상태에 대한 일부 요소들에 대해 점수를 매기고 매주 혹은 매달 그래프나 표로 작성할 수도 있다. 시중에 나와 있는 다양한 일기 소프트웨어 프로그램 중에는 숫자 등급을 이용할 수 있는 제품들도 있다. 일부에는 자동 알람 기능이 들어 있기도 하다. 효과를 보려면 규칙적으로 작성하는 데 좀 더 관심을 기울여야 한다.

일기를 작성했다면 매월 말, 스스로에게 질문을 던져본다. 이번 한 달 동안 일기에서 특정한 경향이 있었는가? 그것은 무엇을 시사하는가? 일기에서 파악된 경향이 마음에 안 들 수도 있다. 만약 일기에 좋았던 날보다 나빴던 날들이 더 많이 기록돼 있다면 이런 결과가 나타난 근본 원인을 찾아본다. 직접 해결할 수 있는 원인이라면 후속조치 계획을 세워 실천한다. 원인을 해결하기 위해서 동료나 상사, 혹은 인사부장과 대화를 나누어야 할 경우도 있을 것이고, 업무에 접근하거나 팀원들과 교류하는 방식을 바꿔야 할 수도 있다. 여러 방법이 다 실패하면 새로운 업무를 맡거나 새로운 팀이나 새로운 부서로 이동해야 할 수도 있으며 어쩌면 이직을 해야 할 수도 있다.

그날의 특징적인 사건들을 되돌아보는 데 5분밖에 걸리지 않는다고 해도 나름의 규칙은 필요하다. 일기를 실제로 작성할 때(종이에 쓰든 컴퓨터로 작성하든) 규칙을 지키기가 더 쉬워진다. 하루를 되돌아볼 때는 직장생활의 내면상태뿐 아니라 실제로 벌어진 사건들에도 주의를 기울여야 한다. 매일 일기를 작성하면 놓치기 쉬운 일들도 기억할 수 있고, 후속조치 계획도 더 쉽게 세울 수 있으며, 다음 날 벌어질 사건들을 통제할 수 있는 능력도 커진다. 이 규칙만 잘 지키면 당신은 더 나은 관리자이자 조직에 더 많이 기여하는 구성원, 그리고 더 많은 성과를 내는 전문가가 될 수 있다.

우리가 어떻게 이렇게 단언할 수 있을까? 바로 우리의 일기 연구에 협조했던 멋진 참여자들의 반응 때문이다. 조사에 참여했던 팀원들은 조사가 끝나자 우리에게 고마움을 표했다. 우리도 처음에는 굉장히 의아했다. 고맙다고? 우리가? 몇 주, 심지어는 몇 달 동안이나 매일 일과가 끝나면 일기를 작성해 제출하라고 요구(가끔은 귀찮게 잔소리까지 하면서)했는데? 의아하게 느껴질 수도 있겠지만 조사에 참여한 많은 이들은 매일 일기를 작성하는 일이 조금 귀찮기는 했지만 그래도 하기를 잘했다는 생각이 든다고 말했다.

그들이 한 말을 몇 가지만 소개하겠다.

그날 있었던 모든 일을 생생하게 기억하고 있을 때, 설문지에 응답하면서 많은 도움을 받았어요. 특히 일과를 마무리하며 일기를 기록하는 게 습관이 되고 난 후에는 더 큰 도움을 얻었죠. 일기를 작성하면서 그날 일어난 일과 내가 달성한 성과들, 팀의 업무, 나의 감정 상태를 되돌아볼 수 있었어요. 정신없이 일을 하다 보면 자신을 돌아볼 시간이 부족한데 일기를 작성하는 게 많은 도움이 됐어요. 정말 감사해요.

[매일 일기를 쓰는 일]이 좀 귀찮기는 했지만 덕분에 하루를 돌이켜보고 그날 한 행동들을 되돌아볼 수 있었어요. 제 행동의

변화가 우리 팀을 더 일하기 좋은 팀으로 만드는 데 도움을 줬다면 좋겠네요. 조사가 끝나다니 아쉬워요. […] 긍정적인 성과를 얻게 해줘서 고마워요.

마지막에 우리 마음을 훈훈하게 만들어준 일기를 제출한 팀장도 있었다. 7개월간 매일 일기를 작성했던 그 팀장은 이런 글을 남겼다.

이제 조사가 끝났다니 아쉽네요. 조사 기간 동안 억지로라도 앉아서 그날 있었던 일들을 되새겨볼 수가 있었습니다. 매일 일기를 작성하면서 팀원들과 교류하고, 그들의 사기를 높일 수 있는 방법에 대해 파악하는 데 큰 도움을 얻었죠. 내가 더 나은 사람이 되도록 도와주셔서 고맙습니다.

감사한 사람은 오히려 참가자들이 제출해 준 일기 덕에 새로운 깨달음을 얻은 '우리'이다. 뉴폴리 팀과의 워크숍을 마무리할 때 그래험과 대화를 나눌 기회가 있었다. 그래험은 팀원들이 업무를 순조롭게 처리하고 앞으로 나아갈 수 있도록 돕고 프로젝트가 성공하면 함께 기쁨을 나누는 데서 일의 의미를 찾는다며 자신은 그것이 진정한 경영이라고 생각한다고 말했다. 우리가 이번 연구로 직장생활의 내면상태에 대해 이해한 통찰력을 바탕으로 생각해 보면 그래험의 말에 전적으로 동의할 수밖에 없다.

우리는 사람들의 삶을 향상시키는 기업만이 계속해서 존재할 수 있다고 생각한다. 사람들의 삶을 향상시키려면 기업은 고객에게 좋은 품질의 제품과 서비스를 제공해야 한다. 그리고 경영진은 회사에서 일하는 구성원들이 고객과 지역사회 그리고 자신들에게 진정으로 가치를 갖는 업무에서 성공을 거둘 수 있도록 도움으로써 이들의 삶을 윤택하게 만들어야 한다.

Notes

01 W. George and A. N. McLean, "Anne Mulcathy: Leading Xerox Through the Perfect Storm", Case 9-405-050, Harvard Business School, 2005, 11.
02 W. George and A. N. McLean, "Anne Mulcathy: Leading Xerox Through the Perfect Storm", Case 9-405-050, Harvard Business School, 2005, 10.
03 팀리더 연구를 위해서 정성분석방법을 사용했다. 연구 대상이었던 7개 기업에서 각기 1개 팀 리더에 초점을 두었다. 전체 10개 팀의 13명의 팀 리더 일기를 분석했다.
04 그들이 무엇을 이 연구로부터 얻었는가란 서술형 질문에 참가의 33%가 자신에 대한 지식을 얻었다고 기록했다.

부록 : 연구 개요

Appendix : About the Research
부록 : 연구 개요

부록에서는 이 책을 쓰는 데 바탕이 된 연구가 진행된 과정을 설명하겠다. 자세한 연구 기법들은 제외하고 우리의 일기 연구에 참여한 기업, 팀, 구성원들의 특성(단, 그들의 익명성을 보장하기 위해 주요 정보는 가명을 사용함), 데이터의 수집 방법, 데이터를 분석하기 위해 사용한 접근법, 결론을 도출할 수 있는 기반을 마련해준 연구들을 정리하였다.[1]

연구 목적, 참여자, 그리고 익명성 보장

우리가 처음에 이 연구를 기획한 목적은 조직 내에서 직장생활의 내면상태에 영향을 주는 요인들과 직장생활의 내면상태가 조직 성과에 미치는 영향을 알아보기 위해서였다. 현실적이고 철저하게 연구를 진행하기 위해 이전 연구 방식들과 달리 현재 조직에서 근무하고 있는 사람들을 대상으로 조사하기로 결정했다. 서로 다른 프로젝트 팀에 소속되어 있는 다수의 사람들을 연구한 결과 매일 일어나는 사건들이 직장생활의 내면상태에 어떻게 영향을 미치고, 직장생활의 내면상태가 업무 성과에 어떤 영향을 주는지 밝힐 수 있었다.[2]

〈표 A-1〉 참여 기업
기업이 연구에 참여하기 시작했을 당시의 데이터

기업 명칭(가명)	산업	연령대[a]	연매출[b]	구성원수[c]	참여 팀수
호텔데이터 합작회사[d]	하이테크	젊음	소	중	1
VH 네트웍스	하이테크	젊음	소	중	4
에드겔 이미징	하이테크	중년	소	소	4
카펜터 주식회사	소비재	고령	중	대	4
라펠	하이테크	중년	대	중	4
오레일리 코티드 머티리얼즈	화학	고령	중	대	4
크루거-번 케미칼	화학	고령	대	대	5

주석:
a. 연구 시작 당시 기업 연령: 젊음=18개월~5년, 중년=10년~45년, 고령=65년~85년
b. 연매출: 하=5억 달러 미만, 중=20억~40억 달러, 대=150억~250억 달러
c. 구성원 수: 하=1천 명 미만, 중=2천~6천 명, 대=1만 3천~4만 5천 명
d. 호텔데이터 합작회사는 드림스위트 호텔 자회사

우리는 연구 결과를 일반화시키기 위해서 기업이나 학계에 몸담고 있는 친구와 동료들의 도움을 받아 다양한 업계에 속해 있는 다양한 규모와 연령대의 기업에 소속된 여러 팀을 연구 대상 후보로 선정했다.[3] 우리가 정한 연구 대상의 조건은 팀원 전체, 혹은 대부분이 팀의 담당 업무를 수행하는 데 대부분의 시간을 보내고, 업무 시 팀원

들끼리 협조하고, 새롭고 유용한 아이디어나 제품 혹은 프로세스를 만들어내는 창의적인 업무를 수행해야 한다는 것이었다. 연락을 취한 기업의 절반 정도가 이 조건을 만족시켰다. 〈표 A-1〉은 우리의 연구에 참여한 7개 기업에 대한 데이터이다.[4]

복잡한 환경 속에서 쉽게 파악하기 힘든 직장생활의 내면상태와 이에 영향을 주는 사건들을 탐구하기 위해서는 조사 대상자들 각자가 매일 제출하는 일기(일일 설문지, daily questionnaire)를 거짓 없이 솔직하게 작성해줘야만 했다. 이는 곧 조사 대상자들은 자발적으로 조사에 참여하고 우리는 조사 내용을 철저히 비밀로 해야 한다는 뜻이었다. 우리는 조사에 참여할 팀들을 모집할 때, 연구의 목적이 '프로젝트에서 더 바람직한 결과를 얻을 수 있도록 관리자와 팀이 취해야 할 근본적인 방법을 알아내기 위한 것'임을 밝혔다. 그리고 만약 연구에 참여하게 된다면 각자가 하게 될 일들을 설명하고, 팀원 전체 혹은 대부분이 참여 의사가 있는 경우에만 참여가 가능하며 결정은 팀원들의 몫이라고 강조했다(상위 관리자에게는 팀이 참여여부를 결정하는 과정에서 그 어떤 영향력도 행사하지 말 것을 미리 부탁해 두었다).

뿐만 아니라 팀원들이 작성한 설문지는 하버드에 있는 우리에게 직접 전송했으며, 수집된 데이터를 책이나 연구보고서에 활용할 때는 개인, 팀, 프로젝트, 기업과 관련된 모든 정보를 익명으로 처리하겠다고 약속했다. 그리고 연구에 참여할지 며칠 동안 고민할 시간을 줬다. 후보 팀의 절반 정도가 연구에 참여하기로 결정했다. 우리는 그들이 원한다면 언제든 나머지 팀원들이 모르게 중간에 하차할 수 있다는 점도 알렸다(실제로 몇 명은 중도하차했다). 연구에 참여한 모든 팀에는 팀장이 존재했는데 그 중 5개의 팀은 팀장이 두 명이었다. 팀장들은 모두 연구에 참여했다. 우리가 별도로 언급한 팀장들을 제외하고는 연구 결과를 분석할 때, 팀장들도 다른 팀원들과 똑같이 '조사 대상'으로 다루었다. 〈표 A-2〉에 참여 팀들의 데이터가 제시돼 있다.

최종적으로 연구에 참여한 구성원 238명 가운데 182명은 남성이었고(77퍼센트), 56명은 여성이었다. 연구 대상들의 연령은 22세에서 68세까지 다양했으며 평균 38.2세(표준 편차 = 10.2년)였다. 연구에 참여하기 시작할 당시 조사 대상들의 재직 기간은 2주에서 36년으로 다양했으며 평균은 7.7년(표준 편차 = 8.9년)이었다. 전반적으로 학력이 높았으며 연구 대상의 82퍼센트는 대학을 졸업했고, 그 중 다수는 석사 이상의 학위를 갖고 있었다. 참여 팀 대부분은 중요한 프로젝트를 진행 중이거나 시작 단계에 있었다. 각 팀이 우리의 연구에 참여한 기간은 9주에서 38주로 평균 19주였다

〈표 A-2〉 참여 팀

팀이 연구에 참여하기 시작했을 당시의 데이터

기업 명칭(가명)	팀명(가칭)	조사기간(주)	팀규모*	성별구성	구성원 연령대(평균)
호텔데이터 합작 회사[d]	인포스위트	17	9	4M/5F	31~63(41)
VH 네트웍스	데이라이드	9	6	6M	27~32(29)
	픽셀	9	13	11M/2F	23~30(26)
	햄프톤	14	8	8M	25~40(30)
	마이크로	13	17	12M/4F/1NA	27~32(29)
에드겔 이미징	아카이브	13	5	3M/2F	39~58(46)

부록 : 연구 개요 **327**

기업 명칭(가명)	팀명(가칭)	조사기간㈜	팀규모*	성별구성	구성원 연령대(평균)
카펜터 주식회사	포커스	17	8	7M/1F	32~68(45)
	벨류	20	6	5M/1F	31~44(35)
	북텍스트	24	5	4M/1F	42~67(48)
	장비	17	13	9M/4F	27~54(39)
	도메인	17	14	10M/4F	22~55(36)
	파워	17	17	13M/4F	25~61(36)
	칼라	117	22	19M/3F	23~49(35)
라펠	미션	13	11	7M/4F	25~45(35)
	프로스펙트	8	15	10M/5F	28~48(36)
	SPF	16	17	10M/6F/1NA	24~50(40)
	모이스쳐	16	12	7M/5F	27~53(36)
오레일리 코티드 머티리얼즈	방패	20	4	3M/1F	23~63(46)
	비젼	30	4	4M	26~38(35)
	플랙스	28	5	4M/1F	25~64(43)
	텐트	16	10	9M/1F	26~52(41)
크루거-번 케미칼	뉴폴리	37	5	5M	37~61(51)
	실란트	20	14	11M/3F	26~58(45)
	얼라이언스	11	3	2M/1F	44~48(46)
	냉각제	10	7	6M/1F	30~57(42)
	표면	28	11	11M	41~57(47)

* 팀원 숫자를 나타내며 조사에 팀원 일부만 참여한 팀들도 있었다. 팀 참여율은 68퍼센트에서 100퍼센트로 평균은 92퍼센트였다. 팀 규모가 5명 이하인 팀들은 팀원 전체가 조사에 참여했다.

우리는 연구 참여자의 정보를 익명화시킬 때, 그들이 제공한 정보의 정확성을 해치지 않는 범위에서 개인, 팀, 기업의 사생활을 보호할 수 있도록 했다. 신원에 대한 정보를 숨긴 목적은 외부 사람들이 연구에 참여한 기업이 어디인지 알 수 없게 하고, 기업 내 다른 팀들이 연구에 참여한 팀이 어디인지 모르게 하며, 연구에 참여하지 않았다면 다른 팀원들에게 알려지지 않았을 각자의 사적인 정보를 보호하기 위해서이다. 이 외에는 우리가 수집한 데이터나 연구방법, 연구 결과에 대한 근본적인 내용은 전혀 수정되지 않았다. 기업이 속해 있는 산업군은 그대로 밝혔지만 제품이나 서비스, 고객, 위치는 완전히 바꾸었다. 또한 기업의 정체가 드러날 수 있는 수치들(기업 연령, 매출, 이익률, 수상 횟수, 구성원 수 등)은 현실을 왜곡하지 않는 선에서 변경했다.
　연구 참여자의 성별이나 맡은 업무, 인구통계 관련 정보(학력, 성격, 인지 방식, 혹은 특허 개수 등)는 바꾸지 않았다. 대신 이름은 전부 민족성이 드러나지 않게 직위는 일반적인 명칭으로 바꾸었으며, 나이나 재직 기간은 약간씩만(실제보다 몇 년 정도 적게) 변경했다. 또한 신원이 드러날 수도 있는 개인적인 정보(가족이 사망했다거나 임신 중이라는 정보 등)는 감췄다. 이름은 전부 가명으로 처리했으며 독자들이 관리자를 빨리 식별할 수 있도록 팀장급 이상 관리자들의 경우에는 성과 이름 모두를 사용했고, 그외 팀원들은 모두 이름만 사용했다. 특정 기간은 원래대로 유지했지만 구체적인 날짜들은 모두 비밀로 했다. 몇 년에 걸쳐 데이터를 수집했는지 확실히 밝힐 생각은 없지만 26개의 팀이 동시에 연구에 참여하지는 않았으며 이 책에 제시된 전체 데이터는 14년에 걸쳐 수집됐다는 사실만 밝혀둔다.

데이터

우리는 연구 전반에 걸쳐 진행된 설문조사와 관찰 그리고 대화를 통해 결론을 도출했다. 결론을 내는 데 가장 큰 도움을 준 조사방법은 매일 조사 대상들이 이메일로 전송한 일기 형식의 설문지였다.

1) 일일 설문지 Daily questionnaire

팀이 조사에 참여하기로 결정하면, 며칠 내로 이 책의 저자인 테레사 애머빌이 팀원들을 한자리에 모아놓고 연구 참여자들이 받게 될 일기 형식의 '일일 설문지' 작성 방법을 교육했다(숙련된 연구원이 모임을 진행하고 애머빌은 컨퍼런스 콜 형태로 참석한 기업도 하나 있었다). 교육을 진행할 때는 '오늘의 사건'에 무슨 일이 있었으며, 누가 관련돼 있었는지 상세하게 기록해야 한다는 점을 강조했다. 우리는 조사 대상들에게 프로젝트나 업무와 관련된 일이라면 종류에 상관없이 그날 있었던 사건 중 가장 기억에 남는 내용을 기록해달라고 당부했다. 애머빌은 팀원들이 궁금해 하는 내용들에 답변을 해주고, 연습 삼아 제출한 일기를 보고 피드백을 주었다. 애머빌은 조사 대상들에게 독자적인 시각으로 사건을 서술할 수 있도록 조사가 완전히 끝나기 전까지는 같은 회사 구성원들과 설문지에 어떤 응답을 했는지 의논하지 말 것을 요구했다.

일일 설문지는 조사 대상들을 귀찮게 하지는 않으면서도 응답자가 경험하는 직장생활의 내면상태에 있었던 변화와 매일 직장에서 발생하는 사건들의 흐름을 자세히 파악할 수 있게 한 조사방법이었다. 뿐만 아니라 설문지를 보면 기록된 사건을 응답자들이 어떻게 이해했으며, 어떤 감정을 느꼈고, 동기부여 수준은 어떻게 변했는지 구체적으로 확인할 수 있었다. 우리는 일일 설문지를 통해 구성원들의 일상적의 업무 행동work behavior도 파악했다.[5]

우리는 연구 참여자들에게 일일 설문지(월요일부터 금요일까지 매일 낮 12시이전에 이메일로 전달되는)를 매일 일과를 마무리할 때나 다음 날 아침 일찍까지 작성해 보내달라고 요청했다. 출장 중이거나 특별한 상황에 처한 경우 설문지를 종이에 작성해 보내도 된다고 얘기해뒀지만 종이로 제출한 비율은 굉장히 작았다. 대부분은 퇴근 전에 설문지를 제출했다.

연구 기간 동안 참여자들이 제출한 일일 설문지는 11,637건에 달했다. 사람마다 응답률이 16퍼센트에서 100퍼센트까지 달랐지만 평균 응답률은 75퍼센트였다.[6] 정량 분석을 실시할 때는 무성의하게 응답한 설문지는 조사에서 제외시켰다. 대부분은 일일 설문지를 작성하는 데 시간이 10분 정도 걸렸으며 조사 대상 한 사람당 평균 50개의 설문지를 제출했다. '오늘의 사건'을 설명하기 위해서 사용된 단어는 1개에서 855개까지로 큰 차이를 보였으며 평균 54개였다. 〈표 A-3〉에 일일 설문지 내용이 요약돼 있다.

〈표 A-3〉 "일일 설문지"에 제시된 질문들 – 일기 형식

범주와 내용[a]	질문의 형식	질문 예시
근무일 관련 기본사항	빈칸 채우기	• 오늘 날짜 • 프로젝트 진행에 투입한 시간 • 오늘 프로젝트와 관련해 끝낸 일(간략하게) • 오늘 협업한 팀원 숫자

범주와 내용[a]	질문의 형식	질문 예시
본인의 업무와 의욕	7점 척도[b]	오늘 프로젝트 업무를 하면서 이런 느낌을 받았다… • 내가 맡은 업무에서 전진이 있었다 • 창의적인 일을 했다 • 수준 높은 결과를 얻었다 • 도전의식이 생겼다 • 인정을 받게 될 수도 있다는 생각에 동기부여 되었다 • 업무에 흥미를 느껴 동기부여 되었다
팀과 팀의 업무	7점 척도[c]	오늘 프로젝트와 관련해 팀 작업에 대해 이런 느낌을 받았다… • 팀이 잘 협력했다 • 팀이 우수한 결과를 냈다 • 팀이 전진을 이뤄냈다
근무환경에 대한 인식	7점 척도	오늘 프로젝트를 진행할 때 각각의 근무환경이 어느 정도 수준이었다고 생각합니까? • 업무에 대한 자유 혹은 자율성 • 업무에서 느낀 시간 압박 • 프로젝트 목표의 명확성 • 프로젝트 관리자의 격려나 지원 • 팀의 창의성에 대한 임원의 격려
감정	7점 척도	오늘 전반적으로 이런 느낌을 받았다… • 실망스러웠다 • 행복했다
오늘의 사건	서술식	프로젝트와 관련해 특별히 기억나는 오늘 있었던 사건 '하나'와 프로젝트에 대해 느끼는 감정, 당신이 프로젝트와 관련해 수행한 업무, 프로젝트에 대해 팀이 느끼는 감정, 팀이 프로젝트와 관련해 수행한 업무를 간략하게 서술하시오. 사건의 내용과 연루된 사람을 구체적으로 설명하시오. 사건의 성격은 긍정적이든, 부정적이든, 중립적이든 상관없습니다.

범주와 내용[a]	질문의 형식	질문 예시
사건에 대한 질문	7점 척도[d]	– 팀에서 몇 명이 이 사건에 대해 알고 있는가? – 이 사건이 각각에 미친 영향에 점수를 매기시오: • 프로젝트에 대한 당신의 느낌 • 오늘 프로젝트와 관련된 당신의 업무 수행 정도 • 오늘 프로젝트와 관련된 다른 팀원들의 업무 수행 정도 • 장기적으로 프로젝트에 미칠 전반적인 영향
하고 싶은 말 (선택사항)	서술식	오늘 말하고 싶은 내용이 더 있으면 무엇이든 기록하시오.

a. 범주와 내용 : 설문지에 제시된 순서대로 기록함.
b. 질문의 형식 : 따로 언급하지 않는 경우, 점수 평가 문항의 점수는 다음과 같다: 1=전혀 그렇지 않다, 2=아주 조금 그렇다, 3=다소 그렇다, 4=적당히 그렇다, 5=꽤 그렇다, 6=아주 그렇다, 7=굉장히 그렇다.
c. 팀과 팀의 업무 범주 : 이 범주와 다음 범주의 경우 답할 수 있는 경험이 없는 대상(설문 작성 당일에 팀과 접촉할 일이 없었던 경우 등)들을 위해 각 문항에 "해당 없음"이라는 보기도 제시하였다.
d. 사건에 대한 질문 범주 : 첫 번째 질문 예시에 대한 점수는 다음과 같다: 1=나 혼자, 2=나와 다른 팀원 한 명, 3=팀원 절반 미만, 4=팀 절반 이상, 5=팀 전체. 두 번째 질문 예시에 대한 점수는 다음과 같다: 1=매우 부정적인 영향, 2=적당히 부정적인 영향, 3=약간 부정적인 영향, 4=중립적인 영향 혹은 영향 없음, 5=약간 긍정적인 영향, 6=적당히 긍정적인 영향, 7=매우 긍정적인 영향.

2) 다른 설문지

조사 대상들은 일일 설문지 외에도 조사가 진행되는 기간 동안 여러 개의 설문에 응답했다. 설문의 목적은 조사 대상 개인과(인구학적 정보와 성격 정보) 팀, 프로젝트에 대한 배경지식을 얻기 위해서 시행되었다. 우리가 사용한 설문지들의 내용은 〈표 A-4〉에 정리돼 있다.

3) 추가 데이터

조사를 진행하는 동안 테레사 애머빌은 한 달에 한 번씩 조사 대상들에게 일일 설문지나 연구에 대해 궁금하거나 걱정되는 부분이 있는지 묻기 위해 전화를 걸었다(한 기업에는 선임연구원이 전화했다). 팀장에게는 한 달에 두 번씩 전화를 했다. 종종 이 통화를 통해서 개인, 프로젝트, 팀, 또는 기업에 대한 유용한 데이터를 얻을 수 있었다. 통화 중에 얻은 프로젝트, 팀, 기업, 개인에 대한 정보는 절대로 발설하지 않았다.

〈표 A-4〉 참여자들이 작성한 설문지들[a]

설문지[b]	빈도	내용
일일 설문지	매일	정량 연구에 사용되는 점수 평가 문항들과 정성 연구에 사용되는 서술 문항으로 구성돼 있음.
최종 프로젝트 평가서	한 번 (연구 종료 시)	팀의 전체적인 성과를 복수 차원으로 나누어 각 연구 참여자의 생각을 점수 척도를 사용하여 수집.
개인 평가 양식	매달	직전 달 업무수행과 관련해 프로젝트에 대한 창의적 기여, 프로젝트 품질 향상에 대한 기여, 프로젝트에 대한 집중도, 팀 화합에 대한 기여라는 네 가지 측면에서 자신을 포함하여 모든 팀원을 평가하게 함.
커톤의 적응-혁신 조사[c]	한 번 (연구 시작 시)	특히 창의적 사고방식을 평가.

범주와 내용[a]	질문의 형식	질문 예시
KEYS: 창의성 문화 평가[d]	세 번 (연구 시작, 중간)	창의성을 발휘할 수 있는지에 중점을 둔 근무 환경 평가.
NEO 5요소 성격검사[e]	한 번 (연구 시작 시)	기본적 성격 특성을 5개로 보는 "빅 5" 이론에 기반한 성격검사. 신경증, 외향성, 경험에 대한 개방성, 원만성 그리고 성실성을 측정함.
업무 선호도 검사	한 번 (연구 시작 시)	업무에 대해 개인이 외재적, 내재적 동기 중 무엇의 영향을 더 많이 받았는지 평가.

a. 현실에서는 더 다양한 설문을 실시했지만 이 표에는 분석을 거쳐 책에 활용한 설문지들만 소개했다.
b. 설문지 : 별도의 언급이 없는 설문지들은 이 연구를 위해 제작되었다.
c. M. J. Kirton, "Adaptors and Innovators: A Description and Measure", 《Journal of Applied Psychology》 61 (1976): 622~629.
d. T. M. Amabile, R. Conti, H. Coon, J. Lazenby, and M. Herron, "Assessing the Work Envionment for Creativity", 《Academy of Management Journal》 39 (1996) 1154~1184.
e. T. M. Amabile, K. G. Hll, B. A. Hennessey, and E. M. Tighe, "The Work Preference Inventory: Assessing Intrinsic and Extrinsic Motivational Orientations", 《Journal of Personality and Social Psychology》 66 (1984): 950~967.

 각 팀이 본 연구에 참여한지 중간쯤이 되면, 우리는 팀과 함께 간단하게 '중간 모임'을 했다. 모임의 목적은 비공식적으로 팀과 프로젝트 그리고 조직에 대한 추가 데이터를 수집하고, 팀원들이 남은 기간 동안도 열심히 조사에 참여하도록 독려하며, 혹시 있을지 모르는 질문에 답을 하기 위해서였다. 우리는 조사 대상들에게 개별적으로 NEO 성격검사와 업무 선호도 검사 결과를 알려준 것 외에 다른 정보는 전혀 누설하지 않았다.

애머빌은 팀에서 데이터 수집이 끝난 후 1개월 이내에(연구원과 함께) 팀과 한나절 동안 최종 모임을 했다. 모임의 목적은 팀에 정량과 정성 데이터를 활용해 얻은 일차 결과를 알려주었는데, 우리가 팀에 대해 내린 잠정적인 결론이 정확한지의 여부에 대한 의견을 묻기 위해서였다.[7] 애머빌은 팀원들에게 개별면담을 신청했고 모임 후에 원하는 사람들과 면담을 했다. 우리는 최종 모임을 조사 대상들이 앞으로 업무를 진행할 때 도움이 되도록 우리가 유용한 정보를 '제공해주는' 자리라고 생각했으나 이 모임에서 역시 새롭고 유용한 데이터를 많이 얻을 수 있었다.

최종 모임에서 팀원들에게 어떤 점이 매일 설문지를 작성해 보내도록 동기를 부여해주었는지 물어보았다. 대부분은 조사에 참여하면서 자기 자신이나 자신이 속한 팀에 대해 어떤 면들을 알게 될지 매우 궁금했다고 답했다. 팀이 참여한 조사 결과를 보고 기업이 교훈을 얻길 바라는 마음도 있었다고 대답한 사람도 있었다. 조사 마지막 날 배부한 일일 설문지의 마지막 문항(선택항목)에 많은 이들이 설문지 작성이 매우 유익했다고 응답했다. 응답내용 일부는 9장에서 확인할 수 있다.

최종 모임 후 1개월이 지나기 전에 애머빌과 연구원은 함께 참여 팀에 대한 연구 사례 보고서를 작성했다. 팀과 팀원, 프로젝트, 조직, 경영진, 그리고 조사 기간 동안 발생한 사건들에 대해 얻은 따끈한 정보를 담은 이 보고서는 중요 정성 데이터로 활용할 목적으로 작성되었다. 사례 보고서에는 팀원들의 일기, 팀 전체와 4번에 걸쳐 진행한 모임에서 반복되어 거론된 내용들, 팀원과의 개별면담(팀장을 비롯한), 팀원들과의 개별 전화통화 혹은 이메일 그리고 고위 관리자들과의 만남이나 대화를 통해 얻은 정보가 담겨 있었다. 사례 보고서는 저자 한 사람이 초고를 작성하면 공동저자가 검토하고, 교정한 후에 원 저자에게 전달되는 과정을 되풀이하여 두 사람 모두 만족할 때까지 수정되었다. 작성 과정에서 저자 두 사람이 만나 논의를 한 경우도 여러 번 있었다. 이런 과정 끝에 방대한 양의 사례 보고서들이 완성됐다.

기업 내 데이터 수집이 끝난 후, 애머빌과 연구원들은 기업의 임원(규모가 큰 기업의 경우 관련 사업부문의 임원)들을 만났다. 애머빌은 참여한 팀이나 팀원들의 정보는 숨긴 상태로 조사과정에서 얻은 양적, 질적 데이터를 종합해 임원들에게 전달했다. 그리고 조사를 통해 밝혀진 해당 기업 근무환경에 대한 강점과 약점들을 지적하고, 관리자들에게 조사 결과를 놓고 함께 토론할 것을 제안했다. 조사 결과는 자신의 조직에 대해서 관리자들의 생각과 어느 정도 일치했을까? 조직에서 일어나는 긍정적, 부정적 사건의 경향에 대한 관리자들의 생각은 어땠을까? 개별 팀 모임에서와 마찬가지로 우리는 임원들과 만난 자리와 조사 기간 동안 여러 번에 걸쳐 나눈 대화를 통해 유용한 정보를 많이 얻어냈다.[8] 적절한 내용은 팀 연구 사례 보고서에 추가했다.

분석

우리는 조사 과정에서 양적, 질적 데이터를 모두 수집했기 때문에 이를 분석하기 위해 다양한 기법을 사용했다.

1) 정성 분석qualitative analysis (모든 장(章)에서 사용)

우리는 수년에 걸쳐 연구 참여자들이 자유롭게 서술한 일기와 다른 문서들(연구 사례나 메모)에 대해 상세한 정성 분석을 실시했다. 정성 분석의 대상이 된 데이터들에서 주목할 만한 특징이 두 가지 있었다. 첫째, 한 사람마다 몇 주 동안 매일 데이터를 수집했기 때문에 오랜 기간 동안 어떤 사건을 겪었고, 직장생활의 내면상태에 어떤 변화가 있었는지 패턴을 파악할 수 있었다. 둘째, 같은 팀에서 일하는 팀원들이 같은 사건을 언급하는 경우가 종종 있었기 때문에 조사 대상들이 설명한 내용을 좀 더 확실히 이해할 수 있었다.

우리는 정성 분석과정을 7번 수행하면서 매번 유용하게 활용할 수 있는 결론을 도출해냈다.

첫 번째, 테레사 애머빌과 스티븐 크레이머는 수집된 설문지 11,637개(총 26개 팀, 238명이 작성)의 서술 문항과 26개의 연구 사례 보고서를 반복해서 읽으며 방대한 정보를 메모하고, 떠오른 아이디어에 대해 서로 의논했다. 그 결과 직장생활의 내면상태에 대한 개념(2장), 직장생활의 내면상태가 성과에 영향을 미치는 방식(3장), 전진 순환고리(5장) 그리고 기업문화의 주요 요소(6장)를 정리할 수 있었다.[9]

두 번째, 우리는 설문지 11,637개의 서술 문항에 언급된 내용을 하나도 빠뜨리지 않고 매우 상세하게 '색인'을 사용해 분류했다. 이를 위해 개발한 코드 부여 방법에는 DENA(상세 사건 서술 분석Detailed Event Narrative Analysis)라고 이름 붙였다.[10] 5명의 연구원이 DENA 사용법을 교육받았다.[11] 코드 부여자들은 수차례에 걸친 합의 과정을 거쳐 동일한 기준으로 코드를 부여했다.[12] 이렇게 코드를 상세하게 부여한 목적은 각각의 일기에 기록된 특정 사건을 다양한 기준에 따라 분류하기 위해서였다. 우리는 이 과정을 통해 사건의 내용은 무엇인지, 사건을 발생시킨 사람은 누구인지, 사건의 표적이 된 사람은 누구인지, 이미 일어나버린 사건인지 아니면 아직 완결되지 않은 사건인지(혹은 과거를 회상하는 건지, 미래에 대한 기대인지, 어떤 일에 대한 의견이나 반응인지), 사건을 서술하는 대상의 어떤 감정이(긍정적, 부정적 혹은 중립적) 반영돼 있는지 등에 따라 사건을 분류했다.[13] 설문지에는 '오늘의 사건' 하나만 기록하게 돼 있었지만 응답자들은 평균 5개의 관련 사건을 기록했다.

세 번째, 우리는 최고와 최악의 날을 연구하기 위해서 필요한 사건 유형을 파악하기 위해 DENA보다 소수의 기준을 도입해 좀 더 폭넓은 코드 부여 방법을 개발했다. 테레사 애머빌과 연구 과정에서 전반적인 코드 부여 업무를 담당한 연구원은 합의를 거쳐 두 사람 모두 수긍할 수 있는 코드 부여 방식을 마련했다.[14] 우리는 4장에 제시한 최고, 최악의 날 연구를 통해 직장생활의 내면상태에 영향을 미치는 '3대 핵심 요인'이 전진의 법칙, 촉진 요인, 영양 요인이라는 사실을 밝혀낼 수 있었다.

네 번째, 공동저자 두 사람과 다수의 연구원들은 조사에 참여한 7개 기업에서 적어도 한 팀 이상을 포함시켜 총 26개 팀 중 14개 팀이 경험한 직장생활의 내면상태와 주요 사건들 그리고 업무 성과를 담고 있는 자세한 이야기를 만들어 냈다.[15] 모든 이야기는 적어도 저자와 연구원 한 명 이상이 머리를 맞대고 노력한 끝에 얻은 결과물이다. 이야기를 작성할 때는 각자 팀원들이 제출한 일기 및 그외 자료들을 읽은 후에 한 사람이 초안을 작성하고, 다른 사람이 이를 읽고, 토의한 후, 모두가 팀원들과 팀이 겪은 사건, 경험, 업무수행 내용이 정확하게 담긴 이야기를 만들어냈다고 느낄 때까지 수정하는 과정을 반복해서 거쳤다.

그 후에는 공동저자 두 사람과 연구원 한 사람이 1주일 동안 작성한 이야기들을 가지고 워크숍을 열어 토론을 했다.[16] 워크숍을 진행하는 동안 우리가 작성한 이야기의 주체인 14개 팀의 전진과 직장생활의 내면상태를 질적, 양적으로 분석했다.

그 결과 전진 순환고리(5장)라는 개념을 규정해냈고, 전진과 직장생활의 내면상태를 판단하는 모든 척도를 고려해 14개 팀의 이야기를 정리했다. 그리고 각 팀의 이야기에서 눈에 띄는 긍정적, 부정적 사건들이 무엇인지 다시 확인했다. 우리는 이 과정을 통해 직장생활의 내면상태에 영향을 주는 촉진제-억제제 7쌍과 영양분-독극물 4쌍을(6~7장) 파악할 수 있었다. 그리고 이렇게 파악한 내용들을 최고의 날과 최악의 날에 대한 조사 결과, 26개 팀에 대한 정량 분석 결과와 대조해보았다. 워크숍을 통해 우리는 이 책에서 직장생활의 내면상태에 영향을 미치는 3대 핵심 요인을 설명할 예로 사용할(4, 5, 6, 7장) 팀들을 결정했다.

다섯 번째, 스티븐 크레이머는 전진의 법칙(4, 5장)과 촉진 요인(6장), 영양 요인(7장), 일일 전진을 지원하는 도구(8장)에 설명될 사례와 팀들과(9장에 제시할) 그외 팀의 몇몇 팀장의 일기를 자세히 분류했다.[17] 이번에는 최고의 날과 최악의 날 조사에 사용했던 방법을 그대로 따랐지만 특히 워크숍을 통해 발견한 촉진제, 억제제, 영양분, 독극물에 집중해 코드를 부여했다. 이 과정에서('책에 인용할 일기'와 같은) 몇 가지 코드가 추가되기도 했다. 테레사 애머빌은 이 과정에서 사용된 코드 부여 방법을 자신이 맡은 일기에 적용시켜본 후, 의견이 다를 경우 크레이머와 논의를 거쳐 합의해 나갔다.

여섯 번째, 팀장의 행동을 조사할 때는 기존 연구자들이 개발한 리더 행동 분류 체계taxonomy of leader behavior를 참고해 코드 분류 방법을 만들었다.[18] 코드 분류 방식에 대해 모두 합의한 후, 일관성을 유지하기 위해 연구원 한 사람이 11,637건의 일기에서 팀장의 행동이 언급된 부분 모두에 대해서 코드를 부여했다. 이 분석 과정을 통해 얻은 결론은 5, 6, 7장에 나타나 있다.

일곱 번째, 우리는 연구 참여자들이 일기에 자신도 모르게 드러낸 명확한 감정들을 파악하기 위해 이전 분석 과정에는 참여한 적 없는 몇 사람을 훈련시켜 코드 부여 과정을 맡겼다.[19] 이 과정에서 기쁨, 사랑(애정, 온기, 자긍심 등), 분노, 공포, 슬픔을 비롯한 여러 감정에 코드를 부여했다.

2) 정량 분석quantitative analysis

우리는 일일 설문지의 점수 평가 문항이나 월별 팀원 평가 등 조사 대상들로부터 수집한 숫자 데이터를 통계적으로 분석했다. 더불어 특정 코드를 부여받은 사건의 발생빈도처럼 정성 분석에서 얻어진 숫자 데이터 역시 통계적으로 분석했다.

책 본문에는 글로 표현할 수 있는 데이터만 제시했지만 우리가 기술한 사실이나 결론은 다양한 통계분석 방식을 이용해 얻은 내용이다.[20] 우리는 26개의 '팀'에 속해 있는 238명의 '조사 대상'이 서로 다른 '날짜'에 제공한 즉, 세 가지 변수가 있는 데이터를 분석하기 위해 '다층모델multilevel model 회귀분석regression법'을 주로 이용했다. 회귀분석을 할 때는 앞서 말한 세 가지 변수와 조사 대상들의 서로 다른 특성(예를 들어 성별, 나이, 재직 기간, 학벌, 종종 성격, 인지 방식 그리고/또는 동기 지향motivational orientation)까지도 반영했다.[21] 게다가 '시차분석 lagged analysis'을 이용해 일정 기간에 걸친 영향을 예상한 경우도 있었다. 특정일에 느낀 기분을 바탕으로 당일과 그 다음날 창의력을 어느 정도 발휘할 수 있을지 예측하는 데 시차 다층 회귀분석법lagged multilevel regression을 사용했다.[22]

하지만 회귀분석법으로 인과관계를 설명할 수 없다는 사실을 기억해야 한다. 시차분석법을 이용해 이전에 나타난 척도(기분 등)를 기준으로 특정일의 척도(창의적인 생각 등)를 예측한 결과는 과거 발생했던 일들을 대상으로 보면 인과관계가 있다고 할 수 있지만 앞으로도 인과관계를 보일 것이라고 단정할 근거는 못 된다. 그렇기 때문에 인과관계가 있다는 우리의 결론을 뒷받침하기 위해 책 전반에 걸쳐 우리나 다른 연구원들이 수행한 통제실험과 인과관계가 암시되어 있는 조사 대상들의 일기 내용을 근거로 삼았다.

주요 조사 내용

앞서 직장생활의 내면상태 체계와 전진 순환고리, 기업문화에 대한 결론에 도달하기 위해 정성 분석법을 어떻게 사용했는지 설명했다. 우리는 직장생활의 내면상태가 업무 성과에 영향을 미치는 방식과 3대 핵심 요인과 관련된 사건들이 직장생활의 내면상태에 영향을 미치는 방식을 알아내는 데도 정성 분석법을 주로 사용했다. 일기에서 발췌한 내용을 인용할 때는 일기를 기록한 사람이 인식, 감정 그리고/또는 동기부여 수준에 대해 매긴 점수와 같은 간단한 통계 분석 결과들을 본문에 자주 언급했다.[23]

지금부터는 이 책의 주요 결론을 이끌어내는 데 활용된 정량 조사 내용들을 간략히 소개하겠다.

1) 작은 사건들 (1장)

우리는 책 전반에 걸쳐 직장생활의 내면상태에 매일 큰 영향을 끼치는 작고, 일상적이며, 심지어는 사소하게까지 느껴지는 사건들의 위력을 언급했다. 1장에는 작은 사건들을 조사한 결과와 조사방법을 간략하게 제시했는데 이 방법을 조금 더 자세히 설명하겠다. 일일 설문지에 오늘의 사건을 기록하는 문항 뒤에 그 사건이 당일 자신의 '프로젝트에 대한 감정'에 미친 영향을 점수로 표현하라는 질문이 있었다. 우리는 이 문항을 통해 그날 있었던 사건에 조사 대상이 얼마나 '크게' 반응했는지를(매우 부정적인 감정부터 중립적, 매우 긍정적인 감정까지 7단계로 나눠 점수를 매기게 했다) 알 수 있었다.[24] 팀 조사가 끝난 후 2주쯤 지나 팀원들에게 각자 작성했던 '오늘의 사건'을 시간 순으로 배열해 전송했다. 그리고 프로젝트가 끝난 후에 되돌아봤을 때, '각 사건이 전체 프로젝트에 얼마나 큰 영향을 미쳤는지' 점수를(위와 똑같은 7단계 점수 체계로) 매겨달라고 요청했다. 이 질문을 통해 그 사건이 실제로 얼마나 '큰' 사건이었는지를 알 수 있었다.[25] 두 조사에 대한 응답을 분석한 결과 작은 사건의 28%가 커다란 영향을 미친 것으로 나타났다.

2) 창의성과 감정 (3장)

직장생활의 내면상태가 업무 성과에 영향을 준다는(3장) 결과를 도출하는 데는 감정이 창의성에 미치는 영향에 대한 조사가 도움을 주었다.[26] 우리는 감정에 대해서 서로 다른 3가지 척도를 이용해 다층 회귀분석법으로 창의성의 두 척도를 예측했다. 감정은 (1) 일일 설문지의 감정 문항 6개의 점수를 종합해 긍정적인 기분이라고 파악된 경우, (2) 조사 대상들이 일기에 기록한 사건에 코드를 부여한 이들이 긍정적 기분이라고 분류한 경우 (3) 오늘의 사건에 코드를 부여한 이들이 조사 대상의 감정을 기쁨, 사랑, 분노, 공포, 슬픔으로 분류한 경우를 척도로 삼아 판단했다. 그리고 창의성은 (1) 오늘의 사건에 나타난 내용(조사 대상이 새로운 사실을 발견했거나 아이디어를 냈거나 기계적이지 않은 방식으로 문제를 해결했거나 그러려고 적극적으로 노력한 경우 등)을 바탕으로 봤을 때 창의적으로 사고했는가와 (2) 팀장과 팀원들이 진행한 월별 평가에서 받은 창의성 점수를 척도로 삼아 평가했다.

분석 결과 긍정적인 기분과 기쁨은 그 날 창의성에 긍정적인 영향을 주고, 분노, 공포, 슬픔과 같은 부정적인 감정은 창의성에 부정적인 영향을 준 것으로 밝혀졌다. 우리는 이어서 감정이 '이후' 며칠 동안 창의성에 미치는지 그 영향을 살펴보았다. 조사 대상이 느낌 감정을 토대로 하루 이틀 후에 보여줄 창의성을 예측할 수 있다면 직장생활의 내면상태가 창의성에 영향을 미치고 사람들이 어떤 문제를 해결하는 데 성공했다 해서 무조건 기뻐하고, 실패했다 해서 무조건 좌절하지는 않는다는 결론을 뒷받침해줄 수 있을 듯했다. 이후 며칠간의 기분을 통제한 상태로 긍정적인 기분에 대한 두 가지 척도를 사용해 분석한 결과 긍정적인 기분을 느끼면 다음 날도 창의적 사고를 한다는 사실을 발견했다. 그리고 자신의 기분이 긍정적이라고 평가한 경우, 이틀 뒤까지도 창의적 사고를 하는 것으로 드러났다.[27]

감정과 창의성을 조사하는 과정에서 긍정적 사고와 관련된 사건을 담고 있는 일기를 정성 분석한 결과 창의성이 기쁜 감정을 유발한다는 역인과관계reverse-causality가 성립했다. 창의적 사고도 전진(혹은 성과)의 한 유형이라는 사실을 파악했다. 감정과 창의성에 대한 정량과 정성 분석 결과를 결합시켜 업무 성과(창의성)에 영향을 미치는 직장생활의 내면상태(감정)와 직장생활의 내면상태(감정)에 영향을 미치는 업무 성과(창의성)라는 전진 순환고리(3, 4, 5장) 개념을 정립할 수 있다.

3) 창의성, 인식 그리고 동기부여 (3장)

이번 연구에서 실시한 두 가지 조사의 결과는 근무환경에 대한 구성원들의 인식이 업무에서 창의성을 발휘하는 데 영향을 미친다는 결론을 뒷받침해 준다. 첫 번째 조사는(일일 설문지의 점수 평가 문항 3개로 알아본) 지각된 팀장의 지원에 초점을 맞췄다. 회귀분석법으로 분석한 결과 팀장의 지원을 구성원이 인식하고 있느냐에 따라 월별 동료 평

가 설문의 창의성 점수를 예측할 수 있다는 사실이 밝혀졌다.[28]

두 번째 조사에서는 회귀분석법으로 근무환경의 다양한 측면에 대한 인식을 바탕으로 창의성을 예측해보았다.[29] 조사 대상의 근무환경에 대한 인식은 일일 설문지의 관련 문항 점수와 팀을 조사하는 기간 동안 3회에 걸쳐(조사 초반, 중반, 후반) 실시한 근무환경에 대한 KEYS 설문조사에서 나온 점수로 파악했다. 근무환경에 대한 인식은 자신과 밀접한 관련이 있는 부분(업무 자체나 팀, 팀장 등)부터 폭넓은 부분(임원이 창의성을 독려하는 경우)까지 다양한 범위에 걸쳐 조사하였다. 창의성 측정 척도는 월별 동료 평가, 월별 자가 평가, 일기에 나타난 창의적 사고였다. 일련의 회귀분석을 실시한 결과 근무환경에 대한 긍정적인 인식은 창의성을 높여주고, 부정적인 인식은 창의성을 떨어뜨린다는 사실을 밝혀냈다.

우리는 회귀분석으로 내재적 동기부여와 창의성의 관계도 조사하였다. 일일 설문지의 몇 개 문항에 대한 답을 바탕으로 조사 대상의 내재적 동기를 측정할 수 있는 기준을 만들고, 이 기준을 활용해 오늘의 사건에 창의적 사고와 관련된 내용이 등장할 가능성을 추측해보았다. 회귀분석 결과 사람들은 업무와 관련된 내적 동기부여가 높은 날 더 창의적인 사고를 하는 경향이 매우 강한 것으로 나타났다.

4) 생산성과 직장생활의 내면상태 (3장)

조사에 참여한 대상들을 보면 더 나은 직장생활의 내면상태를 경험한 날, 업무 생산성 역시 높은 경우가 많았다. 팀 차원에서도 같은 현상이 발견됐다. 프로젝트 기간 전반에 걸쳐 팀원들이 긍정적인 직장생활의 내면상태를 경험할수록 팀이 프로젝트를 성공적으로 마무리하고, 더 생산적이며 높은 수준의 성과를 냈다.

우리는 앞서 설명한 창의성과 감정의 관계를 조사할 때 사용했던 회귀분석법으로 '감정'과 생산성의 관계를 추측해 보았다. 생산성은 일기에 등장한 다양한 사건들(업무에서 전진하기, 문제 해결, 시간 혹은 자원의 효율적 사용 등)을 종합하여 마련한 기준으로 측정하였다. 감정 측정 기준은 창의성 조사에서 사용했던 것과 똑같다. 분석 결과는 감정이 업무 생산성에 당일만 영향을 미친다는 사실을 제외하면 창의성 조사 결과와 일치했다. 감정이 며칠 후까지 생산성에 영향을 미치는 경우는 거의 없었지만 당일에 한해서는 긍정적인 감정을 느낄수록 생산성이 높아지고, 부정적인 감정을 느낄수록 생산성이 낮아지는 경향이 뚜렷하게 나타났다.

직장생활의 내면상태에서 두 번째 요소인 '근무환경에 대한 인식'과 생산성의 관계도 일련의 회귀분석법을 이용해 밝혀냈다. 근무환경에 대한 인식은 일일 설문지의 점수 문항과 3회에 걸쳐 실시된 KEYS 근무환경 설문조사 결과를 바탕으로 측정했다. 생산성은 업무 성과에 대한 월별 동료 평가, 월별 자가 평가, 일일 설문지의 업무 관련 평가 내용을 기준으로 측정했다. 조사 결과 팀장의 지원, 팀의 지원, 업무와 관련된 도전과제 인식, 업무 진행과 관련된 자율성 인식 등 근무환경에 대한 인식에 따라 생산성을 추측할 수 있다는 결론이 나왔다. 조직의 전반적인 환경 역시 생산성과 관련이 깊었는데 조직의 문화가 개방되어 있고 협력적이면 생산성 향상에 도움이 되고, 사내 정치 문제와 보수성 때문에 문화가 경직되어 있으면 생산성이 저해됐다.

직장생활의 내면상태에서 세 번째 요소인 '동기부여'도 같은 방식으로 분석했다. 창의성 조사와 마찬가지로 일일 설문지의 몇 개 문항에 대한 답을 바탕으로 내재적 동기부여를 측정할 수 있는 기준을 만든 후, 회귀분석을 한 결과 내재적 동기부여가 높을수록 일별, 월별로 스스로 업무 성과에 매긴 점수가 높게 나왔다. 월별 동료 평가 설문에서 역시 같은 결과가 나왔지만 이는 통계적으로 유의미하진 않았다.

5) 업무 집중도와 직장생활의 내면상태 (3장)

우리는 직장생활의 내면상태를 구성하는 3대 요소가 동료들이 매월 평가한 조사 대상의 업무 집중도와 관련이 있는지 확인하기 위해 회귀분석을 실시했다. 앞서 설명했듯이 직장생활의 내면상태는 일일 설문지의 점수 평가 문항들이나 오늘의 사건에 나타난 감정을 기준으로 측정했다. 그리고 근무환경에 대한 인식은 3회에 걸쳐 실시한 KEYS 근무환경 설문을 통해 측정했다.

분석 결과 긍정적인 기분과 긍정적인 특정 감정이 업무에 대한 집중도를 높여준다는 사실이 밝혀졌다. 뿐만 아니라 구성원들이 근무환경을 긍정적으로 인식할수록, 더 구체적으로 말하자면 업무에 대한 도전의식을 느끼거나 자율성을 보장받았다고 인식하거나 팀장의 격려를 받거나 팀원과 관리자 그리고 그외 동료들이 자신을 지원해준다고 느끼거나, 업무를 방해하는 사내 경쟁이나 조직의 엄격한 평가기준 혹은 현상에 대한 선입견과 같은 걸림돌이 줄어들었다고 인식하는 경우 업무 몰입도가 더 높아졌다. 마지막으로, 매일의 내재적 동기부여 역시 업무 집중도와 관련돼 있었다.

6) 유대감과 직장생활의 내면상태 (3장)

유대감과 직장생활의 내면상태 간의 관계는 직장생활의 내면상태와 업무 집중도 간의 관계와 동일했다. 구성원 간의 유대감은 월별 동료 평가의 팀 화합에 대한 기여 문항을 기준으로 측정했다. 회귀분석 결과 직장생활의 내면상태를 구성하는 세 가지 요소 모두가 유대감과 관련된 것으로 드러났다. 결과는 업무 집중도 조사 결과와 유사했다. 구성원들이 긍정적인 감정을 느끼고, 내재적 동기부여가 높고, 업무, 팀, 조직에 대한 인식이 긍정적일수록 유대감도 높았다.

7) 최고의 일과 최악의 일 (4, 5, 6, 7장)

최고의 일과 최악의 일 조사로 직장생활의 내면상태에 영향을 미치는 3대 핵심 요인(4장)인 전진의 법칙, 촉진 요인, 영양 요인에 대해 알게 됐다. 조사 결과 전진과 좌절이 직장생활의 내면상태에 큰 위력을 발휘하며 그중에서 가장 큰 영향을 미치는 요인은 전진의 법칙이며 촉진 요인과 영양 요인은 직장생활의 내면상태에 영향을 미치는 두 번째, 세 번째 요인이라는 사실이 밝혀졌다(〈그림 4-1〉과 〈그림 4-2〉를 참고하기 바란다). 후속 질적 분석으로 촉진 요인(6장)와 영양 요인(7장)의 구성요소들을 알아냈다.

최고의 일과 최악의 일 조사의 배경에 깔려 있는 논리는 단순하다. 우리는 어떤 유형의 사건들이 직장생활의 내면상태를 긍정적, 부정적으로 만드는지 알기 위해 직장생활의 내면상태가 최고였던 날과 최악이었던 날에 일어났던 사건들을 조사했다.[30]

우리는 최고의 일과 최악의 일에 느낀 직장생활의 내면상태에서 일곱 가지 측면인 내재적 동기부여, 기쁨, 사랑, 분노, 공포, 슬픔 그리고 전반적인 기분에 대해서 8번 조사를 수행했다. 7번의 조사는 모두 같은 방식으로 진행됐고 8번째 조사는(직장생활의 내면상태의 전반적인 기분 측면에 대한 두 번째 조사) 우리가 도출한 결과가 정확한지를 검증하기 위해 다른 방식으로 진행됐다. 앞선 7번의 조사를 수행하는 데는 전반적인 기분이라는 척도를 사용했다. 총 참여자 238명 중 일기를 20건 미만으로 제출한 이들을 제외하고 남은 221명에 대해서 각자가 제출한 일일 설문지에 기록된 전반적인 기분 점수의 평균(중간값)과 표준편차를 산출했다. 이 과정을 통해 각 조사 대상의 기준점수를 구했다.[31] 그 후에 각자의 일기에 나타난 직장생활의 내면상태에서 특정 요소(이 경우는 전반적인 기분)의 표준점수를 산출했다.[32] 다시 말하면 각자의 기준 점수를 기준으로 특정일에 각 조사 대상의 전반적인 기분이 어땠는지를 점수로 파악할 수 있게 만들었단 뜻이다.

221명을 대상으로 얻은 수천 개의 표준 점수 중, 가장 점수가 높은 경우(최고의 기분을 경험한 날들)와 가장 낮은 경우(최악의 기분을 경험한 날들), 그리고 평균(대조를 위하여)인 경우를 각각 1,000개씩 추려냈다. 이렇게 추려낸 샘플들 중에서 무작위로 각각 100개씩을 골라 그날 일어난 사건을 분류해보기로 했다. 무작위로 샘플을 선택할 때는 몇 가지 제약을 두어 선택된 샘플들이 조사에 참여한 팀과 팀원들을 대표하는 데 무리가 없도록 했다. 우리의 목표는 세 경우에서 선택된 각 100개의 일기 샘플에 적어도 75명 이상, 조사에 임한 26개 팀 중 25개 팀 이상의 사례가 포함되도록 만드는 것이었다.[33] 그리고 이 조건을 만족하는 총 300개의 샘플을 선정한 뒤 앞서 설명한 최고의 일과 최악의 일 코드 부여 방법을 사용해 일기에 기록된 사건을 분류하였다.

코드 부여를 끝낸 후에는 특정 유형의 사건이 각 샘플에서(최고의 날, 최악의 날, 평균) 얼마나 자주, 많이 등장했는지 분석했다. 4장에 밝혔듯이 최고의 기분을 경험한 날 가장 눈에 띈 사건 유형은 전진과 관련된 사건이었다. 최악의 기분을 경험한 날은 좌절과 관련된 사건이 가장 두드러졌다. 최고의 날과 최악의 날에는 서로 대조되는 사건들이 다양하게 나타났지만 그중에서 가장 극명한 차이를 보인 것은 전진 또는 좌절과 관련된 사건들이었다.

전반적인 기분뿐만 아니라 최고의 날과 최악의 날에 느낀 직장생활의 내면상태에서 다른 여섯 가지 측면에 대해 실시한 조사에서도 전진, 좌절과 관련된 사건이 가장 두드러졌다. 평균인 날 발생한 모든 사건은 항상 최고와 최악의 날에서 중간수준이었다.

최고의 날-최악의 날 분석에서 우리가 우려한 바는 두 가지였다. 첫째는 선정된 샘플에 특정 조사 대상이 지나치게 많아 분석 결과가 한쪽으로 치우치지 않았을까에 대한 우려였다. 둘째는 최고의 날로 선정된 샘플들이 최악의 날이나 평균적인 날의 샘플과 어떤 면에서든 차이가 있을지도 모른다는 점이었다. 그래서 우리는 이 두 가지 근심을 털어버리기 위해 다시 한 번 전반적인 기분에 대해서 마지막 조사를 실시했다.[34] 마지막 조사에서는 26개 팀에서 각각 두 사람씩을 무작위로 선정해 최고의 기분과 최악의 기분, 일반적인 기분을 경험한 날 발생한 사건들을 분류했다. 앞서 진행한 7번의 조사에서와 마찬가지로 '최고', '최악', '평균'은 개인의 기준선에 따라 상대적으로 결정되었다. 같은 코드 분류법이 사용됐고, 이전에 코드를 부여했던 사람 중 하나가 분류 작업을 주관했다. 8번째 조사 결과 역시 기존 샘플 분석 방식으로 조사한 것과 결과가 동일해 이전 조사 방법에 문제가 없다는 사실이 증명됐다.

8) 전진을 이룬 날과 좌절을 겪은 날의 비교 (4장)

전진의 위력을 파악하기 위해 실시한 조사 중 최고의 일과 최악의 일 조사를 제외하고는 제출받은 11,637건의 일기 전체를 데이터로 사용했다. 우리는 모든 일기에 상세하게 '색인' 코드를 부여한 후, 일기를 하나 이상의 전진을 경험했는가, 하나 이상의 좌절을 경험했는가, 둘 다 경험하지 않았는가를 기준으로 분류했다. 그 후에 이 사건들(전진과 좌절)이 일기에 기록된 직장생활의 내면상태에서 다양한 요소들과 어떤 관련이 있는지 살펴보았다. 〈표 A-5〉에 요약돼 있는 회귀분석 결과를 보면 전진과 좌절이 직장생활의 내면상태의 각 요소에 영향을 미친다는 사실을 알 수 있다.

〈표 A-5〉 전진이나 좌절과 관련된 사건을 겪지 않은 날과의 비교

직장생활의 내면상태 요소	전진과 관련된 사건을 겪은 날	좌절과 관련된 사건을 겪은 날
감정	• 전반적으로 기분이 더 긍정적임 • 더 행복함 • 더 따뜻하고, 사랑과 자긍심이 넘침 • 낙심이 덜함 • 두려움이 덜함 • 슬픔이 덜함	• 전반적으로 기분이 더 부정적임 • 덜 행복함 • 따뜻함, 사랑, 자긍심이 부족함 • 더 낙심함 • 더 두려워함 • 더 슬픔
동기부여	내재적 동기부여가 더 높음(업무에 대한 몰입도, 흥미, 즐거움, 도전 의식이 높음)	내재적 동기부여가 더 낮음(업무에 대한 몰입도, 흥미, 즐거움, 도전 의식이 낮음)

인식	• 업무에서 긍정적인 도전의식을 더 느낌 • 팀끼리 상호협력하는 경우가 많음 • 팀과 상사가 더 긍정적으로 상호작용함 • 시간 압박을 더 많이 느낌	• 업무에서 긍정적인 도전의식을 덜 느낌 • 팀끼리 상호협력하는 경우가 적음 • 상사의 지원이 부족함 • 업무와 관련해 자유가 적음 • 업무에 필요한 자원이 부족함

9) 관리자 설문조사 (5장)

전진의 법칙이 직장생활의 내면상태에 영향을 주는 가장 중요한 요소라는 사실을 발견한 후, 우리는 관리자들이 전진의 위력을 알고 있는지 파악하기 위해 설문조사를 수행했다.[35] 다양한 방면의 관리자들을 조사하기 위해 최고경영자 과정 수강생과 유명 비즈니스 스쿨 졸업생 중에서 669명의 자원자를 모집했다. 이렇게 모집된 자원자들은 전 세계, 다양한 산업군에 속한 기업들을 대표하는 이들로 직책은 팀장부터 최고경영자까지 다양했다.

설문은 업무에 대한 구성원들의 감정이나 동기부여에 가장 중요한 영향을 미치는 요소 5가지를 순서대로 답하라는 내용이었다. 응답자들이 중요하다고 생각한 요소들은 상투적인 내용으로 '업무 성과 인정하기(공개적으로든 비공개적으로든)', '금전적 보상(임금, 복리혜택, 보너스, 혹은 다른 보상)', '대인관계 지원(존중, 동료애, 공감 등)', '명확한 업무 목표(비전, 우선순위 등)'이었다. 전진의 법칙의 내용이 담겨 있는 '업무에서 전진을 이루도록 지원(도움, 자원, 시간 등)'은 5위에 머물렀다(설문지에는 이 내용이 순서상 4번째로 대인관계 지원과 명확한 업무 목표 사이에 적혀 있었다.).[36]

조사 결과 대부분의 관리자들은 전진이 직장생활의 내면상태에 얼마나 큰 영향을 미치는지 모르고 있다는 사실이 드러났다. 조사에 참여한 669명의 관리자들은 평균적으로 '전진에 대한 지원'을 동기부여에 영향을 미치는 5가지 요소 중에서는 5위, 감정에 영향을 미치는 요소 중에서는 3위로 선택했다. 관리자들은 구성원들의 동기부여와 감정에 가장 큰 영향을 미치는 요소가 '업무 성과 인정하기(공개적으로든 비공개적으로든)'라고 답했다. 669명의 관리자 중 단 35명(5퍼센트)만이 관리자가 구성원의 동기부여를 향상시키는 데 '전진에 대한 지원'이 가장 큰 역할을 한다고 답했다.

10) 긍정적인 사건보다 부정적인 사건의 영향이 더 크다 (5장)

5장에는 긍정적인 사건보다 부정적인 사건이 직장생활의 내면상태에 더 강한 영향을 미친다는 조사 결과가 소개되어 있다. 첫 번째 조사에서는 두 종류의 핵심사건(전진과 좌절)이 두 종류의 핵심 감정(행복과 불만)에 미치는 영향을 알아보기 위해 수집한 데이터들을 사용해 다층 회귀분석을 거쳐 결과를 도출했다. 회귀분석법으로 인과관계를 확인할 수는 없지만 분석 결과 전진보다 좌절과 관련된 사건들이 행복과 불만 두 감정 모두에 더 많은 영향을 미치는 것으로 밝혀졌다. 실제로 좌절과 관련된 사건이 행복에 미치는 부정적인 영향은 전진과 관련된 사건이 미치는 긍정적인 영향의 두 배 이상이었고, 좌절이 불만을 증가시키는 데 미치는 영향은 전진이 불만을 감소시키는 데 미치는 영향보다 3배 이상 강하게 나타났다.

두 번째 조사에서는 '작은 사건들'의 부정 편향(negativity bias, 긍정적 정보보다 부정적 정보에 더 민감하게 반응하는 경향-옮긴이)을 알아보았다. 분석 대상은 프로젝트에 대한 감정에 강한 영향을 미친 작은 사건들이 일어난 날들로만 한정했다(앞서 부록에서 〈작은 사건들〉을 논한 부분을 참고하라). 이 조사에서는 소수의 데이터만(총 11,637건의 일기 중 1,666건) 사용했기 때문에 결과가 통계적으로 중요한 의미를 가지지는 않지만 첫 번째 조사와 비슷한 결과가 나타났다. 전진과 관련된 사건보다 좌절과 관련된 사건이 행복에 미치는 영향이 세 배 이상이었고,[37] 좌절이 불만에 미치는 영향은 전진이 미치는 영향의 거의 두 배인 것으로 나타났다.[38]

세 번째 조사는 팀장의 행동이 직장생활의 내면상태에 영향을 미칠 때도 부정 편향이 작용하는지 알아보았다. 우리는 일기에 기록된 팀장의 긍정적, 중립적, 부정적 행동이 직장생활의 내면상태(인식, 감정, 동기부여)에 어떤 영향을 미치는지 알아보기 위해 일련의 다층 회귀 분석을 실시했다(팀장의 행동을 분류할 때는 정성 분석 여섯 번째에서 설명한 방법을 기존 연구자들이 개발한 리더 행동 분류 체계를 참고– 옮긴이).[39] 팀장의 부정적인 행동은 긍정적이거나 중립적인 행동보다 구성원들의 사기에 더 큰 영향을 주었다.[40] 예상대로 팀장의 긍정적인 행동은 긍정적인 인식과 감정을 더 긍정적으로 만들었고, 부정적인 인식과 감정은 줄여주었다. 한편 팀장의 부정적인 행동은 구성원의 사기와 긍정적인 인식, 감정을 약화시켰으며, 부정적인 인식과 감정은 더 강화시켰다.

또한 일일 설문지에 '오늘의 사건'과 관련된 기분 항목에 부정적인 점수를 매길수록 '오늘의 사건'을 더 길게 기록한다는 사실을 발견했다.[41]

11) 시간 압박의 영향 (6장)

처음에는 유형에 관계없이 시간 압박이 창의성에 미치는 전체적인 영향을 살펴보았다. 회귀분석법을 사용한 결과 조사 대상들이 시간의 압박을 더 많이 느낀 날 창의적인 사고를 할 확률이 낮은 것으로 밝혀졌다.[42] 실제로 시간 압박이 심할수록 업무에 더 많은 시간을 할애했다고 나타난 것을 봤을 때 그 원인이 단지 시간 압박을 많이 느낀 날 업무를 할 시간이 전반적으로 짧기 때문이라고 볼 수는 없다. 시간 압박이 창의성에 미치는 부정적인 영향은 다음 날과 그 다음 날까지 이어졌다.[43]

6장에 제시했듯이 시간 압박은 유형에 따라 창의적 사고에 미치는 영향이 다르다. 우리는 시간 압박이 심한 날과 심하지 않은 날 구성원들이 하는 업무의 유형과 배경, 그리고 일기에 창의적 사고와 관련된 사건이 기록되어 있는지 여부에 대해 더 깊이 파고들기로 했다. 이를 분석하기 위해 우리는 조사 대상들이 일일 설문지 앞쪽의 "프로젝트와 관련해 끝낸 일work done today?" 문항에 간략하게 기록한 내용을 분류하는 데 사용할 코드 부여 방법을 개발했다. 이 코드 부여 방식을 개발한 목적은 특정 일에 조사 대상이 수행한 활동의 개수, 활동을 함께 한 사람의 수, 업무에 집중한 정도, 참석한 회의의 유형과 횟수 등을 알아내기 위해서였다. 그 다음에는 네 가지 기준에 따라 11,637건의 일기 중에서 100개씩 샘플을 뽑았다. 이렇게 뽑힌 샘플들의 특성은 (1) 시간 압박이 매우 심했고, 창의적인 사고를 한 날 (전체 데이터 중에 100개 정도뿐이었다), (2) 시간 압박이 매우 심했고, 창의적인 사고를 못한 날(매우 많았다), (3) 시간 압박이 매우 적었고, 창의적인 사고를 한 날, (4) 시간 압박이 매우 적었고, 창의적인 사고를 못한 날로 정리할 수 있다.⁴⁴ 시간 압박이 매우 적은 날이 많지는 않았지만 그래도 데이터가 100개 이상씩은 됐다.

이렇게 선택된 400개의 일기 샘플에(적당한 수준에서 합의를 거친 여러 명의 코드 부여자들이) 코드를 부여한 후, 마지막으로 샘플들 사이의 차이점과 일관된 패턴을 찾아냈다. 이 과정을 통해 시간 압박이 창의적인 업무에 미치는 영향을 유형에 따라 구분할 수 있게 되었다. 6장에서 언급했듯이 시간 압박이 심하지만 '다람쥐 쳇바퀴' 도는 듯한 업무만 하는 경우는 창의성이 떨어지고, 드물긴 하지만 '임무 수행'을 하게 되는 날은 창의성이 높아진다. 그러나 창의성을 가장 많이 발휘할 수 있는 경우는 시간 압박이 적고 '탐험'을 한 날이다. 시간 압박은 적지만 특별한 일을 하지 않고 '자동 조종' 상태로 보낸 날은 생산성은 물론 창의성에도 부정적인 영향을 미친다.⁴⁵

12) 팀장의 행동 (6, 7장)

이 조사의 목적은 관리자가 수행한 특정 행동이 직장생활의 내면 상태 중 관리자의 지원에 대한 인식에 어떤 영향을 주는지를 알아보는 데 있었다. 그중에서도 일기에 가장 자주 언급된 관리자인 팀장들을 대상으로 조사를 진행했으며 팀장이 아닌 조사 대상들이 작성한 일기에 기록된 팀장의 행동과 팀장의 지원에 대한 인식의 관계를 분석했다.⁴⁶ 우리가 분석한 팀장의 행동에는 촉진제와 영양분이 포함되어 있었다. 조사 결과 특정 촉진제(또는 억제제)와 특정 영양분(또는 독극물)은 팀장의 지원에 대한 인식과 큰 관련이 있다는 사실이 밝혀졌다.

13) 팀 근무환경의 위력 (6, 7, 8장)

조사에 참여한 26개 팀 중 대부분은 좁은 범위의 근무환경(팀장, 팀, 업무 자체에 의해 조성되는 환경)과 더 넓은 범위의 근무환경(그외 조직이나 경영진에 의해 조성되는 환경)이 거의 비슷한 것으로 드러났다. 그러나 6개 팀의 경우 두 환경에 큰 상관관계가 있지 않았으며, 이들 중 3개 팀은 기업 근무환경이 팀의 근무환경보다 더 나았다(이 세 팀은 본문에 등장하지 않았다.). 그외 3개 팀은 팀의 근무환경이 기업의 근무환경보다 나았는데 본문에 등장한 호텔데이터의 인포스위트 팀과 크루거-번 케미칼의 뉴폴리 팀이 여기에 속한다.

우리는 팀과 기업의 근무환경이 다른 경우 구성원들이 경험하는 직장생활의 내면상태에 더 강한 영향력을 미치는지 여부를 알기 위해 26개 팀에서 수집한 데이터를 회귀분석하였다. 결과는 놀라웠다. 팀 근무환경과 기업 근무환경을 측정하는 복합적인 척도를 모두 사용하여 매일의 기분을 회귀분석한 결과, 팀 근무환경만 직장생활의 내면상태에 큰 영향을 미친다는 사실이 밝혀졌다. 두 근무환경과 매일의 내재적 동기부여의 관계를 분석했을 때 역시 팀 근무환경만이 큰 영향을 미치는 것으로 드러났다.[47] 결국 기업의 근무환경은 개인에게 간접적으로만 영향을 미치며, 일상적인 업무와 팀, 팀장에 의해 조성되는 팀 근무환경이 개인의 직장생활의 내면상태에 더 직접적인 영향을 미친다고 해석할 수 있다.

결론

우리는 대단히 중요한 목표 하나를 가지고 이 연구를 수행했다. 우리는 이 연구를 통해 직장생활의 내면상태와 이에 영향을 미치는 사건들, 그리고 이것이 구성원들과 업무 성과에 미치는 영향을 이해하고 싶었다. 그리고 조사를 통해 알아낸 사실과 그 의미, 그리고 독자들에게 미칠 현실적인 영향들을 전달하기 위해 이 책을 썼다. 우리가 그 목표를 이뤘기를 바란다.

Notes

01 이 부록을 만드는 데 도움을 준 Yana Litovsky 연구원에게 감사한다. 그녀는 데이터 익명화를 시켰으며 여기에 나오는 많은 분석의 요약을 만들었다.
02 우리 연구 방법론에 대한 장점과 단점에 대해서 토론했다. T. M. Amabile, & S. J. Kramer, "Meeting the challenges of a Person-Centric Work Psychology". 《Industrial and Organizational Psychology》, 4, (2011): 116~121.
03 특이했지만 성과가 컸던 협력작업을 다음 논문에서 설명했다. T. A. Amabile, C. Patterson, J.S. Mueller, T. Wojcik, P. Odomirok, M. Marsh, & S. Kramer, "Academic-practitioner collaboration in management research: A case of cross-profession collaboration", 《Academy of Management Journal》 44 (2001): 418~431.
04 Dean Whitney, Jeremiah Weinstock, Melanie Paquette, and Susan Archambault와 같은 뛰어난 연구원들이 데이터 수집과 연구대상자 연락을 담당했다.
05 다음의 연구로부터 본 연구를 위한 영감을 얻었다(M. Csikszentmihalyi, & I. S. Csikszentmihalyi, 《Optimal experience: Psychological studies of flow in consciousness》, Cambridge: Cambridge University Press, (1988). M. Csikszentmihalyi, R. Larson, "Validity and reliability of the Experience Sampling Method", 《Journal of Nervous and Mental Disorders》, 175, (1987): 526~536.)
06 연구참가자의 계획된 휴가 또는 병가일은 사전에 고려했다.
07 각 연구참석자들로부터 각자의 일기가 팀 프리젠테이션에서 인용되어도 될지에 대해서 사전 허락을 받았다.
08 연구 기간동안 해당 기업의 임원들에게 개인 또는 팀과 관련된 정보를 누설하지 않았다. 그러나 1개의 팀만이 참석한 기업의 경우에는 참여 팀의 개인 정보를 누설하지 않기 위해서 해당 기업의 최고경영진과 최종 미팅을 갖지 않았다.
09 일과 전진 그리고 직장생활의 내면상태를 구체화시키는데 도움을 준 동료이자 친구인 Barbara Feinberg에 감사의 뜻을 전한다.
10 T. M. Amabile, J.S. Mueller, S.M. Archambault, "Coding Manual for the DENA Coding Scheme (Detailed Event Narrative Analysis)", Working Paper #03-071, Harvard Business School (2003). T. M. Amabile, J.S. Mueller, S.M. Archambault, "DENA Coding Scheme (Detailed Event Narrative Analysis)", Working Paper #03-080, Harvard Business School, (2003).
11 친구이자 동료인 Jennifer Mueller는 DENA coding scheme 작성에 도움을 주었다. 코더들은 일기 샘플을 가지고 일정수준이 될 때까지 훈련을 받았다. 수 개월 동안의 코딩 작업 중에 반복적으로 입력된 코드를 검증했다. DENA 코더인 Debbie Siegel,

Rasheea Williams, Talia Grosser, Susan Archambault, and Jennifer Mueller에게 감사 드린다.
12 inter-coder 신뢰도는 .70 수준을 넘는다(Cohen's kappa).
13 이 책 전체에서 '사건'은 질문 일에 발생한 명확한 사건으로 제한을 두었다. 그러나 지각과 감정의 발견과 관련해서는 명확한 사건으로 제한하지 않았다.
14 intercoder 신뢰도는 70 이상이다. 대부분의 코딩을 담당했던 Elizabeth Schatzel하며, 연구원인 Yana Litovsky 역시 많은 도움을 주었다.
15 팀원들이 매우 자세히 그리고 분명하게 사건을 기록한 특히 14개 팀을 선정했다.
16 해당 워크숍을 위한 기본 데이터 준비를 위해서 노력한 연구원인 Yana Litovsky에게 감사한다.
17 이 팀들에는 인포스위트, 비전, 장비, 포커스, 뉴폴리 팀등이 속한다.
18 Yukl, Wall, and Lepsinger의 Managerial Practices Survey (MPS)를 이용했다((G.A. Yukl, S. Wall, R. Lepsinger, "Preliminary report on validation of the managerial practices survey", In K.E. Clark & M.B. Clark (Ed.), 《Measures of leadership》, 1990, 223~237). T. M. Amabile, E. A. Schatzel, G. B. Moneta, & S. T. Kramer, "Leader Behaviors and The Work Environment for Creativity: Perceived leader support", 《The Leadership Quarterly》, 15, (2004), 5~32.
19 코딩 구조 개발과 코더들의 훈련에 도움을 준 Sigal Barsade에게 감사한다.
20 통계분석과 결과 요약에 참여한 연구원 Jennifer Mueller, Giovanni Moneta, Elizabeth Schatzel, and Yana Litovsky에게 감사한다. 또한 하버드 대학교의 the Research Computing Center의 DeYett Law, Debbie Strumsky, Bill Simpson, and Toni Wegner에게 감사한다.
21 회귀분석에 사용한 multi-level model에서 첫 번째 수준은 개인별 일기 또는 월단위 응답으로 정했고, 두 번째 수준은 참여자, 세 번째 수준은 팀으로 정했다. 개인에 대한 임의 효과와 팀에 대한 고정 효과를 갖는 복합 모델을 사용했다. (S. W. Raudenbush, A. S. Bryk, 《Hierarchical linear models: Applications and data analysis methods》 Sage Publications, 2002). 분석을 위해서 SAS software, PROC MIXED를 사용했다. (SAS Institute. 2003. SAS② Software Version 9.1, PROC MIXED. Cary, NC).
22 데이터는 월요일에서 금요일까지 취합되었다. 종종 휴가, 휴일, 병가, 또는 미응답과 같은 이유로 인해서 휴지기간이 존재하기도 했다.
23 직장생활의 내면상태 수치를 각주로 제공하기도 했다. 그러나 지나치게 많은 수치는 오히려 지루하게 하기 때문에 종종 생략되기도 했다.
24 7점 척도를 사용한 경우 "크다"는 1, 2점과 6, 7점을 "작다"는 3,4,5점으로 고려했다.
25 각 수치는 그 다음날에 확인했다. 그리고 전체 프로젝트 관점에서 보았을 때 각 사건이 예상되는 영향력에 대해서 같은 점수척도를 사용해서 점수를 매기도록 했다.

26 T. M. Amabile, Barsade, S. G. Mueller, J. S. & Staw, B. M. "Affect and Creativity at Work", 《Administrative Science Quarterly》 50: 3, (2005): 367~403.
27 후자 효과는 낮았다.(p<.10).
28 T. M. Amabile, E. A. Schatzel, G. B. Moneta, S. J. Kramer, "Leader Behaviors and The Work Environment for Creativity: Perceived leader support", 《The Leadership Quarterly》, 15, (2004): 5~32.
29 모든 회귀분석에서 통제변수에는 성별, 연령, 근무기간, 교육수준, 인지 유형(KAI), 개성(NEO openness scale), 내재적 동기부여 점수(WPI intrinsic motivation scale), 팀 규모를 사용했다.
30 이 논리는 정성분석에 대한 Boyatzis의 영향을 받았다(R. Boyatzis, 《Transforming Qualitative Information》, Sage, (1998)).
31 연구참여자가 일기에 매긴 점수를 사용했다.
32 표준 점수는 z-score였다.
33 내재적 동기부여 연구에서 우리가 연구했던 첫 번째 연구와 차이점은 샘플의 크기이다. 코딩에 걸리는 시간 등을 확인하여 샘플 크기를 300개에서 100개로 줄였다.
34 MIT Sloan School of Management의 Ramana Nanda 와 OCG 세미나 맴버들에게 감사한다.
35 T. A. Amabile, S. J. Kramer, "What Really Motivates Workers", 《Harvard Business Review》, 88:1, (2010): 44~45.
36 4가지 방식으로 질문을 했다. 구성원의 영향을 미치는 요인, 구성원의 동기부여 수준에 영향을 미치기 위해서 관리자가 사용하는 도구, 구성원의 감정에 영향을 미칠 수 있는 요인, 구성원의 감정에 영향을 미칠 수 있도록 관리자가 사용할 수 있는 도구이다. 이 4가지 방식의 질문을 물어볼 때 순서를 통해서 균형을 맞추었다. 그러나 질문 순서는 결과에 영향을 미치지 않는 것으로 나타났다.
37 전진 효과는 .05 수준에서 유의하지는 않았지만 .10 수준에서는 유의했다.
38 전진 효과는 통계적으로 유의하지 않았다. 좌절 효과는 .05 수준에서 유의하지 않았고 .10 수준에서 유의했다.
39 Yukl, Wall과 Lepsinger의 Managerial Practices Survey (MPS)의 코딩 구조에 따랐다(G. A. Yukl, S. Wall, & R. Lepsinger, "Preliminary Report on Validation of The Managerial Practices Survey", In K.E. Clark & M.B. Clark, 《Measures of leadership》, 1990, (pp. 223~237). Greensboro, NC: Center for Creative Leadership.).
40 부정적인 팀 리더 행동은 직장생활의 내면상태의 16가지 측면(인지, 감정, 내재적 동기부여)을 예측할 수 있게 했으며 긍정적인 팀 리더 행동은 직장생활의 내면상태의 9가지 측면(인지, 감정은 포함되지만 동기부여는 아님)을 예측할 수 있게 했다. 중도적인 팀 리더 행동은 단지 9개 측면을 예측할 수 있게 했다.(인지, 감정은 포함되지만 동기부여는 아님)

41 사건에 기록된 단어의 숫자와 해당일자에 각자의 느낌에 미친 영향을 상관관계 분석을 수행한 결과 .01 수준에서 -.22 상관관계가 있는 것으로 나타났다.
42 T. A. Amabile, J. S. Mueller, W. B. Simpson, C. N. Hadley, S.J. Kramer, & K. Fleming, "Time pressure and creativity in organizations: A longitudinal field study", Working paper #02-073, Harvard Business School, (2002).
43 지연 효과는 지속적으로 나타났다. 해당 일에 시간 압박이 표준편차 정도만큼 증가되면 다음 날 창의적인 생각을 할 가능성은 19% 감소시켰다.
44 7점 척도에서 "Very High"는 6,7점으로 "very low"는 1,2 점으로 사용했다.
45 T. M. Amabile, C. N. Hadley, & S. J. Kramer, "Creativity under the gun", 《Harvard Business Review》, August 2002, 52~61.
46 T.M. Amabile, E. A. Schatzel, G. B. Moneta, & S. J. Kramer, "Leader behaviors and the work environment for creativity: Perceived leader support", 《The Leadership Quarterly》, 15, (2004): 5~32.
47 이 분석에서 환경관련 수치는 프로젝트의 시작, 중간, 마지막에 걸쳐 3번 실시한 KEYS 로부터 왔다. 로컬 환경을 파악하기 위해서는 상사의 격려, 작업 그룹의 지원, 도전으로 구성되는 KEYS를 사용했다. 조직 환경은 조직적인 격려와 조직적인 장애로 구성되는 KEYS를 사용했다.

전진의 법칙

2013년 7월 12일 초판 1쇄 인쇄
2013년 7월 22일 초판 1쇄 발행
2015년 3월 10일 초판 2쇄 인쇄

지은이 / 테레사 에머빌·스티븐 크레이머
옮긴이 / 윤제원
감　수 / 오지연
펴낸이 / 오지연
펴낸곳 / 도서출판 정혜

디자인 / 디자인텔

주소 / 은평구 진관3로 70, 822-1002
전화 / 02-312-3300, 팩스 / 02-312-7007
등록번호 / 제311-2013-000063호
등록일자 / 2013년 9월 23일
이메일 / chunghyebook@naver.com
블로그 : http://blog.naver.com/chunghyebook

＊ 잘못된 책은 교환해 드립니다.
＊ 저작권법에 의하여 보호를 받는 저작물이므로 무단 전재와 복제를 금합니다.
＊ 정가는 표지 뒷면에 표시되어 있습니다.

ISBN 978-89-967248-3-4 03320

도서출판 정혜
글·로·벌·비·즈·니·스·이·야·기

리버스 이노베이션
저자 : 비제이 고빈다라잔, 크리스 트림블
감수 : 오지연
옮긴이 : 이은경

뉴욕타임즈, 월스트리트 저널, 아마존 베스트셀러
2011년도 'Thinkers 50' 중에서 3위인 고빈다라잔 교수님 신작
선진국 시장의 정체와 경제 불황. 글로벌 기업이 선택할 수 있는 마지막 대안은 이머징 마켓이다. 이들 신흥 개발국에서 성공하기 위해선 기존의 수출지향 전략만으론 불가능하며 반드시 역혁신을 실행 해야만 한다.

변화면역 : 우리가 변화하지 못하는 진짜 이유
저자 : 로버트 케건, 리사 라스코우 라헤이
옮긴이 : 오지연

Change Management 부문, HBR's 10 Must Reads
하버드대와 MIT대가 운영하는 무료 온라인 사이트인 edx.com의 2014년 강좌로 선정된 책
간절히 원하지만 번번히 실패하는 변화.
이미 우리는 변화에 면역되어 있기 때문이다. 각자가 사로잡혀 있는 마음 속 깊은 곳에 숨어 있는 '숨겨진 서약'을 찾아냄으로써 조직과 자신에게 존재하는 변화면역을 극복하고 잠재력을 드러낼 수 있다.

세스고딘 생존을 이야기하다
저자 : 세스 고딘
옮긴이 : 오지연

《보랏빛 소가 온다》의 저자이며 2011년도 'Thinkers 50' 중에서 17위인 세스 고딘의 대표작
기업이나 개인에게 있어서 생존이 최선의 목표는 아니며, 미래에 존재할 수 있는가의 여부는 오늘 진화를 하고 있는가에 의해서 결정된다. 그래서 "영원히 살아남을 수 있는 성공을 만드는 방법을 무엇인가?"라는 질문에 대한 답을 찾기 위해 저자가 진화생물학 관점을 도입하여 비즈니스 생태계 성장을 관찰한 결과가 바로 이 책이다.